Das Buch

Berlin, 1914: Eine Kutsche rast durch die Nacht. Katharina von Strahlberg eilt zu ihrer Schwägerin Martha, die ihrem Leben ein Ende setzen will. Martha ist schwanger – jedoch nicht von ihrem Ehemann. Plötzlich ein Schuss … Mit dem Tod der geliebten Schwägerin bricht für Katharina eine Welt zusammen. Denn es war ihr eigener Mann, Oberst Richard von Strahlberg, der Martha ins Unglück gestürzt hat. Als er Katharina die verlangte Scheidung verweigert, verlässt sie ihn. Sozial geächtet und gesellschaftlich im rapiden Fall, bleibt Katharina nur eine Wahl: Sie muss ganz von vorn anfangen. Gegen Richards Willen akzeptiert sie die Einladung von dessen Geschäftspartner Arne Larson nach Deutsch-Ostafrika. Als sie dort eintrifft, ist Arne Larson jedoch auf unerklärliche Weise verschwunden. Sie nimmt aus Not das Angebot des deutschen Tropenarztes Dr. Franz Lukas an, ihn als Krankenschwester zu begleiten – eine abenteuerliche Reise durch die faszinierende weitläufige Landschaft beginnt. Die Begegnungen mit den Einwohnern und die Arbeit mit Dr. Lukas bringen Katharina vollkommene Erfüllung. Doch die Schatten der Vergangenheit holen Katharina schneller ein, als ihr lieb ist …

Der Autor

Christian Schnalke, geboren 1965, ist Drehbuchautor erfolgreicher TV-Reihen und Filme wie *Rosa Rot* und *Die Patriarchin*. Außerdem hat er bereits zwei Krimis veröffentlicht und mit einem Theaterstück am New Yorker Broadway Erfolge gefeiert. Sein Roman *Afrika, mon amour* basiert auf dem ebenfalls von ihm verfassten Drehbuch des gleichnamigen ZDF-Dreiteilers.

Christian Schnalke

Afrika, mon amour

Roman

Ullstein

Besuchen Sie uns im Internet:
www.ullstein-taschenbuch.de

Umwelthinweis:
Dieses Buch wurde auf chlor- und säurefreiem Papier gedruckt.

Originalausgabe im Ullstein Taschenbuch
1. Auflage Januar 2007

Umschlaggestaltung: Büro Hamburg
Titelabbildung: Jim Rakete
Gesetzt aus der Sabon
Satz: Pinkuin Satz und Datentechnik, Berlin
Druck und Bindearbeiten: Ebner & Spiegel, Ulm
Printed in Germany
ISBN-13: 978-3-548-26687-9
ISBN-10: 3-548-26687-8

Für Daniela

Dank an Daniela, Max und Ben,
die mir Ideen, Kraft, Vertrauen und Liebe schenken.

Dank an Carlo, Oliver, Iris, Klaus, Elke, Ansgar,
Tilmann und Volker,
die zu dieser Erzählung beigetragen und
sie ermöglicht haben.

Eine Mutter erwartet die Wiederkehr ihres Kindes immer: ganz gleichgültig, ob es in ein fernes Land gewandert ist, in ein nahes oder in den Tod.

Joseph Roth,
Kapuzinergruft

Erstes Buch

1

»Schneller! Fahren Sie doch schneller!« Die Droschke raste mit Geklirre durch die Dunkelheit der Berliner Straßen. Als der Kutscher die Zügel herumriss, um die Pferde in vollem Galopp förmlich auf die Moltkebrücke zu zerren, kam eines der Tiere auf dem gefrorenen Pflaster ins Rutschen, fing sich im letzten Moment und galoppierte weiter.

Der Ostwind jagte immer noch nadelfeines Eis und Frost vor sich her. Sogar der Schnee schien sich vor dem schneidenden Sturm in Sicherheit bringen zu wollen und duckte sich in dunkle Kellereingänge, an die Backsteinmauern der Fabrikhöfe, unter die vereisten Kaimauern der Kanäle und unter die Salutkanonen auf den leeren Kasernenhöfen. Passanten, die sich tief in ihre Pelzmäntel verkrochen hatten, sprangen erschrocken beiseite.

»Schneller! Bitte!« Katharina von Strahlberg hielt sich mit beiden Händen an den frostigen Eisenstreben der Kutsche fest, sie trug weder Hut noch Handschuhe und ihr Pelzmantel wurde aufgeweht, doch das war ihr egal. Sie war auf ihrem Sitz weit nach vorne gerutscht, als ob sie dadurch die Fahrt beschleunigen könnte.

Als der Kutscher vor einem noblen Stadthaus in der Tiergartenstraße die Zügel nach hinten riss, sprang Katharina aus der noch rollenden Kutsche und lief zum Haus. Schnee bröckelte von ihren Schuhen, als sie die Treppe hinaufrannte, so schnell es ihre schweren Röcke zuließen. Ein verweintes Dienstmädchen ließ sie ein und mit wenigen Schritten war sie an Marthas Zimmertür. Sie rüttelte an der Klinke. Verschlossen.

»Martha! Martha, mach auf, hörst du nicht? Ich bin es, Katharina! Bitte, mach die Tür auf!«

Keine Antwort. Katharina schlug mit der Faust gegen die Tür. »Martha, ich bitte dich! Rede mit mir!«

Stille.

»Martha, bitte.« Katharina war den Tränen nahe.

Endlich drehte sich ein Schlüssel im Schloss. Katharina öffnete behutsam die Tür und ging hinein.

Beim Anblick der Freundin erstarrte sie, als hätte sie ein Gespenst gesehen: Martha wich zitternd, eine Armeepistole in der Hand, rückwärts von der Tür zurück. Sie war jünger als Katharina, trug ebenfalls ein elegantes Kleid, aber ihr Gesicht war bleich und glänzte verschwitzt. Ihre hektisch suchenden Augen hatten bereits einen Blick hinter den Vorhang geworfen, hinter dem der Tod wartete. Sie schaute Katharina flehend und in ihrer Verzweiflung zärtlich an.

»Martha ...«

Als Antwort gelang Martha lediglich eine hilflose Geste mit der Pistole.

»Bitte, leg die Pistole weg. Was ist nur los, Martha? Erzähl mir doch, was passiert ist.«

»Heinrich will mich verlassen.«

Das hatte Katharina nicht erwartet. »Was? Warum?«

»Ich weiß nicht mehr weiter.«

Katharina lachte beinahe erleichtert und machte einen Schritt auf Martha zu. »Aber Martha, es wird immer weitergehen! Du hast so viele Möglichkeiten.«

Doch Martha wich weiter zurück und lachte zynisch. »Ich bin schwanger.«

Katharinas spontane Reaktion war freudige Erregung. Sie hatte es nur einmal erleben dürfen, schwanger zu sein, vor achtzehn Jahren, doch es war das Glück ihres Lebens gewesen. »Das ist doch wundervoll! Ich werde dir helfen. Ich werde immer zu dir stehen.«

»Katharina …« Martha schüttelte verzweifelt den Kopf. »Das Kind …« Sie konnte kaum sprechen. »Das Kind ist von deinem Mann …«

Katharina versuchte zu begreifen, was sie gehört hatte – ihr Mann und Martha … ihre Freundin … die Frau seines Bruders … ein Kind … –, aber jeder klare Gedanke wurde erdrückt von einer beklemmenden Angst, dass die Folgen weit über alles hinausgingen, was sie sich ausmalen konnte.

Martha brachte nur noch ein tonloses Flüstern heraus. »Es tut mir so leid …« Dann setzte sie sich die Pistole an den Kopf.

»Nein!«

In Katharinas entsetzten Schrei hinein fiel der Schuss. Noch während Marthas Körper von der Kugel herumgeworfen wurde, sprang Katharina nach vorne.

Später erinnerte sie sich nicht mehr, wie es danach weiterging. Sie sah nur noch Marthas vom Blut verklebte Haare, sah ihre eigenen Hände an Marthas Schultern, spürte das Gewicht ihres leblosen Körpers, sah Dienstboten durchs Zimmer rennen, das Dienstmädchen, das sich die Hand vor den Mund schlug, und sah sich selbst, wie sie die Freundin an sich drückte, heulte und zum Himmel schrie.

Es ging schon auf Mitternacht zu, als ihr Mann die Wohnung seines Bruders betrat. Noch während das Mädchen Richard von Strahlberg den Mantel abnahm, unter dem die makellose Offiziersuniform mit den Rangabzeichen eines Obersts zum Vorschein kam, nahm Richard förmlich Besitz von dem Raum. Er war ein perfekter Offizier. Sehr präsent, sehr männlich, sehr selbstsicher.

Er gab dem Diener seinen Säbel und ging in den Salon. Katharina saß zusammengesunken auf einem Stuhl und starrte vor sich hin. Richard blieb stehen und musterte sie.

Als sie schließlich aufsah, blickte er sie forschend an. Sie ertrug es nicht, von ihrem Mann so eindringlich beobachtet zu werden, und wandte ihr Gesicht ab.

Also ging er weiter. In Marthas Zimmer mit dem großen, schweren, weichen Eichenbett fand er seinen Bruder. Heinrich stand mit seinen glänzenden schwarzen Schuhen auf Marthas weichem Teppich, schaute auf den Blutfleck hinab und rauchte eine Zigarette. Er rührte sich nicht. Nicht die geringste Regung war ihm anzusehen. Er hatte es noch nie zugelassen, dass jemand in ihn hineinsah. Schon als Kind nicht.

»Ich bin fassungslos, Heinrich. Wie konnte das passieren?«

Heinrich starrte nur weiter brütend vor sich hin.

»Mein Beileid. Das ist ein harter Schlag. Nicht nur für dich. Für uns alle.«

»Sie wollen sichergehen, dass sic es selbst getan hat. Sie werden sie obduzieren. Sehr modern, nicht wahr?«

Richard legte ihm die Hand auf die Schulter. Doch er sagte nichts weiter. Was es in einer solchen Situation zu sagen gab, hatte er gesagt.

Schließlich fragte Heinrich: »Wie geht es *deiner* Frau?«

»Katharina ist stark.«

»Sag ihr, was hier passiert ist, bleibt unter uns. Wir werden nicht über Marthas Todesursache sprechen.«

»Selbstverständlich.«

»Ausgerechnet jetzt. Wo alles auf Messers Schneide steht. Ich brauche meine volle Konzentration!« Er riss sich vom Anblick des Blutflecks los und verließ das Zimmer. Richard blieb noch einen Moment allein zurück – er hatte das Gefühl, Martha dies schuldig zu sein –, bevor er seinem Bruder folgte.

In dieser Nacht wurde noch vieles verschwiegen. Während Katharina im Salon auf einer Stuhlkante saß und sich mit beiden Händen an einem Glas Wasser festhielt, wandte sie den Blick nicht von ihrem Rock, der mit Marthas Blut verschmiert war. Richard saß zurückgelehnt auf einem Sofa, einen Arm besitzergreifend über der Lehne, in der anderen Hand einen Cognac, an dem er von Zeit zu Zeit nippte, als ob er mit sich und der Welt im Reinen sei. Heinrich zeigte den beiden nur seinen Rücken, während er aus dem Fenster hinaus in das Schneetreiben schaute und sich eine Zigarette anzündete. Das Schweigen wurde Katharina immer unerträglicher. »Ich werde jetzt gehen«, sagte sie und stand auf.

Abrupt drehte Heinrich sich um. »Was hat Martha dir erzählt?«

Katharina sah ihn prüfend an.

»Du warst bei ihr, Katharina. Sie muss irgendetwas gesagt haben.«

Als Richard merkte, dass Heinrichs klare helle Augen auf ihn gerichtet waren, wich er seinem Blick aus. Er zog es vor, zu Katharina aufzusehen. Nur das schwere Ticken der Standuhr war zu hören, deren Pendel unbeirrt ausschlug. Schließlich stellte Katharina das Wasserglas weg. »Ja, *ich* war bei ihr.« In der schweren Betonung des Wortes »ich« lag aller Vorwurf, den sie an Heinrich zu richten hatte. »Und jetzt werde ich nach Hause gehen.«

Auf den Stufen des Treppenhauses legte sich plötzlich die Erschöpfung schwer auf Katharinas Schultern. Ihre Füße hielten noch ein paar Schritte stand und stiegen wie von selbst die Treppe hinab, dann verlor sie plötzlich die letzte Farbe aus dem Gesicht, hielt sich krampfhaft am Geländer fest und setzte sich auf eine Stufe.

Und weinte.

Vorne unter dem Kreuz stand Marthas Sarg. Sie lag aufgebahrt darin, der Kopf tief in den seidenen Kissen vergraben, in ihrem Gesicht – unter der Schminke – ein Friede, wie sie ihn zu Lebzeiten lange nicht gefunden hatte. Zu ihren Füßen stand ein auffallend großer Kranz mit einer auffallend großen Schleife. Darauf die Worte: Meiner geliebten Frau. Eine Sängerin ließ effektvoll das »Ave Maria« erklingen, das Martha so sehr geliebt hatte.

Ebenso leblos wie Marthas Gesicht erschienen Katharina die Mienen der Trauergäste: Neben Heinrich saßen Marthas Eltern, die ihre Tochter so wenig gekannt hatten. Die sie aus der Obhut des Kindermädchens erst in die Obhut einer Pensionsdame und schließlich in die eines Ehemannes gegeben hatten. Und in den hölzernen Reihen der Kapelle, in maßvoller Distanz zueinander, schwarz gekleidete gute Bürger aus Heinrichs Kreisen, die Martha noch viel weniger gekannt hatten. Als die Sängerin schließlich geendet hatte, wurde der Sargdeckel geschlossen.

Draußen herrschte Schneegestöber. Als die Sargträger sich mit dem schweren Eichensarg in Bewegung setzten, bekamen ihre Zylinder bald ein weißes Plateau. Heinrich folgte mit Marthas Eltern, doch als Richard seine Hand unter Katharinas Arm schob, um sich in den Zug der Trauernden einzureihen, wich Katharina zurück. »Heute nicht«, sagte sie leise und bestimmt. »Heute keine Lügen. Geh nicht neben mir!«

Richard blickte sie an. Nur einen Moment lang konnte er seine Verunsicherung nicht verbergen, dann hatte er seine Entschlossenheit wiedergefunden: »Du willst nicht neben mir gehen? Dann wirst du hinter mir gehen müssen.« Er ging los. Katharina zögerte, doch sie wusste, dass sie keine Wahl hatte: Wenn sie nicht wollte, dass Martha im Kreis all dieser Fremden vollkommen alleine beerdigt wurde, musste sie Richard wohl oder übel folgen.

Doch schon war jemand anders an ihrer Seite: Georg. Ihr Sohn. Der keine Gelegenheit verstreichen ließ, um zu beweisen, dass er ein Kavalier war und somit ein Mann. Sie sah in seinem jungenhaften Gesicht, zu dem die Uniform, die er jetzt immer trug, so gar nicht passen wollte, dass er bemerkt hatte, was zwischen ihr und Richard vorging. Dass er es gesehen hatte, aber nicht verstand. Sie konnte es ihm nicht erklären, dennoch war sie so dankbar, dass er jetzt da war. Dass er an ihrer Seite ging. Ihr großer Junge.

Er blieb die ganze Zeit über bei ihr. Erst als die Gesellschaft sich verlief, um in die warme Gastwirtschaft zu gehen, wo der Leichenschmaus stattfinden sollte, war er feinfühlig genug, sich zurückzuziehen und Katharina Gelegenheit zu geben, allein von der Freundin Abschied zu nehmen. Er wartete in respektvollem Abstand.

Doch noch jemand beobachtete Katharina: Heinrich von Strahlberg. Er hatte sie schon den ganzen Tag über beobachtet, denn er musste wissen, was sie wusste. Und er zergrübelte sich den Kopf, wie er sie dazu bringen konnte, es ihm zu sagen.

2

In der Zeitung wurde in erhabenen, stolzen Worten darüber berichtet, dass man in Deutsch-Ostafrika, der Perle unter den Kolonien des Reiches – den »Schutzgebieten«, wie sie offiziell hießen –, den Bau der Tanganjika-Bahn fertiggestellt hatte. Eine Meisterleistung deutscher Ingenieurskunst, die die Hauptstadt Daressalam quer durchs Land mit dem Tanganjika-See am äußersten Ende verband. Richard las den Artikel aufmerksam und mit Genugtuung. Es konnte ihnen nur nützlich sein, wenn man in die Kolonien investierte, denn damit wurden Tatsachen geschaffen – und der Zwang, weitere Investitionen zu tätigen, um die vorherigen zu rechtfertigen.

Als Richard also in der steifen Uniformhose und dem gestärkten Hemd, in dem er sich so wohl fühlte, den Frühstücksraum betrat, war er in äußerst aufgeräumter Stimmung. Erst nach dem Frühstück würde er sich vom Diener die Uniformjacke überziehen lassen, womit die morgendlichen Rituale abgeschlossen sein würden.

Als er eintrat, stand Katharina mit geschlossenen Augen am offenen Fenster, den Kopf leicht zurückgeneigt, und genoss die wärmende Sonne, die seit langem zum ersten Mal strahlte. Katharina war keine junge Frau mehr, doch sie war schön. Das konnte er trotz allem nicht leugnen. Auch in den einfachen und zurückhaltenden Kleidern, die sie seit Marthas Beerdigung wählte. Sie hatte es nicht nötig, ihre Reize zu betonen, die klaren Linien ihres Gesichtes und die Spannung ihres Körpers stachen in jeder Gesellschaft deutlich hervor.

»Guten Morgen.« Sein Gruß wurde von keinem Kuss begleitet. Sie setzten sich an den üppig gedeckten Frühstückstisch. Seit Georg auf der Militärakademie war, aßen sie zu zweit. Auf Richards Platz lag ein großer, dicker Briefumschlag.

»Der ist für dich abgegeben worden.«

Richard legte den Umschlag wortlos zur Seite und faltete seine Serviette auseinander.

Katharina schenkte ihm Kaffee ein. Sie zog es vor, morgens alleine zu frühstücken, ohne das Dienstmädchen um sich herum zu haben. »Ist das ein Bündel Banknoten?«

»Du befühlst meine Briefe?«

»Warum schickt dir dein Bruder so viel Geld?«

Richard bestrich sein Brot penibel mit Butter. »Wirst du es schaffen, bis zum Eintreffen der Gesellschaft alles hergerichtet zu haben?«

Katharina verstand. Er wollte nicht über das Geld sprechen. »Selbstverständlich.«

»Sorg vor allem dafür, dass die beiden Reichstagsabgeordneten beeindruckt sind. Aber mach nicht zu viel Brimborium, es sind nur Sozialisten.« Er lächelte selbstgefällig über seine geistreiche Bemerkung, während er aufgeschnittenes Fleisch von der Platte nahm.

Katharina schaute nachdenklich auf den Umschlag …

Bis zum Abend hatte sie ihr Versprechen wahrgemacht. Die Wohnung war festlich beleuchtet, Salon und Speisezimmer herausgeputzt und die Tafel für elf Personen prächtig und feierlich gedeckt. Katharina in Abendgarderobe und Richard in seiner Paradeuniform begrüßten die Gäste an der Tür. Als Erster kam Heinrich. Mit Absicht überpünktlich, wie Katharina annahm. So konnte er sich wie selbstverständlich in die Reihe der Gastgeber stellen. Er begrüßte seinen Bruder mit einem festen Händedruck und Katharina mit einem angedeuteten Kuss auf die Wange. Als das Dienstmädchen die nächsten Gäste hereinließ, einen Herrn mit nobler Haltung und seine Gattin, die sehr vornehm tat, stellte Heinrich sie mit gönnerhafter Geste vor: »Emilia Larson, Arne Larson.«

Katharina lächelte höflich: »Ich freue mich, dass Sie die weite Reise aus Afrika auf sich genommen haben.« Sie nahm Emilias Fingerspitzen, die sie ihr mit einer müden Geste reichte, als habe die unkomfortable Reise sie doch über alle Maßen angestrengt. »Ach herrje, man nutzt ja jede Gelegenheit, um sich mal wieder unter zivilisierte Menschen zu begeben.«

Mit ihnen waren noch zwei Herren gekommen, die sich eben vom Mädchen ihre Mäntel und Zylinder abnehmen ließen und Katharina mit angedeuteten Handküssen grüßten: Kurt Höller, ein kriecherischer Mann, der zu Verbeugungen neigte, und Leo Heidelberger, ein jovialer, gemütlicher Bankier, der gewiss eine gute Zigarre zu schätzen wusste.

»Darf ich Ihnen meinen Bruder, Oberst Richard von Strahlberg, vorstellen? Er ist derjenige, der es in unserer Familie zu etwas gebracht hat.« Und dann mit kalkulierter Bescheidenheit: »Ich bin ja nur Zivilist.«

Alle protestierten freundlich.

Richard lächelte jovial: »Immerhin bist du Major der Reserve! Frau Larson, meine Herren, es ist mir eine Ehre.«

Heinrich berührte Katharinas Arm: »Und meine Schwägerin Katharina von Strahlberg. Wenn wir die Reichstagsabgeordneten heute Abend für uns gewinnen, haben wir es ihrer berühmten Gastfreundschaft zu verdanken!«

Der noble Herr Larson beugte sich vor: »Die beiden Herren sind noch nicht eingetroffen?«

»Nein, wir sind noch unter uns.«

Katharina wies mit einer einladenden Geste zum Salon: »Herr und Frau Larson, Herr Höller, Herr Heidelberger, darf ich bitten?«

Wenig später wurden auch die beiden Abgeordneten Wagner und Zenk nebst Gattinnen vom Dienstmädchen gemeldet und man konnte sich zu Tisch begeben. Großen Anklang fand die Dekoration des Esszimmers: Katharina hatte unter eigener Regie afrikanisch dekorieren lassen: Um die Anrichte war die »Fassade« einer Strohhütte angebracht, daneben zwei Kriegsschilde auf Ständern aus Wurfspeeren, ein Wandbehang aus Sisal und auf dem Tisch, zwischen Silber und Kristall, ein paar kleine Schnitzereien.

Als alle saßen, nahm Richard an seinem Platz am Kopfende des Tisches Haltung an und ließ mit einem charmanten Lächeln ein Messer an sein Champagnerglas klingeln. Rechts und links von ihm erwiderten die Abgeordneten im Bewusstsein ihrer Wichtigkeit und mit der gebotenen Zurückhaltung sein Lächeln.

»Bitte haben Sie keine Angst!«, begann Richard seine Begrüßungsrede. Er wusste natürlich, wie man mit einem ungewöhnlichen ersten Satz die Aufmerksamkeit auf sich zog, und machte eine Kunstpause, um diese noch zu steigern. »So afrikanisch wir uns heute auch fühlen wollen: Wir bieten Ihnen natürlich beste deutsche Küche an. Wie mir unsere Freunde aus dem schönen Deutsch-Ostafrika – Herr Larson,

Herr Höller, Herr Heidelberger – berichten, gibt es ja selbst in unseren Kolonien inzwischen überall eine gepflegte deutsche Küche und – viel wichtiger – ein gutes deutsches Bier.«

Die Herren lachten, die Damen lächelten. Katharina hatte nichts anderes von ihrem Mann erwartet: Richard war charmant und unterhaltsam. Ein Charismatiker, der es bei jedem Wort und jeder Geste genoss, im Mittelpunkt zu stehen. Bei aller Männlichkeit hatte er ein gewinnendes und kultiviertes Wesen. In einer Theaterloge oder auf einer Rednertribüne wirkte er ebenso natürlich wie vor seinen Kompanien.

Richard verbeugte sich höflich vor den Gattinnen: »Und für die Damen natürlich einen guten Wein. Das war wohl in den Zeiten, als mein Bruder dort an der Erschließung des Landes mitgearbeitet hat, noch etwas abenteuerlicher. Ich selbst bin noch nicht in Afrika gewesen, aber ich habe mir von meinem Bruder soufflieren lassen. Ich begrüße also unsere beiden Reichstagsabgeordneten nebst Gattinnen mit einem herzlichen: Jambo, Bwana Wagner, und Jambo, Bwana Zenk.«

Wohlwollendes Lachen, Applaus, die angesprochenen Herren nickten. Herr Höller rief mit einer diensteifrigen Verbeugung: »Ausgezeichnet! Ausgezeichnet! Ihre Aussprache lässt nichts zu wünschen übrig!«

Richard setzte sich und gab dem Diener einen Wink, worauf er und das Mädchen auftrugen.

Arne Larson, der Katharinas Tischherr war, wandte sich ihr zu: »Wirklich hervorragend, Ihre afrikanischen Impressionen. Als ob Sie in Afrika zu Hause wären.«

»Leider war ich nie dort. Aber ich würde es gerne einmal kennenlernen.« Katharina setzte ein zurückhaltendes Lächeln auf. Ihr Tischherr mochte es für vornehm halten, doch in Wirklichkeit kostete es sie nach den Schlägen der letzten Wochen große Anstrengung, charmant zu plaudern.

»Besuchen Sie uns! Ein Erlebnis, das Sie nie vergessen werden!«

»Sie treiben Geschäfte in der Kolonie?«

»Ja. Früher war ich Rechtsanwalt wie Ihr Schwager.« Er wies auf Heinrich. »Aber als Kaufmann kommt man doch weiter herum. Also habe ich umgesattelt.«

»Ein mutiger Schritt!«

»Ach, wissen Sie, das ist eine lange Geschichte ...«

»Ich wäre neugierig, sie zu hören.« Das meinte Katharina sogar ehrlich. Sie konnte Larson einen gewissen Stil nicht absprechen, und unter seinem Geplauder meinte sie eine Aufrichtigkeit zu spüren, die sie ansprach.

Vom anderen Ende des Tisches her schaute Emilia Larson verstohlen zu ihnen herüber, während Heinrich auf sie einredete. Anscheinend wollte sie die von Sympathie getragene Unterhaltung zwischen ihrem Mann und Katharina im Blick behalten.

»Also schön. Ich habe vor Jahren an der Neufassung des Bürgerlichen Gesetzbuches mitgearbeitet«, begann Larson. »Aber was da am Ende herauskam, war nicht Recht, sondern Politik. Und vor allem ein enttäuschender Rückschritt. Nehmen Sie unser liberales Familienrecht hier in Preußen: Da waren wir vor hundert Jahren schon viel weiter! Die katholischen Länder haben sich viel zu sehr durchgesetzt! Aus meiner Sicht sehr enttäuschend. Also habe ich mich von der Juristerei abgewandt. Aber sehen Sie: Der Jurist steckt doch in mir drin. Ich langweile Sie!«

Als Katharina spontan lachte, zog sie erneut Emilias Aufmerksamkeit auf sich.

Später zogen sich die Herren hinter die verschlossenen Türen von Richards Zimmer zurück und Katharina unterhielt die Damen. Sie saßen ein wenig steif in den Blumensesseln und warteten, bis das Mädchen den Kaffee eingeschenkt hatte.

»Danke.« Katharina lächelte ihr zu, während die anderen Damen dem Mädchen keinerlei Beachtung schenkten.

»Man hat jetzt in den Schulen der Kolonie Prüfungen eingeführt«, dozierte Emilia Larson. Auch wenn sie keinen Hehl daraus machte, wie lästig ihr im Grunde das Leben in der Kolonie war, gefiel sie sich doch in der Rolle der Fachfrau. Niemand wusste so gut Bescheid wie sie, kannte sie doch jede einzelne Beschwernis des Tropenlebens aus eigener Anschauung. »Zur vollsten Zufriedenheit der Verwaltung. Sie wussten den Geburtstag des Kaisers, die Daten der Sedanschlacht, wohin der Rhein und wohin die Donau fließen und sogar die Hauptstädte der deutschen Länder! Die Negerkinder sind so gelehrig! Wenn es auch sehr mühsam ist und viel Härte braucht, bis sie ihre angeborene Faulheit überwinden.«

Die Gattin des Abgeordneten Zenk fügte eifrig hinzu: »Ich finde ja auch alles, was mit Afrika zu tun hat, so spannend! Mein Mann ist ein großer Förderer des Kolonialismus!«

Katharina beobachtete, wie der Diener auf einem Tablett noch eine Flasche Cognac ins Herrenzimmer trug. Als er die Tür öffnete, sah sie Heinrich vor einer Aufstellwand mit Fotos, Landkarten und Plänen stehen. Sie konnte eine Mine erkennen, Straßen durch den Busch, eine Eisenbahn. Heinrich sprach zu den beiden Abgeordneten, die vor ihm in Ledersesseln saßen und dem Diener ihre Gläser zum Einschenken hinhielten. »Jetzt ist genau der richtige Zeitpunkt! Nach den Jahren der Enttäuschung und Ernüchterung in der Kolonialpolitik kommt wieder Schwung in die Sache. Nun beginnt der wirkliche Aufbau! Nehmen Sie nur die neue Bahnlinie!« Während Heinrich gestikulierte, stiegen kräuselnde Rauchfäden von seiner Zigarette auf.

»Auf so ein Abenteuer wird sich der Reichstag nie einlassen. Das Deutsche Reich soll Millionen ausgeben, nur um Diamanten zu fördern.«

»Selbstverständlich! Der Kolonialausschuss muss endlich beweisen, dass die Kolonien auch Gewinn abwerfen können!«

»Ich weiß nicht. Warum sollte ich als Abgeordneter ein solches Risiko eingehen?«

»Weil es sich lohnt.«

Niemand antwortete. Offenbar hatte sich Heinrich mit dieser direkten Antwort zu weit vorgewagt. Die Abgeordneten wirkten verunsichert. Doch in diesem Moment stand Larson auf. »Sie gehen kein Risiko ein. Sie stimmen für die Investitionen. Wenn etwas schiefgeht, kann Ihnen niemand einen Vorwurf machen. Sie gehören selber zu den Betrogenen.«

Der Diener kam wieder heraus und schloss die Tür. Katharina hing noch einen Moment ihren Gedanken nach. Was sie gehört hatte, sagte ihr nichts, sie verstand von diesen Dingen nicht das Geringste. Sie lächelte die Damen an: »Noch etwas Kaffee?«

»Gern. Mein Mann importiert diese Sorte. Ausgezeichnet, nicht?«

Katharina bemerkte, dass die Kanne leer war. Um dem steifen Beisammensein der Damen für einen Moment zu entfliehen, ging sie selbst in die Küche, um frischen Kaffee zu holen.

Das Mädchen nahm die Kanne mit einem Knicks an. Doch als Katharina die Küche wieder verlassen wollte, ging die Tür auf und Heinrich stand vor ihr. Er kam herein und hielt dem Dienstmädchen die Tür auf. »Lassen Sie uns alleine.«

Als das Mädchen verschwunden war, blickte Heinrich seine Schwägerin schweigend an. Ein Kunstgriff, den er wahrscheinlich als Anwalt vor Gericht sehr wirkungsvoll einsetzte. Doch Katharina reagierte nicht und erwiderte nur erwartungsvoll seinen Blick.

»Wer hat meine Frau geschwängert?«

»Heinrich, ich habe jetzt keine Zeit, meine Gäste warten.«

»Der Arzt, dieser Pathologe, hat mich informiert, dass sie schwanger war.«

Katharina gab keine Antwort.

»Du warst ihre beste, ihre *einzige* Freundin. Du weißt, mit wem sie ein Verhältnis hatte.«

Doch Katharina hatte nicht vor, es ihm zu verraten.

»Jedenfalls bist du nicht überrascht, von ihrer Schwangerschaft zu hören. Sag es mir!«

Katharina wollte an ihm vorbei zur Tür gehen, doch die Schärfe seiner Stimme hielt sie zurück. Plötzlich wirkte er sehr gefährlich. »Du wirst es mir sagen! Früher oder später. Glaub mir.« Er sah sie drohend an. Seine hellen Augen waren ihr immer schon unheimlich gewesen, und er verstand es, mit ihrem kalten Blick deutlich zu machen, dass er Mittel und Wege finden würde, jegliche Drohung wahr zu machen.

Spät in der Nacht war alles still. Die Gäste waren fort und Richard mit den Männern verschwunden. Irgendwohin. Die Wohnung lag leer und verlassen in der Dunkelheit. Eine weiße Gestalt schien den dunkel getäfelten Gang entlangzuschweben: Katharina hatte sich einen Morgenmantel über ihr Nachthemd gelegt. Sie fand keinen Schlaf und geisterte ruhelos und ziellos durch die Wohnung. Sie blieb hier und dort stehen und betrachtete die Dinge, die ihr so lange vertraut waren, als wäre dies schon ein Abschied.

Die Tür zu Richards Zimmer stand offen.

Hinten an der Wand, in der Tiefe des Raumes, erkannte sie die Fotos und Zeichnungen.

Katharina fühlte sich von den schimmernden Papieren mit den fremden Bildern angezogen, dennoch zögerte sie.

Dann gab sie nach und betrat Richards Zimmer. Durchs Fenster drang etwas Licht: an der Decke ein schwacher Schimmer der Straßenlaternen, auf dem Boden das weiße Strahlen des Mondlichts. Auf einem Beistelltisch lag ein offenes Schächtelchen, aus dessen dunkelsamtenem Inneren es verlockend glitzerte: Diamantsplitter. Katharina ging langsam an den Bildern vorbei, den Plänen, den Fotografien, den Zeichnungen. Sie betrachtete die dunklen Formen auf dem leuchtend weißen Papier und verlor sich mehr und mehr in dem Anblick exotischer Hafenstädte, Safaris am Kilimandscharo, schwarzer Träger und staubiger Straßen, die sich irgendwo in der Savanne verloren ...

Sie fuhr mit dem Finger über eine Landkarte, auf der mit rotem Strich eine neue Straße eingezeichnet war, die vom Küstenstädtchen Tanga immer tiefer ins Landesinnere führte, bis hin zu einem Punkt, der mit »Diamantenmine« bezeichnet war.

Vor allem ein Foto ließ sie nicht los: das Bild eines Wasserfalls. Ein traumhafter Ort im Halbschatten der Blätter, die Wasserläufe zu unwirklichen weißfädigen Schleiern verwoben, als wäre die Zeit selbst stehen geblieben. Am Fuße des Wasserfalls standen auf mächtigen Felsblöcken mehrere weiße Männer in Tropenanzügen, unter ihnen Larson, Heidelberger und Höller. Hinter ihnen standen schwarze Arbeiter, die sich bemühten, einen würdevollen Blick aufzusetzen.

Doch es waren nicht die Männer, die Katharina interessierten. Sie hatte nur Augen für den Wasserfall unter den mächtigen Bäumen. Ein geheimnisvoller, lockender Ort, der ihr bei aller Exotik so vertraut und nah zu sein schien.

3

»Herrrrreinspaziert!« Der Ausrufer zwirbelte seinen Schnurrbart, während er angeberisch das »r« rollte. »Herrrreinspaziert! Nur hier die original Neger von den Quellen des Kongo! – Verschwindet, ihr Rotznasen!«

Mit seinem Stock verscheuchte er zwei Jungen, die an der Seite des Zeltes durch ein Loch zu schauen versuchten. Es war doch zu verlockend, einen Blick auf eine der barbusigen Negerinnen zu erhaschen, die im Innern des Zeltes mitsamt einiger wilder Krieger ausgestellt wurden. »Nur hier die original Negerschau!«

Katharina achtete nicht darauf. Sie hatte nicht gewusst, dass hier dieses Zelt aufgeschlagen war, als sie sich mit Georg verabredet hatte. Zum Glück war es weit genug weg, um es ignorieren zu können. Wie all die anderen spazierenden und flanierenden Menschen genoss Katharina die Sonnenstrahlen, die das Verschwinden des Winters ankündigten, und sie genoss es, mit ihrem Sohn Georg zusammen zu sein.

Eine Kellnerin brachte zwei Berliner Weiße an ihren Tisch. Georg, wieder ganz Kavalier, stand auf, kramte in seiner Hosentasche und bezahlte. Als er sich wieder setzte, saß er betont gerade und korrekt. Sie hoben ihre Gläser, stießen lächelnd an und tranken. Auch wenn sie lächelte, sah Katharina doch mitgenommen aus und wirkte immer wieder abwesend.

Als Georg sich nach dem Ausrufer umdrehte, betrachtete Katharina ihn zärtlich. Er gab sich soldatisch wie ein Mann, konnte jedoch das Kind in sich noch nicht völlig verdrängen. Sie legte ihre Hand auf seine. Sein erster Impuls war, seine Hand wegzuziehen, doch dann ließ er sie doch liegen. Zumindest schaute er sich um, ob ihn jemand beobachtete.

»Ist es dir unangenehm? Vor den Leuten?«

»Aber nein.« Zur Bekräftigung legte er seine andere Hand auf ihre.

Zwei ältere Offiziere schlenderten vorbei. Einer von ihnen blieb wie angewurzelt stehen und blickte mit unverhohlener Missbilligung auf die Hände. Georg sprang auf und grüßte militärisch.

»Sie wagen es! In aller Öffentlichkeit! Sie sind Kadett! Wissen Sie nicht, was Sie dem Ruf Ihrer Kadettenanstalt schulden?«

Georg war der Zwischenfall sichtlich unangenehm, während Katharina lächeln musste.

»Und Sie brauchen gar nicht so zu grinsen, Madame!«

»Herr Major, darf ich Ihnen meine Mutter vorstellen, Frau von Strahlberg?«

Der Offizier bemühte sich, das Gesicht zu wahren. »Von Strahlberg, so. Bitte um Entschuldigung. Meine Empfehlung an den Herrn Oberst.« Seine Entschuldigung galt natürlich nur der Dame. Ihren Sohn würdigte er keines weiteren Blickes, während er sich zurückzog und Georg sich peinlich berührt auf seinen Stuhl sinken ließ. Als Katharina anfing zu lachen, schaute er sie vorwurfsvoll an, doch schließlich lachte er mit.

Plötzlich verstummte Katharina und versteckte ihr Gesicht.

»Maman?« Er sprach das Wort wie immer französisch aus.

Katharina wischte sich mit einem feinen Taschentuch Tränen aus den Augen.

»Maman, was ist los mit dir? Ich kann das nicht länger mit ansehen. Entschuldige die Respektlosigkeit, aber du siehst von Woche zu Woche schlechter aus.«

Katharina lächelte ihn scheu an. »Wir haben so wenig Zeit zusammen. Lass uns den Nachmittag genießen.«

Georg zögerte, doch wollte er endlich Klarheit. »Was ist mit Tante Martha passiert? Irgendetwas verschweigt ihr doch!«

Katharina kämpfte mit sich. Was sollte sie ihm sagen?

»Georg, nicht jetzt.«

Drei Kadetten schoben sich aufgeregt durch die Tische. Sie waren auf Abenteuer aus. Einer bemerkte Georg und stieß die anderen an, daraufhin kamen sie herüber.

»Von Strahlberg, hier steckst du! Hast du dir auch die Wilden angesehen? Famos, was? Wir haben extra heute noch hergemacht, zwei Stück sollen ja gestern schon verendet sein!«

Katharina hatte sich wieder gefasst. Georg sah sie an,

während er sich erhob. »Siebert, Weber, Bartsch – darf ich euch meine Mutter vorstellen?«

»Es ist uns eine Ehre!« Die drei brachten eine formvollendete Verbeugung zustande. Dann wandten sie sich wieder voll jugendlicher Begeisterung Georg zu. »Nachher geschlossenes Antreten beim Labude. Kneifen ist nicht! Da geht's heute hoch her. Du kommst doch auch?«

»Nein, ich ... Heute nicht.«

»Geh ruhig mit den anderen, Georg. Ich komme schon alleine nach Hause.«

»Auf keinen Fall. Ich habe dich eingeladen und ich bringe dich auch zurück!«

»Also, vielleicht später!« Die Kadetten verbeugten sich noch einmal vor Katharina, dann rannten sie ausgelassen davon. Katharina musste lächeln: Kinder in Uniform.

Georg setzte sich wieder.

»Ich kann wirklich allein nach Hause fahren. Ich werde dem Kutscher sagen, er soll auf mich aufpassen.«

Doch Georg bestand darauf: »Die anderen sehe ich ja die ganze Woche, dich sehe ich so selten.«

Sie sah ihn wehmütig an. »Du bist so groß geworden.«

Er lachte: »Wenn du jetzt sentimental wirst, gehe ich doch!« Beide waren sich bewusst, dass sie die Gelegenheit für ein Gespräch verpasst hatten. Zumindest fand keiner von ihnen den Mut, neu anzuknüpfen. Er wollte nicht von neuem in sie dringen, und sie ... was konnte sie ihm sagen?

Später half Georg seiner Mutter galant aus der Mietkutsche. Er nahm ihren Schlüssel und schloss für sie auf.

»Sehen wir uns nächsten Sonntag?«

Als er zögerte, fügte sie hinzu: »Vielleicht kannst du ja wenigstens zum Mittagessen kommen.«

Er nickte. Beide dachten daran, dass noch immer seine unbeantwortete Frage im Raum stand. »Es war ein schöner Nachmittag, Maman.« Er küsste sie rechts und links, dann hielt er ihr die Tür auf. Ein letzter Blick und die Tür fiel ins Schloss.

Katharina sah ihm durch die vergitterte Scheibe hinterher. Sobald er sich unbeobachtet glaubte, fiel alles Soldatische von ihm ab und er rannte davon wie ein Schuljunge. Auf der Mitte der Straße verlor er sogar seine Mütze, rannte zurück, hob sie auf, und dann war er verschwunden.

Über der Wohnung hing wieder die bleierne Schwere des Unausgesprochenen. Katharina und Richard saßen am vornehm gedeckten Mittagstisch und schwiegen. Das Dienstmädchen schöpfte Suppe auf ihre Teller, stellte die Terrine auf die Anrichte und verließ lautlos das Zimmer. Während Richard die Suppe löffelte, saß Katharina reglos vor ihrem Teller.

»Isst du nicht?«

Sie konnte nicht länger ausschweigen, was beide wussten. »Wann redest du mit mir?«

Richard zögerte. Er aß noch einen Löffel Suppe, um Zeit zu gewinnen, zu überlegen, ob er leugnen sollte. Ob er so tun wollte, als wüsste er nicht, wovon sie sprach. Schließlich ließ er so viel wie möglich offen: »Wozu die alten Geschichten noch einmal aufwärmen?«

»Alte Geschichten? Martha ist gerade einmal zwei Monate tot! Du hast nicht ein Wort darüber gesagt. Ich halte das nicht mehr aus!«

»Es ist vorbei.«

Für ihn schien die Sache damit beendet. Seine abweisende Haltung zeigte, dass er nicht weiter darüber sprechen wollte. Also setzte sie einen Hebel an: »Heinrich will, dass ich ihm sage, mit wem Martha ein Verhältnis hatte.«

»Und? Was wirst du ihm sagen?«

»Was wirst *du mir* sagen?«

»Was willst du denn hören?«

»Ich möchte ein einziges Mal von dir die Wahrheit

hören!« Als Reaktion baute er seinen Offizierspanzer um sich herum auf. »Ich wünsche nicht, dass du so mit mir redest.«

»Also schön, du sagst auch diesmal nichts. Was gedenkst du also zu tun?«

»Es gibt nichts zu tun. Niemand wird etwas tun. Marthas Geschichte ist mit ihr begraben.«

»Nein. Martha ist begraben. Aber ihre Geschichte lebt!«

»Da irrst du dich. Eine Geschichte lebt, wenn sie erzählt wird«, erwiderte er mit drohendem Blick.

Das Dienstmädchen kam herein und Richard aß in aller Ruhe seine Suppe zu Ende. Das Mädchen sah, dass Katharina nichts gegessen hatte. »Ist die Suppe nicht in Ordnung, gnädige Frau?«

Katharina war so tief in Gedanken, dass sie nicht antwortete. Sie lehnte sich nur zurück. Also nahm das Mädchen ihre Suppe und Richards leeren Teller und ging eilig wieder hinaus.

Katharina unternahm einen zweiten Versuch: »Warum, Richard? Warum musste das sein? Erträgst du es nicht, mit einer Frau zusammen zu sein, die dich durchschaut? Brauchst du eine, die dich durch und durch bewundert? So wie ich früher?«

»Welche Geschichte erzählen wir jetzt? Deine?«

»Die Geschichte eines Mannes, den alle lieben. Den alle bewundern. Der mit einem Lächeln eine ganze Gesellschaft verzaubert, der sich mit einem harten Wort Respekt verschaffen kann, der sich durch seine Bildung die Achtung aller erworben hat. Die Geschichte eines Mannes, so gebildet, belesen, kultiviert und stark, dass eine Frau sich ihm bedingungslos hingeben möchte.«

»Eine gute Geschichte. Wir sollten sie nicht beenden.«

»Sie ist bereits zu Ende. Ich habe beinahe zwanzig Jahre gebraucht, nicht mehr darauf hereinzufallen. Zwanzig Jahre der Enttäuschungen. Immer wieder Lügen. Und bei jeder einzelnen Lüge dachte ich, es wäre nur eine winzige Kleinigkeit. Eine Fehlfarbe. Denn der Mann ist ja perfekt. Aber dann ist mir klar geworden: Das Gebildete, Starke und Respektable sind die Fehlfarben. Du selbst bist durch und durch ein Lügner. Du nimmst Menschen für dich ein. Mit aller Kraft, mit aller Kunst. Mit bewundernswerter Perfektion.«

»Und ich habe all die Jahre nicht bemerkt, dass ich mit einer Anhängerin der Psychoanalyse zusammenlebe!«

Sie schaute ihn nur hasserfüllt an, dann stand sie auf.

Als das Dienstmädchen mit den Tellern der Hauptspeise hereinkam, lief Katharina an ihr vorbei hinaus. Das Mädchen blieb verunsichert stehen.

»Was ist?«, fuhr Richard sie an. »Bekomme ich jetzt mein Essen?«

Katharina kehrte erst am späten Abend zurück. Eigentlich hatte sie sich mit irgendwem treffen wollen, mit ihrer Freundin Charlotte vielleicht. Sie hätte gern mit ihr die Zeit verfliegen lassen, wie früher. Sie hatte sogar schon vor Charlottes Haus gestanden, vor der modernen Villa draußen im Grunewald, es dann aber doch nicht über sich gebracht, zu Charlotte hineinzugehen. Oder zu irgendwem. Also war sie nur umhergelaufen. In fremden Straßen, um niemandem zu begegnen, den sie kannte.

Als sie die Wohnung betrat, sah sie Licht im Speisezimmer. Sie blieb an der Tür stehen und spähte hinein. Richard saß mit dem Rücken zu ihr. Auf dem großen Tisch lagen seine Säbel ausgebreitet. Seine Militärsäbel, die er schon immer sammelte, die ihm Sicherheit gaben und die vielleicht die einzige wirkliche Liebe seines Lebens waren. Er hielt einen der Säbel in der Hand und ließ mit langsamen Bewegungen ein weiches Tuch die lange, perfekte Klinge entlanggleiten.

Katharina ging weiter.

»Katharina.« Sie hatte seine Stimme lange nicht mehr so sanft und ruhig gehört.

»Komm herein.«

Sie war im Flur stehen geblieben, ging aber nicht zurück. Er stand in der Tür. »Bitte.«

Sie zögerte noch einen Moment, dann kam sie seiner Bitte nach.

Den angebotenen Stuhl lehnte sie ab. Noch sah sie keinen Grund, sich zu ihm zu setzen. Also setzte er sich alleine hin. »Katharina, ich möchte mit dir reden.«

»So? Ich dachte, wir hätten schon geredet.«

»Sei jetzt nicht sarkastisch. Ich ... Du weißt, ich bin niemand, der ...«

Er blickte umher, suchte förmlich nach Worten. Schließlich nahm er einen der Säbel. »Mein wertvollster. Er hat Napoleon gehört. Hat ihn 1806 beim Einmarsch in Berlin bekommen. Ein vollkommener preußischer Militärsäbel. Leicht in der Hand, flexibel, unglaublich hart. Perfekt ausbalanciert. So fein damasziert wie kein zweiter, den ich kenne. Er hat nur einen Makel: Er ist nie benutzt worden!« Er legte ihn liebevoll zurück und nahm einen anderen. »Anders dieser hier. Handwerklich kein Vergleich. Aber er war bei der Schlacht von Sedan dabei. Mit diesem sind Soldaten getötet worden. Welcher ist wohl wertvoller?«

»Ich weiß nicht, wovon du redest«, erwiderte sie ungehalten.

»Hilf mir, Katharina!« Er wandte sich ab. Sie brauchte einen Moment, bis sie merkte, dass er weinte. Erstaunt schaute sie auf seinen Rücken hinab. Er hatte noch nie geweint. Niemals! Sie war versucht, seine Schulter zu berühren, ihre Hand schwebte schon über ihm, doch dann zog sie sie wieder weg. Sie trat sogar einen Schritt zurück. Eine Lüge! Er hatte natürlich begriffen, wie ernst es war. Dass er sie verlor, wenn er ihr keine Offenheit schenkte. Also gab er ihr etwas, was danach aussah. Einen Köder, den sie schlucken sollte: einen weinenden preußischen Offizier. Das hier konnte doch nichts anderes sein als ein kalkuliertes Spiel! Aber würde er so weit gehen?

Er wandte ihr sein verheultes Gesicht zu.

»Es tut mir so leid. Um Martha.«

»Um Martha oder um dich?«

»Katharina, bitte! Ich habe das nicht gewollt! Martha war so ... so ein guter Mensch und ich habe es noch nicht einmal bemerkt.« Seine Augen flehten sie um Hilfe an. »Ich weiß nicht, wie ich weitermachen soll, Katharina. Ich weiß nicht, wie es weitergeht. Marthas Tod und ... Katharina, ich habe Schulden.«

Das hatte Katharina nicht erwartet. Er schien wirklich verzweifelt zu sein!

»Ich will dir nichts mehr verheimlichen. Das Geld von Heinrich ... Ich stehe vor einem Abgrund. Halt jetzt bitte zu mir! Lass uns zusammenhalten!«

Er stand auf und näherte sich ihr. Sie spürte, dass er immer noch eine Wirkung auf sie hatte. Aber sie wusste, dass er sie wieder enttäuschen würde. Sie wollte etwas sagen, sich erklären, vor allem so viel fragen; verzweifelt suchte sie nach Worten. Und dann rannte sie einfach hinaus.

Katharina packte in ihrem Zimmer ein paar Sachen ein. Kleider, Wäsche, einige Kosmetika, sie musste hier weg. Als sie Flakons und Döschen von ihrem Toilettentisch nahm, fiel ihr Blick in den Spiegel. Sie sank auf den Stuhl: Müde und ausdruckslos starrte sie ihr Spiegelbild an. Sie war fast überrascht, im Spiegel überhaupt jemanden zu sehen. In den letzten Jahren, vor allem in den letzten Wochen, hatte sie das Gefühl für sich selbst verloren.

Richard kam herein. Er schloss die Türe leise hinter sich, kam zu ihr und blieb hinter ihr stehen. Er beugte sich nah zu ihr herunter. »Komm zurück zu mir.«

Er küsste sie zärtlich aufs Ohr. Angeekelt fuhr sie zur Seite. Und dann ging alles ganz schnell: Er packte ihren Arm, zerrte sie hoch, drückte Küsse auf ihren Hals, und als sie sich wehrte, riss er sie herum und presste sie auf ihren Toilettentisch. Fläschchen und Tiegel klirrten durcheinander.

»Du bist immer noch meine Frau!«.

Er zerrte an ihren Röcken, presste seinen Leib gegen ihren. Doch plötzlich kam sie irgendwie frei, fuhr herum, holte aus und schlug ihm heftig ins Gesicht.

Stille.

Katharina starrte ihn voller Hass an. »Ich will die Scheidung.«

Sie wollte ihre Tasche nehmen, doch er legte seine Hand darauf. »Du wirst nicht gehen.«

Und dann ging sie.

4

Als Erstes ging sie zu Georg. Gleich am nächsten Morgen. Sie wartete in dem kargen Saal mit den Tischen und Stühlen, auf denen vereinzelt junge Männer in den Uniformen der Militärakademie im Gespräch mit Eltern oder älteren Militärs saßen. Als Georg hereinkam, lächelte er. Doch als sie sich erhob, um ihn zu umarmen, wehrte er die Zärtlichkeit mit einem scheuen Blick auf die anderen Jungen ab. Stattdessen küsste er seine Mutter nur knapp auf die Wange.

»Georg, wie gut du aussiehst!«

»Maman, das ist eine Überraschung. Ich habe nicht viel Zeit.«

»Ich weiß.« Sie lächelte ihn zärtlich an. »Du hast nie viel Zeit.«

Er wartete, bis sie sich gesetzt hatte, dann erst nahm auch er Platz. Wie immer betont gerade und korrekt. Er bemerkte natürlich, wie übernächtigt sie aussah und wie verletzt. »Was ist los?«

Katharina wusste nicht, wie sie anfangen sollte. »Eigentlich wollte ich mit dir rausfahren. Spazieren gehen. Aber …«

»Mutter, das geht heute nicht.«

»Ich weiß.«

Katharina schaute sich um. Dieser Saal war ihr immer schon vorgekommen wie der Besuchsraum eines Gefängnisses. Ihr Sohn war ein Gefangener.

»Ich habe mir immer vorgestellt, dass du nach dem Abitur studierst. Vielleicht Medizin. Oder Literatur. Vielleicht hättest du Ingenieur werden können. Ein junger Mann, der kühne Brücken konstruiert. Ich habe nie gewollt, dass du hierherkommst. Dass du Soldat wirst.«

»Offizier.«

Sie lächelte schmerzlich. »Offizier, natürlich. Du nimmst alles so ernst.«

»Selbstverständlich.«

»Georg, ich habe es dich nie merken lassen, aber dein Vater und ich … Ich habe hart dafür gekämpft, dass du etwas anderes wirst. Aber ich habe den Kampf verloren. So wie jeden in den letzten zwanzig Jahren.«

Georg reagierte mit sichtlichem Unbehagen auf die Offenheit seiner Mutter. Er rückte seine Uniform zurecht. »Mutter, können wir nicht ein andermal …«

»Nein, es muss heute sein.« Sie atmete tief durch. Es muss *jetzt* sein. »Georg, dein Vater und ich, wir werden uns scheiden lassen.«

Er war nicht in der Lage, darauf etwas zu erwidern. Ein solcher Satz war in seiner Welt nicht vorgesehen.

»Ich möchte dir in Ruhe alles erklären. Ich möchte, dass du verstehst, warum.«

»Du willst uns verlassen!«

»Nein, Georg, ich will nicht *euch* verlassen.«

»So eine bist du?«

Katharina wich entsetzt zurück. Dass es so schlimm werden würde, hätte sie nicht gedacht. »Bitte, lass mich erklären!«

Er schaute sich im Saal um, suchte förmlich nach einer Fluchtmöglichkeit. Plötzlich sprang er auf. »Ich muss zum Dienst.« Abrupt drehte er sich um und eilte zur Tür.

»Georg, warte! Bitte!« Ihre Rufe klangen fast flehentlich.

Alle schauten herüber. Doch Georg war durch die Tür verschwunden.

Katharina starrte auf die offene Tür: Was für ein Irrsinn! Eine offene Tür, sie wünschte nichts sehnlicher als hindurchzugehen – und es war unmöglich.

Bei ihren Eltern fand Katharina keine Hilfe. Ihre Mutter weinte nur, und ihr Vater weigerte sich, überhaupt in Ruhe zuzuhören. »Ich will von diesen Dingen nichts wissen!« Er schaute nur auf seine Taschenuhr, wie um ihr zu bedeuten, dass seine Zeit zu kostbar war für ihre Albernheiten. »Damals, als du heimlich und gegen unseren Willen dieses Studium angefangen hast, dachte ich noch, das wäre nur eine Jugendsünde. Eine naive Dummheit. Aber es steckt in dir drin.«

»Was? Was steckt in mir drin?«

»Du bist eine reife Frau und führst dich auf ...«

»Wovon redest du?«

»Du wirst den Ruf der Familie nicht zerstören! Du wirst zu ihm zurückgehen. Und du wirst dich bei ihm entschuldigen!«

»Vater!«

Ihre Mutter versuchte unter Tränen einen hilflosen Vermittlungsversuch: »Du musst doch Verständnis für Richard haben. Er ist schließlich ein Mann.«

Ihr Vater schaute noch einmal ungeduldig auf die Uhr. »Wenn du dich von ihm scheiden lässt, bist du für uns gestorben.« Mit diesen Worten ging er und ließ Katharina mit ihrer weinenden Mutter allein.

Als Katharina in der Villa Bartholdi vorsprach, sagte man ihr, Charlotte sei auf der Rennbahn, also ging sie dorthin. Sie schob sich durch die Menge der großen Damenhüte und der kleinen Strohhüte. Als Einzige trug sie keinen Hut, aber kaum jemand nahm Notiz davon. In Berlin hatte man schon andere Sachen gesehen. Sie fand Charlotte in ihrer Loge. Die Freundin war ebenso mondän und elegant wie Katharina und augenscheinlich sogar noch souveräner: Sie rauchte, nahm nichts ernst und trug immer das gewagtere Kleid.

Nachdem Katharina ihr erzählt hatte, was geschehen war, wandte sich Charlotte erst einmal wieder dem Rennen zu. Die Pferde donnerten an der Tribüne vorbei ins Ziel. Charlotte seufzte. »Verloren.« Sie lächelte Katharina an. »Habe ich wohl *auch* aufs falsche Pferd gesetzt …«

Man wusste bei ihr nie, ob sie Dinge tatsächlich nicht ernst nahm oder ob sie nur mit ihrem eleganten Zynismus kokettierte. Doch Katharina wusste, dass auf sie immer Verlass war. Charlotte sah Katharina an.

»Du setzt heute gar nichts?«

»Charlotte, bitte!«

»Du willst dir doch von Richard nicht den Saisonstart verderben lassen!«

»Ich brauche deine Hilfe.«

»Ich glaube, du brauchst nicht *meine* Hilfe.«

»Was meinst du?«

»Du brauchst einen Liebhaber.«

»Bitte verschone mich heute mit deinem Esprit!«

»Ich meine es ernst! Er nimmt sich ein Flittchen, du nimmst dir ein Flittchen – und eure Ehe ist gerettet! Was soll das Gerede von Scheidung?«

»Ich kann nicht länger mit ihm leben!«

»Wer kann das schon? – Wer ist sie?«

»Was?«

»Richards Verhältnis. Ist sie eine von uns? Kenne ich sie? Oder hält er sich eine Billige?«

»Das spielt doch wohl keine Rolle.«

»Nun sag schon! Was ist los mit dir? Du verdirbst ja den ganzen Spaß.«

»Mir ist nicht nach Spaß, mir geht es dreckig.«

Charlotte wandte sich wieder der Rennbahn zu, wo die Pferde für den nächsten Start vorgeführt wurden.

»Deine Entscheidung.«

»Wie bitte?«, fragte Katharina fassungslos. Charlotte nahm ihr Fernglas herunter und sah sie ruhig und guten Gewissens an. »Geh zu ihm zurück! Man sägt nicht den Ast ab, auf dem man sitzt. Mach mir die Männer nicht verrückt, wir haben doch alle Freiheiten. Was willst du noch?«

»Ich will selbständig sein!«

»Du willst selbständig sein? Wozu brauchst du dann meine Hilfe?«

»Ich will meinen Mann verlassen, nicht die menschliche Gesellschaft!«

»Ist das nicht dasselbe?«

Offenbar meinte sie es ernst. Katharina nickte resigniert und wandte sich zum Gehen.

»Warte.«

Katharina blieb stehen.

»Du kannst nicht bei mir wohnen. Erich würde es verbieten. Ich kann dir nur ein Zimmer anbieten. Aber es ist …«

Sie schrieb etwas auf die Startliste des Rennens. »Hier ist die Adresse. Die Häuser gehören Erich. Aber du solltest dort nicht einziehen.« Dann steckte sie Katharina noch einen Geldschein dazu. »Für die ersten Tage. Damit du nicht sofort zurückmusst.«

Sie gab Katharina das Papier, dann schauten sich die beiden ernst an. Es war wohl eine Art Abschied.

»Danke.«

Katharina kam mit ihrer Tasche die Gasse entlang. In einer solchen Gegend war sie noch nie zu Fuß unterwegs gewesen. Zwischen mehrstöckigen Mietskasernen spielten zerlumpte Kinder, Frauen mit Wäschekörben unter dem Arm unterhielten sich, arbeitslose Männer saßen auf den Stufen der Häuser und schauten Katharina nach, machten sich gegenseitig auf die unpassende Gestalt aufmerksam, die sich suchend umschaute.

»Na, Gnädigste, Sie ham sich wohl verloofen, wa?«

»Wo finde ich 119 bitte?«

»Gleich da drüben. Aber machen Se hinne, sonst isset einjestürzt, bevor Se da sind!«

Die Männer lachten.

Katharina stieg das dunkle Treppenhaus hinauf und klopfte an die Tür. Die Frau, die ihr öffnete, trug ein Baby auf dem Arm und schaute sie aus roten, überarbeiteten Augen an. Das Zimmer, in das sie Katharina führte, war schlicht, aber leidlich sauber. Ein Bett, ein Tisch, zwei Stühle, ein Bord, die Waschschüssel. Das kleine Fenster ging auf den Innenhof, Himmel gab es nicht zu sehen. Während Katharina sich umschaute, musterte die Frau Katharinas teures Kleid, das in völligem Gegensatz zu ihrer alten Hausschürze stand. »Ich weiß nicht, was Sie hier vorhaben, aber ... die Wände sind dünn!«

Katharina ging nicht darauf ein.

»Nebenan wohnen zwei Mädchen aus der Spinnerei, da drüben wohnen wir. Ich heiße Gerda. Klo ist auf halber Treppe ...«

»Vielen Dank.«

Und dann war Katharina alleine. Sie ließ sich auf einen der Stühle fallen und legte die Stirn in die Hand.

Es folgte eine Zeit der Rückschläge und Zurücksetzungen. Katharina hatte ihr Zuhause verloren, aber wenigstens hatte sie noch einen Platz, wo sie abends unterkommen konnte, wenn sie müde und abgekämpft von der Suche nach Arbeit, von der Suche nach einer Zukunft zurückkam. Sie verbrachte die Abende und Nächte in der Kammer mit dem lichtlosen Fenster und ihre Tage wartend auf Krankenhausfluren zwischen allen Arten von Kranken, Siechen und Leidenden. Sie saß Oberschwestern gegenüber, die wie Schweißhunde durch ihre Papiere schnüffelten, um eine Spur zu finden, auf der sie zupacken und das Einstellungsgespräch zur Strecke bringen konnten. Verbissen suchten sie nach einem Grund zur Ablehnung.

Bald kannte Katharina das erstaunte Gesicht, wenn sie von den Papieren aufsahen: »Sie haben Medizin studiert?«

»Zwei Jahre, dann musste ich abbrechen.«

»Warum?«

»Private Gründe.«

»Der Professor hält nichts davon, wenn Frauen Ärzte werden.«

»Ich will ja nur Schwester werden.«

»Es wird ihm nicht gefallen, dass Sie überhaupt Medizin studiert haben. Eine Schwesternausbildung haben Sie jedenfalls nicht.«

»Ich habe im Krankenhaus gearbeitet. Ich kenne die Arbeit genau!«

Dennoch bekam Katharina mit einem mitleidlosen Blick des Bedauerns ihre Papiere zurück.

Und das Schlimmste: Katharina gewöhnte sich daran. Sie begann, von ihren Tagen nichts mehr zu erwarten und von ihren Abenden in der Kammer, die kein Zuhause war, noch viel weniger.

Sie suchte Hilfe bei Menschen aus ihrem früheren Leben. Doch wenn sie überhaupt vorgelassen wurde, saß man sich bald schweigend gegenüber und hatte sich nichts zu sagen. Die Stimmung war immer die gleiche: Du bist selber schuld! Geh zurück zu Richard. Manchmal fing sie selbst an, daran zu glauben.

Manchmal kam Gerda zu ihr in die Kammer, brachte eine Flasche Bier mit, die sie ihrem Mann stibitzt hatte. Dann saßen sie beisammen und lernten einander kennen.

»Und? Heute wieder nichts?«, fragte Gerda.

»Nichts. Nicht ohne das schriftliche Einverständnis meines Mannes.«

»Ich wär froh, meiner würd mir's Arbeiten verbieten! Aber der hat ja selber nichts ...«

Eines Tages, als Katharina mit ein paar Einkäufen die Straße entlangging, hörte sie, wie jemand ihren Namen rief. Es war Arne Larson, der aus einem Wagen stieg und seinen Hut zog.

»Frau von Strahlberg! Sie hier im Wedding?«

Katharina bemühte sich, ein ähnlich charmantes Lächeln zustande zu bringen, wie es ihr früher so mühelos gelungen war. »Herr Larson! Ich bin ebenso überrascht, Sie hier zu treffen!«

»Ich habe hier um die Ecke geschäftlich zu tun. In einer Nagelfabrik. Ich habe soeben tausend Kisten Nägel und Schrauben gekauft. Lieferbar in Tanga, Deutsch-Ostafrika.«

»Werden Nägel also im Preis steigen?«

»Nägel, Seile, Spaten – alles, was man wirklich braucht. Es werden Zeiten kommen, da verkaufe ich eine Handvoll Nägel zum jetzigen Preis einer Kiste. Glauben Sie mir. Aber ich langweile Sie schon wieder. Darf ich Sie trotzdem ein Stück begleiten?«

Auf Katharinas zustimmendes Lächeln hin gingen sie gemeinsam weiter.

»Ich soll Ihnen Grüße von Herrn Höller und Herrn Heidelberger überbringen. Leider haben wir uns seit dem Abendessen mit den Reichstagsabgeordneten nicht mehr gesehen.«

Sie ging nicht auf seine unausgesprochene Frage ein, sondern fragte nur: »Wann werden Sie nach Afrika zurückkehren?«

Also sprach er die Frage direkt aus. Mit ernstem Gesicht, um zu zeigen, dass es ihm nicht mehr ums Plaudern ging. Dass er dabei sämtliche Regeln der Höflichkeit brach, schien ihm gleichgültig zu sein. »Frau von Strahlberg, ich habe gehört, was geschehen ist. Sie wissen, ich war Rechtsanwalt. Also weiß ich, dass Sie jetzt Hilfe benötigen.«

Katharina wandte sich ab. Sie wollte nicht mit ihm darüber sprechen. Schließlich gehörte er zur Welt ihres Mannes. Doch er gab nicht auf.

»Ich weiß nicht, warum Sie Ihren Mann verlassen haben, es geht mich auch nichts an. Aber suchen Sie sich jemanden, der Ihre Rechte vertritt!«

»Habe ich Rechte?«

»Tja, das kommt darauf an, was Sie vorhaben.«

Katharina zögerte immer noch, mit ihm zu reden.

Er sah ein, dass er zu weit gegangen war. »Entschuldigen Sie. Es ist nicht meine Angelegenheit.«

»Nein, ich ... Schon gut. Darf ich Ihnen eine vertrauliche Frage stellen? Ich weiß nicht, an wen ich mich sonst wenden soll. Der einzige Rechtsanwalt, den ich kenne, ist der Bruder meines Mannes.«

»Sie können mir vertrauen.«

»Ich ... Unter welchen Umständen kann ich mich scheiden lassen?«

Larson nickte. Sie wollte also eine Scheidung. So schlimm stand es. »Nun – eine Scheidung ist vom Gesetz im Prinzip nicht vorgesehen. Es ist keine Frage der persönlichen Entscheidung, dafür braucht es zwingende Gründe.«

»Was für Gründe?«

»Na ja, außer Geisteskrankheit eigentlich nur Ehebruch.«

Katharina nickte in Gedanken.

»Die Sache hat nur einen Haken: Man muss dem Gatten eine Schuld nachweisen. Das Gericht braucht Beweise. Eindeutige Briefe, Zeugenaussagen. Die Rechtslage ist klar: ohne Beweise keine Schuld. Das alles in einem öffentlichen Prozess.«

Larson sah, was er erwartet hatte, was seiner Überzeugung nach die klare Absicht dieses Gesetzes war: Katharina schreckte allein bei dem Gedanken daran zurück.

»Wie auch immer Sie sich entscheiden, Sie können sich auf meine Diskretion verlassen.«

Als sie an der Gasse ankamen, in der Katharina wohnte, blieb sie stehen. Sie wollte nicht zu ihrer Haustür begleitet werden. Nicht zu dieser Haustür. Er schien zu verstehen und zog seinen Hut. »Um Ihre Frage zu beantworten: Ich reise morgen nach Afrika zurück. Ich hoffe, wir werden uns wiedersehen – in besseren Zeiten.«

Er küsste ihr die Hand. Als er in seinen Wagen stieg, der ihnen gefolgt war, befürchtete Katharina, er würde sich noch einmal umdrehen und ihr einen aufmunternden Blick zuwerfen, der im Grunde nur entwürdigend wäre, aber das tat er nicht. Er zog die Tür zu, dann rollte der Wagen davon.

Es war nur zwei Tage später, Katharina wusch sich gerade über der abgestoßenen Emailleschüssel, als sie Gerdas Schreie hörte. Dann ein Poltern und dumpfe Schläge. Katharina zog sich schnell etwas über und rannte los. Gerdas Mann stand mitten im Zimmer, gleich neben dem Tisch, auf dem Gerdas Nähmaschine stand – ihr ganzer Stolz und die Einkommensquelle der Familie –, und drosch auf seine Frau ein. Seine kleinen Augen tobten in ihren Höhlen wie tollwütige Hunde, während er wieder und wieder ausholte und zuschlug.

»Aufhören! Hören Sie auf!«

Katharina fiel ihm in den Arm, er riss sich frei und prügelte weiter. Katharina stieß ihn mit aller Kraft vor die Brust, er stürzte und schlug mit dem Kopf hart gegen die Wand. Im selben Moment war er wieder auf den Beinen, rasend vor

Wut, und versetzte Katharina eine Ohrfeige, die sie von den Füßen riss. Krachend schlug ihr Kopf auf die Tischkante und sie ging zu Boden. Verbittert starrte er auf sie herab. »Ich prügel meine Frau, solange ich will, klar?«

Am nächsten Morgen wachte Katharina vor Schmerzen auf. Ihr Unterkiefer war hart und geschwollen. Sie fand Gerda unten im Hof beim Wäscheaufhängen.

»Danke, dass Sie mir gestern geholfen haben. Besonders klug war das nicht.«

Die beiden schauten sich ernst an. Von Frau zu Frau.

»Aber klasse!« Gerda lächelte.

Katharina versuchte auch ein Lächeln, verzog aber gleich das Gesicht vor Schmerzen.

»Tut weh?«

Katharina zuckte nur mit den Schultern.

»Ach so, der ist für Sie abgegeben worden.« Gerda zog einen Brief aus ihrer alten Schürze. »Kein Absender drauf. Nur ein Name: Arne Larson. Klingt so nordisch.«

Katharina riss den Umschlag auf und nahm einen ebenso schwungvoll wie sauber geschriebenen Brief und einen Fahrschein heraus.

»Was ist das?«

»Ein Fahrschein ... für eine Überfahrt auf der *General* nach Deutsch-Ostafrika ...«

»Das ist ja ein Ding!«

Katharina setzte sich auf die Stufen und las. Larson schrieb ihr in korrektem und zugleich freundschaftlichem Ton, dass er sie nach Afrika einlade.

Katharina schaute nachdenklich auf. »Er lädt mich ein, in die Kolonie zu kommen. Zu ihm und seiner Frau. Er will mir Arbeit geben.«

»Mensch! Wer ist das eigentlich? Ein Freund?«

»Wenn ich das wüsste ...«

»Afrika ...« Gerda ließ die Fremde des Wortes auf sich

wirken. »Das wär mal was. All diesen Dreck hinter sich lassen und neu anfangen.« Dann kam ihr ein anderer Gedanke: »Oder will der was von Ihnen?«

»Tja …« Katharina wünschte, sie könnte das ausschließen.

»Wann fahren Sie?«

»Na, gar nicht! Was soll ich da? Ich will ja gar nicht weg. Ich kann doch meinen Sohn hier nicht alleine lassen.«

»Ich denke, der ist Soldat. Den sind Sie doch eh los.«

Katharina schaute nachdenklich auf das Ticket, auf dem in kühner Perspektive ein Schiff gezeichnet war, das eine Bugwelle vor sich herschob. Dann steckte sie es zurück in den Umschlag. »Unfug.«

Gerda sah, wie der Umschlag in Katharinas Rocktasche verschwand.

5

Mehrere Male hatte Katharina versucht, ihr verunglücktes Gespräch mit Georg fortzusetzen, war jedoch immer abgewiesen worden. Auch an diesem Tag versuchte sie es wieder, und wieder wurde sie nicht zu ihm gelassen. Ein kurzbeiniger Kadett mit breitem Kinn brachte ihr die Nachricht, Georg von Strahlberg sei dienstlich eingebunden und könne nicht besucht werden. Ob das stimmte oder ob Georg sie nicht sehen wollte, war dem Gesicht des Kadetten nicht anzusehen. Also ging Katharina wieder.

Gerdas Nähmaschine stand schon den ganzen Morgen still, die unbearbeiteten Stoffe stapelten sich, drüben im Bett lag ihr Mann und schlief seinen Rausch aus. In aller Frühe hatte Gerda angefangen, die Stoffe umzunähen, doch dann hatte sie gehört, wie Katharina das Haus verließ. Seither war sie fahrig und unkonzentriert. Sie schaute auf den Berg Arbeit, diesen Stapel Rückenschmerzen und zerstochener Finger, sie schaute auf ihren Mann, dieses fressende und saufende und prügelnde Wrack, dem im Schlaf der Mund mit den grauen Zähnen offen stand.

Schließlich stand sie auf und ging zu Katharinas Zimmer. Öffnete leise die Tür. Ging zum Bord über dem Bett. Sie nahm den Brief. Ihre Hände zitterten. Sie wollte den Umschlag schon zurücklegen, doch dann öffnete sie ihn und nahm ihn heraus: den Fahrschein. Lange betrachtete sie das elegante Schiff mit der Bugwelle.

Dann steckte sie den Fahrschein ein.

Katharina hatte sich entschlossen, Kartoffeln zu kochen und mit Milch zu zerquetschen. Das konnte sie trotz des schmerzenden Kiefers herunterbringen. Als sie die Tür ihres Zimmers zuschob, rutschten die Kartoffeln aus dem Zeitungspapier und kullerten über den Fußboden – bis vor die Füße eines Mannes. Katharina erstarrte: Richard! Er saß im Halbdunkel am Tisch und wartete auf sie. Er trug Zivil, aber sein Gesicht war militärischer denn je.

Er schwieg.

Katharina tat ihm nicht den Gefallen, zuerst zu reden.

Plötzlich fing er an, überheblich zu lächeln. »Du willst doch wohl nicht kochen?«

Katharina antwortete nicht.

Sein Lächeln wurde zu einem Glucksen, dann fing er an zu lachen und schließlich lachte er aus vollem Halse. Vulgär und verletzend.

»Was willst du hier?«

Sofort schaltete er wieder auf ernst um.

»Ich will dir einen Vorschlag machen. Du sitzt in der Zwickmühle: Ohne Schuldzuweisung kannst du dich nicht scheiden lassen. Wenn du aber irgendeiner lebenden Seele erzählst, was zwischen mir und der Frau meines Bruders gewesen ist, bringe ich dich um. Das schwöre ich dir. Ich werde niemals zulassen, dass du mich und Heinrich auseinandertreibst. Deshalb schlage ich dir Folgendes vor: Du gehst deiner Wege, ich meiner. Keiner kümmert sich um den anderen. Burgfriede. Dafür brauchen wir uns nicht scheiden zu lassen. Unser rechtlicher Stand bleibt unangetastet. Natürlich nur auf dem Papier. Wir vermeiden jeden Skandal.«

Katharina schaute ihn befremdet an, dann fing sie an, die Kartoffeln aufzusammeln. Er sah ihr dabei zu. Als sie nach einer Kartoffel griff, die vor ihm lag, stellte er seinen Fuß darauf. »Hör zu, das hier sage ich nur einmal: Wenn du zurückkommst, hast du alles, was du brauchst. Du erfüllst deine Pflicht, ich erfülle meine. Wenn du hierbleibst, gehst du vor die Hunde. Von mir bekommst du keinen Pfennig. Nichts. Ich lasse dich verrecken.«

»Ich habe Geld mit in die Ehe gebracht.«

»Ja. Und damit ist es jetzt meins.«

Er zermatschte die Kartoffel mit dem Fuß und stand auf.

»Ich will mit Georg sprechen«, stieß Katharina hervor.

»Du wirst nie wieder mit ihm sprechen.«

Sie verlor die Beherrschung und schrie ihm ins Gesicht: »Er ist mein Sohn!«

Doch er blieb völlig ruhig: »Er ist nicht mehr dein Sohn.«

Schließlich zog er Larsons Brief aus der Tasche. Er sah sie bedrohlich an. »Und jetzt gib mir den Fahrschein.«

»Du hast in meinen Sachen nichts zu suchen!«

»Was ist das für eine lächerliche Idee? Als ob ich dich nach Afrika fahren ließe!«

»Gib mir den Brief!« Sie wollte nach dem Brief greifen, doch er zog seine Hand blitzschnell weg und packte stattdessen ihr Handgelenk.

»Ich verbiete dir zu fahren. Larson ist ein Betrüger. Hat er dir erzählt, warum er seine Karriere als Anwalt aufgegeben hat? Weil er musste! Weil er des Betrugs überführt worden ist. Und jetzt gib mir den Fahrschein.«

»Was treibst du für ein Spiel? Du hast ihn doch schon längst.«

Er presste sie am Handgelenk zu Boden.

»Wo ist er?«

Plötzlich sah Katharina vor sich auf dem Tisch ihr Küchenmesser. Sie packte es mit der freien Hand und hielt es zitternd auf Richard.

Er lachte verächtlich, ließ sie aber los.

»Du wirst dich nicht davonstehlen. Du wirst diesen Krug hier austrinken. Bis zum letzten Tropfen.«

Er nahm seinen Hut vom Tisch und ging mit energischen Schritten aus dem Zimmer. Die Tür schloss bedrohlich leise hinter ihm. Niemals würde er sich so sehr gehen lassen, dass er aus Wut eine Tür zuwarf.

Nachdem er verschwunden war, stand Katharina eine Weile im Zimmer und starrte vor sich hin. Was war hier los? Wo war der Fahrschein? Hatte Richard ihn? Aber wieso gab er es dann nicht zu? Er hatte es nicht nötig, sich zu verstellen. Sie ging zum Bord, wo der Brief gelegen hatte. Tastete alles ab. Nichts.

Dann durchwühlte sie ihr gesamtes Zimmer: Sie kramte in ihrer Tasche, schaute unter den Sachen auf dem Tisch, kroch über den Boden, legte sich unters Bett, durchwühlte das Bettzeug – nichts.

Unter dem Kopfkissen fand sie nur etwas anderes: das Foto des Wasserfalls.

Lange betrachtete sie es eingehend. Dann wurde ihr klar: Sie musste weg hier. In den letzten Wochen hatte sie alles verloren, doch dabei hatte sie etwas begriffen. Sie brauchte keine teuren Kleider, sie brauchte kein Silber und keinen Chauffeur. Sie brauchte fast nichts. Alles, was sie brauchte, war eine neue Welt.

Als es dunkel wurde, hockte sie immer noch auf dem Fußboden. Die neue Welt … Sie war so nah gewesen, erreichbar für einen Moment, und jetzt …

Heinrich zog betont genüsslich an seiner Zigarre. Er saß weit zurückgelehnt in seinem Schreibtischsessel, betrachtete die Glut und atmete langsam den Rauch aus. »Larson also …«, sagte er dann, um das Gespräch mit Richard fortzusetzen.

»Er hat ihr sogar einen Fahrschein für die Überfahrt geschickt.« Richard war nicht nach Rauchen zumute, er wollte noch nicht einmal sitzen. Er wollte handeln. Da es nichts zu handeln gab, blieb er zumindest stehen.

Heinrich sann eine Weile über die Neuigkeit nach. »Das gefällt mir nicht. Larson wird aufmüpfig. Was will er von Katharina?«

Richard wünschte, er wüsste es.

Heinrich überlegte weiter. »Er will einen größeren Anteil, das hat er deutlich gemacht. Vielleicht will er Katharina als Druckmittel nutzen. Vielleicht denkt er, sie weiß etwas. Jedenfalls verspricht er sich einen Vorteil davon, sie in der Nähe zu haben. Und das passt mir nicht!«

»Meinst du, mir etwa?«

»Bring sie dazu, dass sie hierbleibt.«

»Natürlich lasse ich nicht zu, dass sie fährt.«

»Wie willst du das verhindern?«

»Vertrau mir.« Richard drückte entschlossen beide Beine durch, doch Heinrich ließ sich davon nicht beeindrucken. Er betrachtete seinen Bruder in aller Ruhe. »Du hast Druck gemacht, damit sie zu dir zurückkommt. Aber sie ist nicht gekommen. Kennst du deine eigene Frau so schlecht? Du drängst sie immer weiter fort.«

Richard antwortete nicht. Er ging zur Zigarrenkiste, nahm eine heraus, knipste das Mundstück ab und zündete sie an. Dabei dachte er an Martha. Er war niemand, der

Frauen fortdrängte, im Gegenteil: Er zog Frauen an. Heinrich hatte seine Frau verloren – und zwar schon lange vor ihrem Tod.

Heinrich machte sich offenbar ähnliche Gedanken: »Warum bleibt Katharina so standhaft? Was ist zwischen euch vorgefallen?«

Die beiden Brüder sahen sich forschend an. Jeder versuchte in den Augen des anderen zu lesen. Zugleich verschloss jeder seine Regungen vor dem anderen.

»Heinrich, das ist meine persönliche Angelegenheit.«

Heinrich zog an seiner Zigarre. »Sie ist ein Risiko für unsere Geschäfte. Bald ist die Abstimmung im Reichstagsausschuss, dann kommt das Geld. Danach sind mir deine persönlichen Angelegenheiten egal, aber nicht gerade jetzt.« In seinem Blick lag Entschlossenheit.

Richard reagierte beinahe aggressiv: »Sie wird nicht fahren.«

Wieder suchten sie in den Augen des anderen nach irgendeinem Zeichen der Schwäche. Aber sie konnten keines finden. Noch nicht.

Es war Freitagabend. Wie jeden Freitagabend trainierte Richard mit seinem Sohn auf der Fechtbahn. Georg bedeutete dieses wöchentliche Gefecht sehr viel, weil es eine der wenigen Gelegenheiten war, bei denen er etwas mit seinem Vater anfangen konnte, denn weder innige Gespräche noch zweisame Unternehmungen waren in ihrer Welt zwischen Vater und Sohn vorgesehen. Doch heute hätte Georg das Florett am liebsten hingeschmissen. Er kämpfte wie immer technisch gut, wenn auch ein wenig zu defensiv, doch Richard griff kraftvoll an, schlug geradezu aggressiv zu, ohne sich dabei die geringste Blöße zu geben. Er drängte Georg zurück und setzte mehrere Treffer hintereinander.

Georg riss sich die Maske vom Kopf. »Vater, wir trainieren! Das hier ist kein Krieg!« Schwer atmend und schweißnass starrte er seinen Vater an. Auch Richard nahm die Maske ab. Er schwitzte nicht und atmete ruhig.

»Wenn du anfängst, da einen Unterschied zu machen, wird nie etwas aus dir.«

Georg schüttelte nur entnervt den Kopf.

»Du bist unkonzentriert. Was ist los?«

»Was los ist? Du fragst mich, was los ist? Mutter ist weggegangen und kein Mensch redet darüber!«

»Nein, wir reden nicht darüber.«

»Ich will es verstehen!«

»Sie ist nicht zu verstehen.«

»Versuch es wenigstens.«

»Nein.«

Georg schaute ihn ratlos an. »Lass uns aufhören.«

»Wir machen weiter. Wir fechten jeden Freitag zwei Stunden. Ich sehe keinen Grund, es heute nicht zu tun.«

»Vater!«

»Wenn andere Leute ihre Pflicht verletzen, erfüllen wir unsere erst recht. Hast du verstanden?« Er funkelte Georg hart an.

»Hat es etwas mit dem Tod von Tante Martha zu tun?«

»Diese Dinge gehen dich nichts an. Ich kann nur wiederholen: Tu deine Pflicht. Dann gibt es nichts, worüber du dich beunruhigen müsstest.«

Er setzte in aller Ruhe seine Maske wieder auf und nahm Fechthaltung ein.

»En garde!«

Katharina versuchte zu lesen, doch konnte sie ihre Gedanken nicht beieinanderhalten. Kaum hatte sie einen Absatz beendet, wusste sie schon nicht mehr, was darin gestanden hatte. Sie dachte an Georg. Sie dachte an Richard, sie dachte an Martha und an Heinrich. Georg. Richard. Martha. Heinrich. Georgrichardmarthaheinrich … Es war zum Verrücktwerden. Und wo war der Fahrschein?

Katharina schüttete das restliche Geld, das sie noch besaß, aus ihrer Börse auf den Tisch und zählte es. Sie schaute auf die kläglichen Münzen. Sie hatte fast nichts aus der Wohnung mitgenommen. Das Geld von Charlotte war nahezu verbraucht. Bei der Bank gab man ihr nichts ohne das Einverständnis ihres Mannes. Einmal war sie in der Wohnung gewesen, um ihren Schmuck zu holen. Das Dienstmädchen hatte ihr weinend erzählt, es sei ihr strikt untersagt, Katharina in die Wohnung zu lassen. Natürlich ließ sie Katharina trotzdem ein. Doch ihren Schmuck fand Katharina nicht: Richard hatte alles von Wert aus der Wohnung geschafft.

Zum ersten Mal in ihrem Leben überlegte sie ernsthaft, ob sie lieber einen Laib Brot oder lieber Kartoffeln kaufen sollte. Was machte wohl länger satt? Wenn sie sparsam haushaltete, würde ihr das Geld für ein paar Wochen das Überleben sichern. Sie brauchte dringend Arbeit, und zwar schnell! Gerda hatte vorgeschlagen, ihr dabei zu helfen, als Näherin zu arbeiten, aber Katharina konnte nicht nähen.

Wenn sie Larsons Angebot annehmen wollte, würde es höchstens noch für das Leben an Bord reichen. In Afrika hätte sie nichts mehr. Aber in Afrika würde Larson ihr Arbeit geben. Katharina ging zum Bett und zog die Landkarte unter dem Bettzeug hervor, die sie mit dem Foto des Wasserfalls aus Richards Zimmer mitgenommen hatte. Sie betrachtete sie eingehend. Hier, von der Küstenstadt Tanga aus, ging ein roter Strich ins Land, eine neue Straße. Was mochte dort sein? Was würde ihr begegnen, wenn sie diese Straße eines Tages entlangginge? Am Ende dieser roten Linie musste der Wasserfall sein. Dort wollte sie hin. Nur einmal ihre Hände in dieses Wasser tauchen! Wo war der Fahrschein? Wer war hier gewesen?

Irgendwann klopfte es. Gerda erschien im Türrahmen. Sie schaute Katharina verlegen an, wusste nicht, was sie sagen sollte. Schließlich kam sie näher und hielt Katharina etwas hin: das Schiff mit der Bugwelle, den Fahrschein. Gerda begann zu weinen: »Es tut mir so leid. Ich wollte ihn nicht nehmen … aber … Ich hab doch nur ein bisschen geträumt.«

Katharina stand auf und sie umarmten sich lange.

»Kadett Georg von Strahlberg kann nicht besucht werden.« Die Ordonnanz machte förmlich Meldung. Es war derselbe kurzbeinige Kadett, der sein breites Kinn vorschob, um korrekter und wichtiger zu wirken. Der Besuchssaal der Militärakademie erschien Katharina bei jedem Mal, das sie vergeblich vorsprach, mehr wie ein Gefängnis. Ihr eigenes.

»Bitte sagen Sie mir nicht, dass er Dienst hat. Es ist äußerst wichtig. Ich muss ihn unbedingt sprechen, und zwar sofort!«

Der Soldat zögerte. Er schien tatsächlich eine menschliche Regung zu spüren. *Vielleicht komme ich diesmal endlich durch. Vielleicht kann ich endlich mit meinem eigenen Sohn sprechen!* Doch er schüttelte den Kopf. »Es tut mir leid.«

»Was ist los?«

Er zögerte. Schließlich rückte er mit der Sprache heraus: »Persönlicher Befehl von Oberst von Strahlberg.«

Katharina brauchte einen langen Moment, um diese Bösartigkeit zu verarbeiten. Schließlich sah sie ein, dass es keinen Sinn hatte, jetzt und hier weiterzukämpfen. »Hätten Sie wohl Papier und Feder für mich? Ich muss meinem Sohn einen Brief schreiben.«

»Selbstverständlich.«

Also setzte sie sich an einen der Tische in dem düsteren vergitterten Saal und schrieb Georg einen Brief. Das Schreiben wurde ihr schwer, sie kämpfte mit jedem Satz. Sie zweifelte nicht an ihrer Entscheidung oder an ihren Gründen, aber wie sollte sie alles, worunter sie litt, in Worte fassen? In ein paar wenige schmale Worte und Sätze. Was sie ihm zu erklären versuchte, wäre schon Auge in Auge schwer genug zu bereden. Aber so, ohne Blickkontakt, ohne zu merken, was der andere verstand und was nicht, was er billigte oder nicht billigte, wurde es eine Qual. Ein Fehler wäre nicht wiedergutzumachen, denn es war zugleich ein Abschied. Dieser Brief war für lange Zeit – vielleicht für immer – das Letzte, was sie Georg geben konnte. Und bei alldem wusste sie noch nicht einmal, ob er den Brief überhaupt lesen würde, so verletzt, wie er ihr erstes kurzes Gespräch abgebrochen hatte, so stolz und zugleich ängstlich, wie er war. Es wurde ein schmerzhafter, einsamer Abschied.

6

Die Schiffswand war riesig. Turmhoch ragte der stählerne Rumpf der *General* über die Kaimauer auf. Katharina stand mit einem kleinen Koffer am Pier und blickte nach oben. Kräne ragten über die Bordwand und hoben riesige Netze und Paletten in die Höhe, um sie im Inneren des Schiffes verschwinden zu lassen. Die kleine Luke in der Bordwand, in die die Gangway führte, wirkte winzig, und die Vorstellung, dass sie gleich darin verschwinden würde, schnürte Katharina das Herz zusammen. Katharina ging zur Landungsbrücke, wo eine Gruppe britischer Soldaten mit geschulterten Seesäcken lachend zum Schiff hinüberlief.

Doch als Katharina den Fuß auf die hölzerne Brücke setzen wollte, zögerte sie. Ihr wurde klar, dass sie in diesem Moment vielleicht zum letzten Mal auf dem Boden ihrer Heimat stand. Und was ihr immer wie ein hohles Wort erschienen war, wurde in diesem Moment so wirklich und so schmerzlich fühlbar unter ihren Füßen. Auf der Zugfahrt hierher nach Hamburg war sie an gelb blühenden Wiesen und weißen Bäumen vorbeigefahren, der Fahrtwind hatte nach Gras, Kräutern und Blumen geduftet. Alles, was ihr bisheriges Leben ausgemacht hatte, bis hin zu diesen Gerüchen, mit denen sie groß geworden war, entsprang diesem Boden. Mit dem nächsten Schritt würde sie das alles aufgeben. Es würde nicht mehr Wirklichkeit sein, sondern nur noch Erinnerung.

Sie legte die Hand auf die Reling und wollte den Schritt tun, als plötzlich jemand mit schwarzen Lederhandschuhen hart ihr Handgelenk packte.

»Komm da weg!«

Richard!

Katharina schaute sich entsetzt um. Nie hatte sie ihn entschlossener gesehen. Seine Augen funkelten förmlich zwischen seinem schwarzen Hut und dem langen schwarzen Reisemantel hervor.

»Ich habe dir verboten zu gehen. Glaubst du, ich habe nichts Besseres zu tun, als hinter dir herzureisen?«

Katharina zerrte an ihrer Hand. »Lass mich los! Sofort!«

Doch er ließ nicht los. Jetzt und hier war seine letzte Chance, diese Angelegenheit zu bereinigen, und er würde nicht nachgeben. »Du hast den Bogen überspannt. Ich habe genug von deinen Kapriolen. Meine Geduld ist am Ende. Du kommst jetzt mit nach Hause.« Damit zog er Katharina vom Schiff weg. Sie wehrte sich verzweifelt, dennoch kamen sie der Kutsche, die ein Stück weiter wartete, immer näher. Der Kutscher schaute gelangweilt von seinem Bock herunter. Richard zerrte sie bis zur Kutsche und öffnete die Tür.

»Nein!«, schrie Katharina. »Hilfe! Hilfe!«

»Halt! Finger von der Dame!« Plötzlich stand da ein junger Mann. Ein britischer Soldat mit schmalem Gesicht.

»Mischen Sie sich nicht ein.«

»Was ist hier los?« Der Brite schlug die Droschkentür wieder zu und packte Richard am Arm. Richard wollte ihn wegschieben wie eine lästige Fliege und im selben Moment kam Katharina frei. Sofort rannte sie zur Gangway.

Richard setzte ihr nach, doch der Soldat hielt ihn fest.

»Lassen Sie mich los, Mann! Das ist meine Frau!«

»Offenbar sieht sie das anders.«

Die beiden rangen miteinander, dabei fiel Richards Hut zu Boden. Richard schlug den Briten mit der Faust ins Gesicht, doch der schlug so kräftig zurück, dass Richard stolperte und rittlings zu Boden stürzte.

Katharina lief die wippende Gangway entlang bis zur Bordluke. Erst dort blieb sie stehen und blickte zurück.

Richard starrte sie hasserfüllt an. Langsam erhob er sich, wobei er Katharina nicht aus den Augen ließ.

Der britische Soldat stand ein wenig abseits, die Fäuste in Bereitschaft, und warf nur einen kurzen Blick auf Katharina, um nicht von seinem Gegner überrascht zu werden.

Ein Rinnsal Blut lief von Richards Lippe herab. Er würdigte den Briten keines weiteren Blickes, er wusste, dass er eine Niederlage eingesteckt hatte. Eine Erniedrigung, die er nicht vergessen würde.

In Katharinas Blick lag Verzweiflung ebenso wie Bedauern. Sie wünschte, es hätte nicht so geendet. Dann verschwand sie im Schiff.

Als der Brite sah, dass er nicht weiterkämpfen musste, entspannte er sich. Er hob seinen Seesack auf und ging ebenfalls zur Gangway.

Richard schaute noch lange auf die schwarze Luke in der stählernen Wand, in der seine Frau verschwunden war, dann hob er seinen Hut auf und stieg in die Droschke.

Katharina lag in ihrer Koje und quälte sich. Seit Tagen war ihr übel. Die *General* wühlte sich durch die Wellenberge, doch es fühlte sich an, als wühle sie sich durch Katharinas Eingeweide. Auf und ab. Im Liegen war es noch schlimmer als im Stehen, doch Katharina konnte nicht mehr stehen. Als sie sich übergeben musste, schaffte sie es gerade noch zum Eimer. Danach saß sie völlig erschöpft auf dem Boden und lehnte sich gegen die Wand. Jemand berührte ihre Schulter und hielt ihr einen Löffel hin.

»Ich bin Krankenschwester. Schlucken Sie das, es wird Ihnen helfen.«

Katharina tat wir ihr geheißen und sah die junge Frau dankbar an, ein Lächeln schaffte sie nicht. Die Schwester hatte ein tatkräftiges freundliches Gesicht mit gesunden Wangen. Sie schob den Arm um Katharina, half ihr zum Bett und deckte sie fürsorglich zu.

Katharina trat durch die Tür mit den eisernen Schrauben und Riegeln an Deck. Nach all den Tagen und Nächten in der Kabine stach ihr die Sonne schmerzhaft in die Augen. Sie hielt sich an der Reling fest, schloss die Augen und ließ eine Weile den algigen Geruch des Meeres und die Geräusche vom Deck auf sich wirken. Überall an Deck herrschte Leben: Frauen unterhielten sich, Mütter spielten mit Kleinkindern, größere Kinder rannten einander in lachenden Trauben nach, eine Gruppe britischer Soldaten spielte Fußball.

»Geht es Ihnen besser?« Katharina öffnete blinzelnd die Augen. Neben ihr stand die junge Schwester mit den gesunden Wangen. Sie hatte ihr mehrmals am Tag einen Teelöffel mit der Medizin gereicht und ihr sogar etwas zu essen gebracht.

»Ja, vielen Dank. Ich glaube, das Schlimmste ist überstanden.«

»Seien Sie froh. Manchen geht es erst bei der Ankunft besser. Das Mittel wirkt nicht immer.«

»Was haben Sie mir gegeben?«

»Nur Baldrian.«

Beide lächelten. Sie hielt Katharina eine Blechtasse hin. »Ich habe Ihnen einen Tee besorgt. Für den Magen.«

»Danke, das ist nett.«

Katharina nahm den Tee. »Ich heiße Katharina.«

»Tanja.«

Sie gaben sich freundschaftlich die Hand.

»Aber Krankenschwester sind Sie wirklich?«

Tanja lachte. »Ja. Ich arbeite als Reiseschwester in der Kolonie.«

»Reiseschwester?«

»Ja, ich reise mit zwei Boys und einem Schwesternkoffer durchs Land und helfe, wo ich kann. Das Krankenhaus ist oft unerreichbar für die Farmer!«

»Und da draußen arbeiten Sie ganz alleine?«

»Ja, es ist sonst niemand da. Manchmal begegne ich einem Arzt, aber meist reisen wir in verschiedene Richtungen.«

»Eine ziemlich harte Arbeit.«

»Es gibt so viel zu tun! Wir haben viel zu wenig Schwestern. Aber es ist wundervoll! Wir lagern in einem Zelt oder schlafen mit einem Moskitonetz unter freiem Himmel.«

Der braune Fußball der Briten rollte Katharina und Tanja zwischen die Füße. Der junge Brite mit dem schmalen Gesicht, der sich am Pier für Katharina geschlagen hatte, kam angelaufen und lächelte die beiden Frauen gewinnend an. Seine Haut war weiß und seine Augenbrauen nahezu durchsichtig. Beim Lächeln hob er nur einen seiner spitzen weißen Mundwinkel, doch seine Augen lachten wie zwei alte Freunde.

»Entschuldigen Sie, meine Damen. Aber es ist gar nicht so leicht, bei diesem Seegang Fußball zu spielen.«

Katharina hob seinen Ball auf, jetzt erst erkannte er sie.

»Sie sind die Dame vom Pier!«

»Vielen Dank für Ihre Hilfe, ich stehe in Ihrer Schuld.«

»Wer war der Kerl, den ich niedergeschlagen habe und der behauptet hat, Ihr Mann zu sein?«

»Mein Mann.«

»Oh.«

Katharina gab ihm seinen Ball.

»Ich bewundere Sie dafür, wie geschickt Sie abwechselnd bergauf und bergab spielen!«

»Ja, die anderen Jungs und ich, wir werden ein Sturm-

Turnier organisieren. Wir haben gute Chancen in der Klasse ab Windstärke fünf. Wir haben den Kapitän gebeten, zum Trainieren in einen Orkan zu steuern, aber der sture deutsche Hund weigert sich. Kein Sportsgeist!«

»Zu schade, wir werden ein gutes Wort für Sie einlegen.«

»Vielen Dank!« Seine Augen lachten. »Ach so, mein Name ist McKea. William McKea.«

»Katharina von Strahlberg.«

»Es war mir ein Vergnügen, Sie kennenzulernen, Frau von Strahlberg.« Der Name bereitete seiner britischen Zunge doch einige Schwierigkeiten. »Wenn ich Ihnen bei Gelegenheit wieder behilflich sein kann ...«

Er legte die Hand an seine Mütze, verbeugte sich auch vor Tanja und lief mit seinem Ball zu den anderen zurück.

Tanja sah ihm nach. »Netter Junge. Was hat er gesagt? Er hat Ihren Mann niedergeschlagen?«

»Die Geschichte erzähle ich Ihnen bei Gelegenheit. Ich ... eine schwierige Geschichte.«

Tanja verstand und wechselte das Thema.

»Sie sind zum ersten Mal in Afrika?«

»Ja.«

»Was wollen Sie dort tun?«

»Ich habe ein Angebot für eine Arbeitsstelle.«

»Als was?«

»Tja, ich weiß es nicht.«

Tanja sah sie etwas befremdet an. Katharina zog ihren Schal fester um die Schultern zusammen. Wie schwer war das alles, was in letzter Zeit passiert war, zu erklären! Sie musste an ihren Abschiedsbrief an Georg denken.

»Oh!« Sie sah, dass die Briten zur Reling liefen und aufgeregt hinunter ins Wasser zeigten. Katharina und Tanja schauten hinab: Auf den Wellen schwamm der Fußball.

McKea schaute zu Katharina herüber. Sie lächelte aufmunternd, doch er zuckte nur mit den Schultern: Was soll's.

Als Katharina noch einmal nach unten schaute, war der Ball schon weit abgetrieben.

Katharina stand oft an ihrem Platz an der Reling und dachte über alles nach, was in den letzten Monaten geschehen war. Und sie versuchte sich auszumalen, was die nächsten Monate bringen würden. Doch immer öfter kamen lange Momente, in denen sie einfach nur dastand und eins wurde mit den gleichförmigen Bewegungen des Schiffes und den Düften des Meeres, die sie je nach Wind und Wetter zu unterscheiden begann. Inzwischen war es sogar abends so warm, dass Katharina ihren Schal unter Deck lassen konnte.

An einem dieser lauen Abende stand Katharina an ihrem Platz und schaute in die Ferne. Schon nachmittags war dort eine feine grüne Linie aufgetaucht, die ihre Fahrt begleitete. Keine Berge, keine Klippen, einfach nur dieses schmale Grün, das so gar nichts von dem unermesslichen Kontinent verriet, der sich dahinter verbarg. Kein Versprechen auf Abenteuer, nichts, was die Phantasie anregte, einfach nur dieses ruhig sich hinziehende grüne Band. Und jetzt in der Dunkelheit, als Himmel und Meer unter dem aufsteigenden Mond zu schimmern begannen, wandelte sich der Strich von grün zu schwarz.

Tanja trat zu ihr an die Reling. »Morgen kommen wir in Tanga an. Dann werden sich unsere Wege trennen. Ich muss gleich weiter nach Taveta reisen. Zu unserer Station.«

Katharina griff in eine Tasche ihres Rockes und holte etwas hervor: das Foto vom Wasserfall. Sie zeigte es Tanja.

»Wissen Sie, wo das hier ist?«

Tanja betrachtete das Bild im Schein einer Positionslaterne und las die Unterschrift. »Die Belegschaft der Diamantenmine. Keine Ahnung, bei uns gibt es keine Diamantenmine.«

»Soweit ich weiß, wird sie gerade erst aufgebaut.«

Tanja zuckte mit den Schultern. »Vielleicht. Es soll ja jetzt einiges aufgebaut werden.«

Sie gab Katharina das Bild zurück. Katharina betrachtete es noch eine Weile nachdenklich, dann steckte sie es wieder weg.

»Da, sehen Sie? Die Lichter da? Das ist Mombasa. Britisch-Ostafrika. Danach sind es nur noch ein paar Stunden bis Deutsch-Ostafrika.«

Die Lichter waren schwach und kaum als Stadt zu erkennen. William McKea trat zu ihnen. »Ich möchte mich verabschieden.«

Katharina wandte sich ihm zu: »Schade um Ihren Ball. Jetzt werden Sie in Afrika nicht mehr Fußball spielen können.«

»Das macht nichts! Wahrscheinlich ist er schon irgendwo an den Strand gespült worden und ein paar Jungen werden glücklich damit. Alles Gute in Afrika.«

»Danke sehr, Ihnen auch.«

Er verbeugte sich höflich und ging.

Kurz darauf rasselten die Ankerketten mit einem unglaublichen Dröhnen ins Wasser und Schwärme von Booten und Leichtern begannen das Schiff zu umringen. Kisten und Netze mit Säcken wurden mit den Bordkränen aus Ladeluken gehoben und ins Dunkel hinabgelassen. Im Licht von Scheinwerfern und Laternen nahmen schwarze Schatten die Lasten an und verteilten sie auf den Booten. Katharina und Tanja schauten von der Reling aus dem Treiben zu.

Später lag Katharina ein letztes Mal für ein paar Stunden in ihrer Koje. Sie schlief kaum und war früh wieder auf den Beinen. Endlich war es also so weit.

Am Morgen dann die gleichen Eindrücke wie in der Nacht, nur diesmal in strahlendem Sonnenlicht. Boote qualmten oder segelten zum Ufer, andere kamen zum Schiff, wo sie zu einem wahren Flickenteppich aus Planken und Bohlen, aus Ladeluken, Decks, Brücken und Kajüten zusammenwuchsen. Es wimmelte von schwarzen und arabischen Eingeborenen und überall herrschten orientalisches Stimmengewirr und marktartiger Trubel.

Katharina und Tanja stiegen eine Treppe an der Bordwand in die Tiefe. Aus einem schaukelnden Boot, in dem schon andere Passagiere saßen, reichte ein deutscher Matrose Katharina die Hand. Als sie glücklich auf einer schmalen Bank Platz gefunden hatten, hob und senkte sich das Boot bedrohlich entlang der Bordwand.

Schließlich wurde mit geübten Handgriffen abgelegt und bald darauf näherten sie sich der Küste. Katharina schaute dem Land entgegen: die Palmen, die rechts und links in dichten Busch übergingen, vor ihnen Strand und Hafenmauer, über der sich die kleine weiße deutsche Stadt Tanga mit ihren hübschen deutschen Häusern und einer braven weißen deutschen Kirche erhob – das Ganze umlagert von einer Schar farbloser Hütten und Buden, die sich aus dem Wald herbeizudrängen schienen.

Dann noch einmal die helfende Hand des Matrosen, und Katharina stand auf dem fremden Boden. Während Tanja in der fremden Sprache mit Schwarzen sprach, wegen des Gepäcks und wegen irgendwelcher Kisten, die aus dem Boot ausgeladen wurden, schaute sich Katharina um. Sie fühlte sich wie in einem Traum: die exotische Geschäftigkeit, die Eingeborenen, die Araber, die Inder, die Deutschen mit ihren weißen Tropenhelmen …

Katharina passte so gar nicht in die lautstarke Geschäftigkeit um sie herum. Sie wirkte orientierungslos, aber neugierig und vor allem vollkommen fasziniert von allem. Sie gehörte weder zu den Geschäftsleuten, die mit geübten Handgriffen und routinierten Abläufen Wareneingänge prüften und in ihren jeweiligen Sprachen Unstimmigkeiten diskutierten, noch zu den wenigen deutschen Einwohnern, die sich eilig verliefen, und auch nicht zu den Neuankömmlingen, die sich ängstlich nach ihren Habseligkeiten umschauten und sich von gelangweilten Agenten, die möglichst schnell in ihre schattigen Kontore zurückkehren wollten, hierhin und dorthin schicken ließen.

Plötzlich lag eine schwarze Hand auf Katharinas Schulter. Sie fuhr erschrocken herum und schaute ganz nah in die trüben und blinden Augen eines runzligen schwarzen Gesichts. Vor Schreck schrie sie auf.

Es tat ihr sofort leid, dass sie geschrien hatte, denn der Alte erschreckte sich ebenso wie sie. Doch im selben Moment war schon ein Kolonialbeamter zur Stelle und versetzte dem Greis einen klatschenden Schlag mit einer breiten Peitsche. Dann schlug er noch einmal zu und noch einmal. Der Alte, der die Schläge nicht kommen sah, fuhr mit der Hand in der Luft herum, um sich auf gut Glück zu schützen, dabei wimmerte er erbärmlich.

»Hören Sie auf! Hören Sie sofort auf, ich bin nur erschrocken!«

»Er hat keine weiße Frau anzufassen.«

Der Alte buckelte jammernd davon und zuckte unter einem letzten Schlag zusammen.

»Sind Sie verrückt? Er hat doch niemandem etwas getan!« Katharina ging wütend auf den Kolonialbeamten in seiner weißen Uniform zu. Der baute sich schon mit dem selbstgerechten Gehabe eines Berliner Polizisten, dem seine Uniform alles war, vor ihr auf, als plötzlich ein Mann unbestimmten Alters erschien und sich dem aufkeimenden Streit in den Weg stellte. Sein Gesicht, obwohl unrasiert, wirkte ebenso selbstbewusst wie vertrauenerweckend, während er Katharina durch eine kleine Brille anlächelte.

»Sie sind fremd hier. Kann ich Ihnen behilflich sein?« Er verbeugte sich höflich. Dann wandte er sich an den Beamten: »Die Dame gehört zu mir. Danke für Ihre Hilfe.«

»Schon recht.« Der Beamte grüßte mit einem Finger am Tropenhelm, drehte sich um und schlenderte weiter, als wäre nichts geschehen. Auch andere Umstehende, die aufmerksam geworden waren, wandten sich wieder ab. Katharina, noch außer sich von dem Zwischenfall, sah dem Beamten nach. Sie wollte noch irgendetwas sagen oder tun, doch der Fremde sprach sie freundlich an: »Mein Name ist Dr. Lukas. Ich arbeite hier als Arzt.«

Etwas zu ruppig antwortete sie: »Es freut mich, Ihre Bekanntschaft zu machen, aber ich bin kerngesund.«

Er lächelte. »Besuchen Sie jemanden? Bitte halten Sie mich nicht für neugierig, aber wir sind hier eine recht überschaubare Gemeinschaft.«

»Dann können Sie mir sicher sagen, wie ich zu Herrn Larson komme. Arne Larson.«

»Nehmen Sie eine Rikscha. Es sind nur ein paar Minuten. Es ist nur so, dass … Er wird seit ein paar Tagen vermisst.«

»Oh!«

»Vielleicht ist er ja inzwischen wieder aufgetaucht. Am besten, Sie sprechen mit seiner Frau.«

»Doktor Lukas!« Schwester Tanja kam auf die beiden zugelaufen. Lukas schien sich ehrlich zu freuen, sie zu sehen.

»Schwester Tanja! Schön, dass Sie wieder da sind.«

»Ich habe Briefe für Sie mitgebracht«, sagte sie und überreichte ihm ein schmales Bündel.

»Danke, das ist nett. Haben Sie die Medikamente und Geräte?«

»Die Boys laden gerade alles aus. Sie haben sich schon bekannt gemacht?«

Lukas wandte sich wieder Katharina zu. »Ich wünsche Ihnen alles Gute. Ich muss nach meinen Kisten schauen, ich warte sehnsüchtig darauf. Kommen Sie mich doch mal in meinem Labor besuchen.«

»Gerne, vielen Dank.«

»Sie können es nicht verfehlen. Gleich die Straße dort rein, das schäbigste Haus auf der rechten Seite.« Er ging zu den schwarzen Packern, die seine Kisten auf einen zweirädrigen Wagen luden, den sie selbst zogen, und sagte irgendetwas auf Kisuaheli zu ihnen.

»Tja, dann ... Ich hoffe, wir sehen uns bald wieder.« Tanja reichte Katharina die Hand.

»Das hoffe ich auch. Ich habe die Reise mit Ihnen sehr genossen. Auf bald.«

Tanja ging zu Fuß davon. Sie winkte noch einmal, dann stand Katharina alleine da. Zum ersten Mal spürte sie, wie heiß es eigentlich war. Jetzt war sie also in Afrika.

»Bibi.« Ein schwarzer Rikschafahrer wies auf sein Fahrzeug. »Möchten Sie fahren?«

»Sie sprechen Deutsch?«

»Sind wir nicht alle gute Deutsche?« Er lächelte breit.

Der Rikschafahrer zog sie durch ein paar Straßen des Städtchens, vorbei an den kleinen deutschen Häusern, vor denen die Gärten und Bürgersteige sehr sauber und gepflegt waren. Sie sah auch ein paar zweistöckige Häuser, aber der Fahrer bog vorher ab und hielt bald vor Larsons Villa, einem der imposanteren Kolonialgebäude. Katharina gab ihm zwei ihrer letzten Münzen. Sie hatte fast nichts mehr, doch bestimmt konnte Larson ihr einen Vorschuss auf ihren ersten Lohn geben.

Sie ging durch den gepflegten Vorgarten und die Stufen hinauf zur Veranda. Sie klopfte und wartete. Die Tür wurde geöffnet, ein schwarzes Mädchen stand vor ihr, ließ sie ein und bat sie zu warten. In der Halle war es angenehm kühl, doch von den Wänden starrten sie ausgestopfte Tiere aus gläsernen Augen an. Katharina fühlte sich unwohl.

»Frau von Strahlberg!« In einer großzügigen Flügeltür stand vornehm und distanziert Emilia Larson. Sie kam nicht auf Katharina zu.

Katharina ging zu ihr und wollte ihr die Hand reichen, doch Emilias Körperhaltung hielt sie davon ab.

»Frau Larson, ich freue mich, Sie wiederzusehen.«

Die Larson hielt es noch nicht einmal für nötig, Katharinas Lächeln zu erwidern. »Ich bin überrascht. Ich wusste nicht, dass Sie und Ihr Mann einen Besuch in der Kolonie geplant haben.«

»Ich reise alleine. Ohne meinen Mann.«

»Ach.«

Katharina war verunsichert. »Ihr Mann hat nicht erwähnt, dass ich kommen würde?«

»Mein Mann?« Offenbar wusste sie nichts von Katharinas Ankunft.

»Ihr Mann war so freundlich, mich einzuladen.«

Emilia Larson ging noch mehr auf Distanz.

»Er hat mir in Aussicht gestellt, dass ich für ihn arbeiten kann.«

»Als was?«

»Ich weiß es nicht.«

»Sie sind Buchhalterin?«

»Nein, ich ... Ich bin ungelernt.«

»So. Vielleicht war es ein Irrtum, ausgerechnet zu mir zu kommen. Aber wenn Sie schon einmal hier sind, dann können Sie mir vielleicht sagen, wo sich mein Mann aufhält.«

»Bitte, wie meinen Sie das?«

»Mein Mann wird seit drei Tagen vermisst. Er war geschäftlich unterwegs nach Nairobi und ist nicht wiedergekommen.«

»Ja, ich habe davon gehört, aber ... Ich bin eben erst angekommen.«

»Nun, ich kann leider im Moment nichts für Sie tun.«

Katharina nickte. Emilia Larson schaute sie ebenso undurchdringlich an wie die ausgestopften Tiere mit ihren toten Augen.

7

Katharina quartierte sich im Kaiserhof ein. Nachdem der Besitzer, ein serviler kleiner Mann, sie am Empfang eingetragen hatte – er war erstaunt, dass sie nur einen kleinen Koffer mit sich führte, ging jedoch vornehm darüber hinweg –, bezog sie ihr Zimmer. Sie hängte das zweite Kleid an einen Bügel und stellte ein Foto von Georg, das sie bei ihrem heimlichen Besuch in der Wohnung mitgenommen hatte, auf den Nachttisch. Das Bild ihres Sohnes zu sehen, versetzte ihr einen schmerzhaften Stich: Nie hätte sie sich träumen lassen, ihm einmal so fern zu sein.

Schließlich zog sie sich ihre Schuhe aus und ließ sich rückwärts aufs Bett sinken. Seit Wochen war sie zum ersten Mal wirklich alleine. Sie schaute zur Decke, wo sich über den Moskitonetzen der Ventilator drehte, und versuchte sich über ihre Lage klar zu werden. Sie war hier, in Afrika, und besaß nichts. Der Einzige, von dem sie sich Hilfe erwarten konnte, war verschwunden. Und seine Frau war offenbar eifersüchtig auf Katharina und würde ihr nicht helfen. Jetzt verstand sie auch, warum Emilia Larson in Berlin beim Diner für die Abgeordneten Katharinas Unterhaltung mit Arne Larson so argwöhnisch beobachtet hatte. Doch dann fiel ihr ein, wo sie noch Hilfe bekommen konnte – zumindest für die nächsten Tage.

Die Schreibstube des Amtmannes war eine typisch deutsche Amtsstube: an der Wand das Porträt des Kaisers, hinter verstaubten Möbeln ein verstaubter Beamter, der nicht einmal aufsah, als Katharina eintrat. Nur ein Araber mit Turban passte nicht in das vertraute deutsche Bild. Er saß an einem kleinen Tisch am Rande, blätterte lustlos in Aktenmappen und musterte Katharina neugierig.

»Guten Morgen, ich suche Herrn Höller.«

Der Beamte, der einen sehr würdigen Schnurrbart trug, bequemte sich aufzuschauen und wies auf einen leeren Schreibtisch. »Amtmann Höller ist auf Reisen.«

»Wann erwarten Sie ihn zurück?«

»Herr Höller hat mich nicht informiert. Die Herren beraten sich beim Gouverneur in Daressalam wegen dieser albernen Dummheit!«

»Bitte?«

»Na, das Attentat.«

Katharina hatte auf dem Schiff davon gehört: In Sarajevo hatte ein Serbe den österreichischen Thronfolger erschossen und überall wurde energisch die Frage nach einem Krieg Österreich-Ungarns gegen die Serben diskutiert. Die allgemeine Meinung war, das Maß sei voll und Österreich solle seine Interessen getrost mit militärischen Mitteln durchsetzen, damit endlich wieder Ruhe einkehre in der gottlosen Region.

Der Beamte wandte sich wieder seiner Arbeit zu, die anscheinend darin bestand, aus irgendwelchen Listen in irgendwelche anderen Listen irgendwelche Daten zu übertragen.

»Mein Name ist von Strahlberg. Katharina von Strahlberg. Herr Höller war in Berlin mein Gast. Ich muss ihn dringend sprechen. Würden Sie ihm das bitte ausrichten, wenn er zurückkommt? Ich wohne im Hotel Kaiserhof.«

»Wie war der Name?«

Katharina atmete tief durch, um sich zu beruhigen.

Herrn Heidelberger traf sie in der Bank ebenso wenig an, auch er war beim Gouverneur, offenbar war das Attentat von Sarajevo auch für die Finanzwelt von Interesse. Weil sie sich auf der Straße unwohl fühlte – die Leute sahen der unbekannten Frau nach – und weil sie spürte, dass sie in ihrer unseligen Lage nicht zu diesen Menschen gehörte, entfloh sie den belebten Straßen und ging hinunter zur Bucht. Sie ließ die letzten Häuser hinter sich und folgte einem schmalen Weg unter Palmen. Schließlich stand sie am Strand und sah aufs offene Meer hinaus. Draußen in der Bucht lag das Schiff vor Anker, das sie aus Europa hierhergebracht hatte. Sie überlegte, ob es nicht am besten wäre, sich gleich wieder einzuschiffen und zurückzukehren. Doch eine weitere Überfahrt konnte sie nicht bezahlen. Der Rückweg war ihr abgeschnitten.

»Entschuldigen Sie!«

Katharina schaute sich um. Ein Mann kroch unter dem Tuch eines fotografischen Apparates hervor. Er war kräftig, mit kurz rasierten Haaren über einem wulstigen Nacken. Seine kleinen Augen blinzelten freundlich, als er sie mit einer dringlichen Geste beiseitewinkte.

Katharina trat eilig aus dem Bild, er wartete noch einen Moment, dann verschloss er das Objektiv der Kamera.

»So, fertig.« Er nickte zufrieden. »Wahrscheinlich wird man Ihren kurzen Auftritt auf der Platte noch nicht einmal sehen.« Hinter ihm war zwischen die Palmen eine Bretterbude genagelt, in der man über einem offenen Feuerchen eine Suppe brodeln sah.

»Darf ich eine Fotografie von Ihnen anfertigen?«

Katharina strich sich unwillkürlich durch die Haare. Ihr war überhaupt nicht danach, ausgerechnet diesen Moment für die Ewigkeit festzuhalten. »Vielleicht ein andermal.«

»Mein Name ist Igel. Wie das Tierchen. Ich bin Fotograf. Ich würde Sie in mein Atelier bitten.«

Er wies auf seine Hütte. »Aber im Moment sind meine Verhältnisse etwas beengt. Ich fotografiere Sie auch gerne vor Ihrem Haus. Mit Ihren Angestellten, Ihrer Familie. Ich komme zu Ihnen.«

»Ich habe kein Haus.«

»Ich repariere auch Uhren! Vielleicht haben Sie eine Uhr.«

Katharina lachte. »Ich habe noch nicht einmal eine Uhr.«

Igel nickte. »Also ein andermal. Ich bin das erste Haus am Platze. Ich bekomme sogar Aufträge vom Gouverneursamt!«

Seine Suppe kochte über. Er lief schnell hin, nahm den heißen Topf vom Feuer, stellte ihn eilig in den Sand und schüttelte sich die schmerzenden Finger. »Vergessen Sie nicht: Eine Fotografie ist eine unvergängliche Erinnerung.«

Katharina warf noch einen letzten Blick auf die Suppe, dann ging sie am Strand entlang zurück. Ein Stückchen weiter stieß sie auf noch eine Hütte, zusammengezimmert aus rohen Balken und Brettern. Die Tür stand offen und gab den Blick frei auf ein großes französisches Bett, auf dem ein Soldat saß und seine Stiefel auszog. Neben der Hütte hockte eine weiße Frau auf dem Boden. Sie trug nur Unterkleider – weit offen, sodass ihre Brüste zu sehen waren – und urinierte ins Gebüsch. Sie sah Katharina abweisend an, stand auf und verschwand in ihrer fensterlosen Behausung. Katharina hörte das Bett knarren.

Trotz des Hungers schlief Katharina in dieser ersten afrikanischen Nacht gut und fest. Sie schlug am Morgen ausgeruht und bester Dinge die Augen auf. Ihre gute Stimmung verflog erst, als sie im Krankenhaus des Ortes der Oberschwester gegenübersaß. Katharina wusste, sie würde Arbeit finden müssen, und zwar schnell. Sonst würde sie sehr bald in einer Hütte am Strand enden – dabei war sie nicht einmal in der Lage, Uhren zu reparieren oder Fotografien anzufertigen, wenn sie den Menschen irgendwelche Dienste anbieten wollte.

Die Schwester saß hinter ihrem Tisch unter Landkarten der Kolonie und medizinischen Plakaten des menschlichen Körpers, auf denen Knochen und Schädel zu sehen waren, und schnüffelte durch Katharinas Papiere. »Hm, Sie mögen ja für den Schwesternberuf geeignet sein, durch Ihr Medizinstudium haben Sie sicher auch gewisse Vorkenntnisse. Aber Sie haben keine Schwesternausbildung.«

»Ich habe als Schwester gearbeitet.«

»Sie haben keinen Abschluss an einer Schwesternschule. Ohne die entsprechenden Papiere …«

Also auch hier war Deutschland.

Sie sah Katharina abweisend an. »Außerdem werden Einstellungen gewöhnlich in Berlin vorgenommen. Es ist nicht üblich, dass man sich hier bewirbt.«

»Aber ich bin nun einmal hier!« Katharina wusste, dass sie kämpfen musste. Hier gab es noch weniger Chancen als in der Heimat. Und jede verpasste brachte sie näher an die Hütten am Strand. »Ich weiß, dass es hier eine unabhängige Verwaltung gibt. Also können Sie genauso gut hier entscheiden!«

Die Schwester schob Katharinas Papiere zusammen.

»Geben Sie mir eine Probezeit, wenn Sie möchten.«

Die Oberschwester lehnte sich zurück. »Es tut mir leid.«

»Sie brauchen doch dringend Schwestern. Versuchen Sie es doch wenigstens mit mir!«

Die Schwester zögerte. Schließlich beugte sie sich vor und sah Katharina ernst an. »Warum soll ich Ihnen nicht die Wahrheit sagen …«

Katharina schwieg erstaunt.

»Man hat mich informiert, dass im Gouverneursamt ein Telegramm angekommen ist – in dem vor Ihnen gewarnt wird.«

Katharina glaubte, nicht richtig zu hören.

»Gegen Sie liegt eine Scheidungsklage bei Gericht vor. Weil Sie Ihren Mann böslich verlassen haben. So nennen das wohl die Juristen. Der ehrbare Beruf der Krankenschwester verlangt aber unbedingte Verlässlichkeit!«

»Ich verstehe nicht …«

»Wenn Sie vor Ihren Pflichten als Ehefrau davonlaufen,

kann ich Ihnen eine so verantwortungsvolle Position nicht geben.«

Katharina versuchte, ihre Gedanken zu sortieren. Richard hatte ein Telegramm hierhergeschickt, um sie von Anfang an unmöglich zu machen! Er hieb ihr von hinten die Beine weg! Unsägliche Wut stieg in Katharina auf.

»Wer erzählt diese Ungeheuerlichkeit weiter?«

»Ich kann Ihnen nicht mehr darüber sagen.«

»Ich möchte wissen, wer Ihnen das erzählt hat!«

»Das Ganze geht mich nichts weiter an. Reden Sie mit dem Amtmann, Herrn Höller.«

»Kurt Höller hat Ihnen von dem Telegramm erzählt?«

Die Oberschwester antwortete nicht. Sie sah Katharina nur verschlossen an. Schließlich sagte sie mit einer herablassenden Geste: »Wenn ich Ihnen einen guten Rat geben darf: Besteigen Sie den nächsten Dampfer und fahren Sie zurück nach Hause. Ich weiß nicht, warum Sie sich das hier in den Kopf gesetzt haben. Viele halten den Belastungen hier nicht stand. Und eine Dame wie Sie ...«

Katharina stand langsam auf.

»Vergessen Sie Ihre Papiere nicht!«

Katharina hetzte den Bürgersteig entlang. Sie hätte selbst nicht sagen können, ob sie flüchtete oder stürmte. Ihre Hand klammerte sich an die Papiere, die paar dürftigen Blätter, die bezeugten, was sie in ihrem Leben getan hatte und wer sie war – und selbst das wenige war jetzt wertlos. Ein Telegramm von Richard machte alles zunichte. Dabei verlangte sie nichts von ihm. Sie forderte nichts weiter, als dass er sie losließ. Doch er hielt sie umklammert. Seine Würde und seine Ehre waren durch diese eine Forderung so sehr verletzt, dass der Gedanke, sie zu vernichten, sein einzig denkbarer war. Sie in Frieden ziehen zu lassen, sie womöglich auf ihrem Weg zu unterstützen – unmöglich! Höller hätte ihr helfen können oder auch der Bankier Heidelberger, der ja im Grunde einen gutmütigen Eindruck auf sie gemacht hatte. Aber offenbar hatte Richard die stolze Standarte des Männerbündnisses zwischen ihnen aufgepflanzt, vor der sich jegliches Mitgefühl oder auch nur Menschlichkeit in abgelegene Verstecke verkroch. Richard drängte sie weiter und weiter und er hörte nicht auf!

Plötzlich rasselte eine Kutsche vor ihr her und der Wind riss ihre Haare mit. Katharina blieb wie angewurzelt stehen. Beinahe wäre sie überfahren worden! Sie zitterte vor Schreck, stand an der Kreuzung und versuchte sich zu beruhigen. Sie schaute sich nach allen Seiten um. Auf der anderen Straßenseite sah sie einen Mann, der sie beobachtete.

Sie erstarrte.

Kurt Höller!

Im selben Moment schon war er in einer Gasse verschwunden.

Katharina lief über die Straße und bog um die Ecke der Gasse. Niemand zu sehen. Sie ging hinein. Hinterhöfe, pickende Hühner, Wäsche, spielende schwarze Kinder. Von Höller keine Spur.

Als Katharina aus der Hitze der Straße in die kühle Halle des Hotels Kaiserhof trat, blieb sie unter dem Ventilator stehen und genoss mit geschlossenen Augen den Wind in den Haaren.

»Frau von Strahlberg.«

Katharina öffnete die Augen: Vor ihr stand Emilia Larson. Sie sah nicht gut aus. Nervös. Blass.

»Ich ... habe auf Sie gewartet. Kann ich Sie einen Moment sprechen?«

Sie gingen in eine abgelegene Ecke hinter eine Grünpflanze, die in einer sehr unpassenden chinesischen Vase steckte. Frau Larson schaute Katharina aus geröteten Augen intensiv an. »Wenn Sie irgendeine Information haben, wo mein

Mann ist – dann sagen sie es mir bitte!« Sie sprach in sehr eindringlichem Ton.

»Er ist immer noch nicht wieder aufgetaucht?«

»Nein, das ist er nicht.«

»Warum sollte ausgerechnet ich wissen, wo er ist?«

Emilia Larson schaute sie schweigend und bedeutungsschwer an.

»Frau Larson, ich weiß nicht, was Sie denken.«

»Mein Mann ist auf einer Reise ins britische Gebiet verschwunden. Sie sind mit dem Schiff von dort gekommen.«

»Jedes Schiff aus Deutschland macht Zwischenstopp in Mombasa!«

»Ich höre, Sie haben Ihren Mann verlassen. Mein Mann hat Sie hierher eingeladen. Alleine. Erklären Sie mir, warum er das getan hat?«

Katharina zögerte. »Ich weiß es nicht. Ich weiß es wirklich nicht!«

Frau Larson glaubte ihr offenbar nicht. »Dann erklären Sie mir, warum Sie seine Einladung angenommen haben.«

»Frau Larson, Ihr Mann hat mir in einer Notlage geholfen. Nichts weiter.«

»Man sagt mir, er war in Ihrer Wohnung. Oder sagen wir besser, in Ihrem Zimmer. In dem es nicht viel mehr gab als ein Bett.«

Katharina war sprachlos.

»Wo ist mein Mann?« Emilia Larson starrte Katharina aus ihren roten Augen an. Sie hatte Schweißperlen auf der Stirn.

Katharina wartete. Wenn sie schon nichts anderes tun konnte, warten konnte sie. Ihre zweite Nacht war unruhig gewesen und von Ängsten erfüllt. Am Morgen war sie in einem kleinen Laden gewesen, in dem es von Obst und Moskitonetzen bis hin zu Kleidung und Stühlen alles gab, was man fürs tägliche Leben brauchte. Vielleicht auch Informationen. Tatsächlich hatte ihr der Händler erzählt, dass das Mädchen über Nacht davongelaufen war, um einen Buren zu heiraten. Als sie ihm anbot, im Laden zu arbeiten, starrte er sie nur überrascht an. »Sie?«

»Warum nicht? Ich mache alles. Ich brauche Arbeit.«

»Tja ... Warum eigentlich nicht?«

Doch seine Frau fand deutliche Worte: »Wir suchen ein Mädchen, keine Dame.«

»Ich kann hart arbeiten.«

»Mit dem nächsten Schiff ist eine Ladung Mädchen aus Ostpreußen versprochen. Wir werden warten.«

Katharina verstand. Diese Mädchen waren billig. Sie arbeiteten von früh bis spät, ließen sich jede Behandlung gefallen und schliefen sogar als menschliche Wachhunde hinten im Laden. Wenn man mochte, konnte man sie auch schlagen. Lauter Vorteile, gegen die Katharina nicht ankam.

Jetzt stand sie hinter den angeberischen Säulen der Verwaltung und wartete.

Da kam er! Zog vor einer Dame gönnerhaft den Hut und pfiff bester Dinge einen Opernschlager vor sich hin.

»Guten Morgen, Herr Höller.«

Er fuhr herum und ließ die Türklinke wieder los. Der Schreck wandelte sich in seinem weichen Gesicht in unterwürfige Freude.

»Frau von Strahlberg, Sie hier! Welch eine Freude, Sie wiederzusehen!«

»Gestern hatte ich nicht den Eindruck, als ob Sie sich freuen.«

»Gestern? Oh, das meinen Sie! Sie müssen entschuldigen, aber ich war wirklich sehr in Eile. Wo ist Ihr Mann? Sie reisen doch gemeinsam?«

»Bitte hören Sie mit dem Versteckspiel auf. Sie wissen, was zwischen meinem Mann und mir vorgefallen ist. Sie verbreiten es ja sogar weiter. Sie haben meinen Ruf zerstört, noch bevor ich hier angekommen bin!«

Er schwieg lieber, um nichts Falsches zu sagen.
»Sie waren in Berlin mein Gast. Ich brauche Hilfe.«
Er dachte nach. Ebenso weich und unmerklich wie sein Gesicht wandelte sich seine Haltung. Schließlich lächelte er: »Wie Sie wissen, bin ich ein ... sagen wir: Geschäftspartner Ihres Mannes. Ich stehe sozusagen in seiner Schuld. Es war nicht meine Idee, die Menschen hier auf Sie ... vorzubereiten.«
Katharina verstand. Von ihm war keine Hilfe zu erwarten.
»Dann gehe ich direkt zum Gouverneur.«
»Bitte sehr. Falls er Sie überhaupt empfängt, wird er den Vorgang an mich weitergeben. Vor allem in Anbetracht Ihres ... Rufes.«
Katharina schüttelte fassungslos den Kopf. »Was ist mit Arne Larson? Wo ist er?«
»Die Polizei bemüht sich. Sogar die Schutztruppe ist eingeschaltet. Ich verstehe, dass sein Verschwinden für Sie von besonderer Peinlichkeit ist. Aber glauben Sie mir, wir sind alle äußerst besorgt ... Ich wünsche Ihnen einen guten Tag.«
Er schob die Tür auf. Dann tat er so, als fiele ihm gerade doch noch etwas ein: »Eine Hilfe gibt es allerdings, die ich Ihnen anbieten kann ... Ihr Mann hat mich gebeten, Ihnen einen Fahrschein anzubieten. Die *General* läuft morgen früh wieder aus. Sie sollten sich schnell entscheiden.«
Er legte höflich die Hand an seinen Hut und verschwand im Amt.

Katharina warf die Tür ihres Zimmers zu und zerrte sich wütend die Schuhe von den Füßen. Das also war es! Richard hatte seine Hütehunde losgepfiffen, um sie zurückzutreiben! Es gelang ihr nur mühsam, die Beherrschung zu wahren.
Plötzlich realisierte sie, dass etwas fehlte. Es dauerte einen

Moment, bis sie begriff: Ihre Sachen waren verschwunden! Der Koffer lag nicht mehr auf der Kofferbank, das zweite Kleid hing nicht mehr am Bügel, das Bild von Georg stand nicht mehr auf dem Nachttischchen. Sie riss den Schrank auf: leer.

Als Katharina unten an der Rezeption auf die Glocke schlug, kam der Hotelier in aller Ruhe aus dem Hinterraum. Seine eifrige Dienstfertigkeit war einer vornehmen Zurückhaltung gewichen.

»Mein Gepäck! Wo sind meine Sachen?«

Er antwortete in aller Ruhe und äußerster Korrektheit: »Es tut mir leid, aber ich muss Sie bitten, Ihre Rechnung für die vergangenen Nächte zu begleichen.«

»Das ist ungeheuerlich!«

»Und für die nächsten im Voraus zu bezahlen.«

»Ich werde bezahlen, wenn ich ausziehe, wie es üblich ist. Und niemand geht an meine Sachen, haben Sie verstanden!«

»Ich bin untröstlich. Leider sehe ich mich zu diesem Schritt gezwungen. Vielleicht ist der Kaiserhof doch nicht das richtige Hotel für Sie.«

»Wie können Sie es wagen?«

»Wir sollten jedes Aufsehen vermeiden.«

Er war seiner Sache so sicher und seine Verwandlung vom servilen Dienstmann zum vornehmen Herrn so vollkommen, dass er ganz offenbar die Deckung des Amtmannes im Rücken hatte.

Kurz darauf stand Katharina mit ihrer Tasche mitten auf der Straße, in der prallen Sonne. Um sie herum begann sich alles zu drehen. Sie hatte nicht die geringste Ahnung, wohin …

8

»Immer herein!«

Das Haus sah von außen wirklich nachlässig aus, einen Arzt hätte sie hier nicht vermutet, aber die Stimme klang einladend und freundlich.

Das Labor, wie Dr. Lukas es bezeichnet hatte, war ein heller Raum mit Arztschränken, Karteikästen, Mikroskopen und einigen anderen modernen Geräten. An den Wänden hingen Landkarten, auf denen Gebiete der Kolonie farbig markiert waren, und Aquarelle von Insekten. Doch ins Auge fielen Katharina vor allem einige geöffnete Reisekoffer und Holzkisten, die ordentlich mit Päckchen und Paketen gefüllt waren. Dazwischen kniete Franz Lukas, verstaute ein Reisemikroskop und blickte nicht einmal auf, als Katharina eintrat.

»Guten Tag, Dr. Lukas.«

Er drehte sich lächelnd zu ihr um.

»Frau von Strahlberg, Sie sind es.«

Er stand auf und begrüßte sie mit einem freundlichen Händedruck. »Wie geht es Ihnen? Haben Sie sich bei uns ein wenig eingelebt?«

»Ausgezeichnet. Ich genieße jeden Tag hier.« Katharina hatte nicht vor, ihn mit ihren Problemen zu belasten. Auch wenn sie inzwischen wohl alles verloren hatte, was es zu verlieren gab – ihre Würde wollte sie bis zuletzt wahren. Sie war nicht zum Betteln gekommen.

»Das Klima ist nicht jedermanns Sache. Wie ich höre, sind Sie im Kaiserhof untergekommen. Sind Sie zufrieden?«

»Ich ziehe aus.«

»Oh, ich glaube nicht, dass wir etwas Besseres zu bieten haben.«

»Es ist mir ... zu deutsch!« Sie lächelte. Er lächelte auch, aber nicht mit den Augen. Er sah sie beunruhigt an. »Ist alles in Ordnung?«

»Selbstverständlich. Was sollte nicht in Ordnung sein? Das Klima ist jedenfalls angenehmer als in Berlin.«

Er wollte etwas sagen, schwieg aber. Katharina schaute sich um.

»Das ist also Ihr Labor!«

»Na ja, ich nenne es so. Zumindest steht ein Mikroskop drin!«

»Sie arbeiten alleine?«

»Oh, nein! Ich habe eine Menge Mitarbeiterinnen. Zurzeit sind es an die vierhundert. Aber morgen können es auch achthundert sein!«

Katharina schaute sich um. Er lachte und zeigte auf einen Käfig in der Ecke: ein Holzrahmen, der mit Gaze bespannt war. Darin kaum sichtbar Mücken.

»*Glossina palpalis*. Die Überträgerin der Schlafkrankheit. Deswegen bin ich hauptsächlich hier. Ihr möchte ich zuleibe rücken. Meist bin ich im Land unterwegs, um vor Ort zu forschen. Und um Patienten zu behandeln.« Er wies auf die Reisekoffer und Kisten. »Wie Sie sehen, mache ich mich gerade wieder auf den Weg ins Landesinnere.«

»Oh, werden Sie lange weg sein?«

»Man weiß nie. Vielleicht einen Monat. Oder zwei.«

Er sah ihr an, dass sie nicht nur zum Plaudern gekommen war, im Grunde erkannte sie, dass er jemand war, zu dem sie offen sein könnte. Unter den oberflächlichen Sätzen lagen die ehrlichen Worte zum Greifen nah. Doch keiner von beiden holte sie hervor.

»Tja, dann wünsche ich Ihnen eine gute Reise.«

»Danke. Ich hoffe, wir sehen uns wieder, wenn ich zurück bin.«

»Das hoffe ich auch. Bis dann also.«

Sie reichte ihm kurz die Hand und ging zur Tür.

»Frau von Strahlberg …«

Sie drehte sich noch einmal um.

»Sie sehen nicht gut aus. Ich sage das als Arzt. Wann haben Sie zuletzt etwas Ordentliches gegessen?«

»Wie bitte?«

»Die Oberschwester hat mir erzählt, dass Sie im Krankenhaus waren. Dass Sie aus Berlin ... na ja ... geflüchtet sind.«

»Oh.«

»Hier sprechen sich Neuigkeiten schnell herum. Wollen Sie mir nicht die Wahrheit erzählen?«

Eigentlich wollte Katharina das nicht. Sie schaute zögernd zur Tür hinaus. Gleichzeitig spürte sie, wenn es einen Menschen gab, dem sie die Wahrheit sagen konnte, dann ihn. Trotzdem fiel es ihr schwer.

»Es stimmt. Ich weiß nicht weiter.«

»Wie konnten Sie sich nur in eine solche Lage bringen?«

Katharina atmete tief durch. »Meine Lage ist nicht schlimmer als in Berlin.«

Er fragte nicht weiter. Er merkte auch so, dass ihre Gründe zwingend sein mussten. Dass Katharina alles andere als leichtfertig war.

Sie lächelte ihn noch einmal an. »Ich danke Ihnen für Ihre Freundlichkeit.«

Dann ging sie.

Als sie in den grellen Sonnenschein hinaustrat, zögerte sie und schlug den Weg hinunter zum Meer ein. Hinter ihr ging die Tür noch einmal auf und Dr. Lukas erschien. »Frau von Strahlberg.«

Katharina blieb stehen und drehte sich zu ihm um.

»Warum kommen Sie nicht mit mir? Eine tüchtige Assistentin könnte ich schon brauchen.«

Sie schaute ihn ungläubig an.

»Aber ich kann Ihnen nichts bezahlen. Ich kann lediglich für Essen und ein Zelt sorgen.«

Katharina wusste vor Glück nicht, was sie sagen sollte. Er reichte ihr noch einmal seine Hand. Katharina nahm sie und mit dem festen Händedruck begann eine lange Freundschaft.

Katharinas Haare jubelten im Wind. Franz Lukas saß auf seiner Bank und schaute dem ausgelassenen Treiben ihrer Haare zu. Während der Zug die neue Strecke entlangwackelte, begrüßte jede einzelne der unzähligen Schienen die Reisenden mit einem schlagenden Geräusch. Katharina stand am offenen Fenster und sog alles in sich auf: jeden Hügel, jeden Baum, jeden Felsen und jede Wolke, die klein und ungebunden über ihrem Schatten segelte. Sie atmete den Geruch des Elefantengrases ein und streckte die Hand aus, um den Druck der warmen Luft zu spüren.

Die Schönheit des Landes traf Katharina völlig unvorbereitet und mit ganzer Wucht. Katharina konnte nicht anders: Überwältigt begann sie zu weinen. Franz reichte ihr wortlos ein Taschentuch, das sie lächelnd annahm.

Eine Zebraherde stob auseinander, als der Zug näher kam, und einmal lief eine Giraffe in bedächtigem Galopp minutenlang neben ihnen her. Katharina konnte ihr ruhiges glänzendes Auge sehen, bis sie sich vom Zug entfernte und stehen blieb.

Schließlich hielt der Zug auf dem kleinen Bahnhof in Moschi. Türen wurden aufgestoßen, Reisende kletterten hinaus, Schwarze sprangen von den offenen Güterwagen und luden Lasten ab.

Katharina schaute sich nach allen Seiten um. »Wo ist denn nun der berühmte Kilimandscharo?« Franz hatte ihr erzählt, dass die kleine Station direkt am Fuße des Berges liegt.

Franz lächelte und zeigte nach oben. Katharina sah hoch und war fassungslos vor Überraschung: In unglaublicher Höhe, über den Wolken, die sich wie ein Mantel um den unteren Teil des Berges gelegt hatten, schwebte die weiße Kuppe und glitzerte in der Sonne.

»Gigantisch ...«

Franz lachte. »Natürlich! Ist ja auch der höchste Berg Deutschlands.« Er schaute den Bahnsteig entlang. »Da drüben sind unsere Leute. Kommen Sie!«

Er ging zu einer Gruppe Schwarzer, die Koffer, Kisten und Zelte abluden. Einer von ihnen kontrollierte anhand einer Liste, ob alles angekommen war. Als er Franz sah, winkte er lachend. »Jambo, Bwana Lukas, alles ist da!«

»Gut, Kigele. Das ist Katharina von Strahlberg. Sie wird uns begleiten.« Er wandte sich zu Katharina: »Das ist Kigele, der wichtigste Mann unserer Reise.«

»Jambo, Bibi Katrina Frosch ... Berg ...« Der Name war einfach zu kompliziert.

Katharina lächelte: »Katharina.«

»Kigele nickte heilfroh über die Rettung: »Bibi Katharina!«

Und Katharina sagte ihr erstes »Jambo« und hielt ihm die Hand hin. Er stutzte und warf Franz einen kurzen fragenden Blick zu. Doch von ihm kam keine Hilfe. Also nahm Kigele Katharinas Hand und schüttelte sie.

Franz wies zur Straße. »Gut. Gehen wir also gleich los.«

Kigele rief den Trägern etwas in Kisuaheli zu, sie luden sich Kisten und Koffer auf die Köpfe und Franz stieg in eine Trage, die vorne und hinten an einem langen Bambusrohr von zwei Trägern gehalten wurde. Sie hoben ihn hoch. Neben Katharina wurde eine zweite Trage abgesetzt, doch sie zögerte.

»Nur zu!«, rief Franz. »Sie werden sich daran gewöhnen.«

»Ich kann doch auch zu Fuß gehen.«

»Nein, das können Sie nicht. Nicht durch die Savanne.«

Seine Träger setzten sich in Bewegung. Katharina lächelte ihre Träger unsicher an, doch die reagierten nicht. Also stieg sie auch ein. Sie wurde schaukelnd hochgehoben und los ging es.

Bald hatten sie das kleine Städtchen hinter sich gelassen, und die kleine Karawane bewegte sich einen Pfad entlang, der durch hohes Gras führte. Die Trage knarrte im Rhythmus der Schritte.

Franz wandte sich zu Katharina um. »Geht es Ihnen gut?«

»Fragen Sie nicht mich, fragen Sie meine Träger.«

»Die sind froh, dass sie nur eine Bibi tragen müssen.«

Er rief Kigele, der hinter Katharina ging, zu: »Gib der Bibi viel zu trinken!«

Kigele reichte ihr eine Feldflasche.

»Trinken Sie, so viel Sie können!«, rief Franz. »Ihr Körper sollte so gut wie möglich versorgt sein, wenn die Tropenkrankheiten kommen.«

Er drehte sich wieder nach vorne.

»Aha«, sagte Katharina und schraubte die Flasche auf. Als sie ansetzte, um zu trinken, drehte sich plötzlich der Träger um, der das vordere Ende ihrer Trage auf der Schulter liegen hatte. Er grinste: »Zum Wohl!«

»Danke …«

Und Schritt für Schritt ging es weiter durch die unendliche Landschaft.

Abends saßen Katharina und Franz Lukas zusammen am Lagerfeuer. Der Schein des Feuers beleuchtete die beiden kleinen Zelte und einen Kreis des Savannengrases und verlor sich nach ein paar Schritten in der Dunkelheit. Ein Stück weiter brannte ein zweites Feuer, um das Kigele mit den Trägern saß. Franz und Katharina hatten gegessen, eine Art Eintopf, angedickt mit so genannter Negerhirse.

»Tut mir leid, dass wir Ihnen hier draußen nichts Besseres anbieten können.«

»Ich glaube, das war das Beste, was ich je in meinem Leben gegessen habe.«

Kigele kam, brachte eine Kanne Tee und nahm ihnen die Teller ab. Franz schenkte den Tee ein, stand auf und reichte Katharina eine Tasse.

Katharinas Blick wanderte in die Ferne, wo im Mondlicht schwach die weiße Kuppe des Kilimandscharo schimmerte.

Franz folgte ihrem Blick. »Seit Urzeiten hat zwischen den Schwarzen ein erbitterter Streit geherrscht«, begann er zu erzählen. »Man konnte sich nicht einigen, ob das Weiße da oben Schnee ist oder die Speise der Götter, die den Berg bewohnen. Irgendwann wurde es einem Krieger aus der Schneefraktion zu dumm. Er sagte: »Ich werde euch beweisen, dass es Schnee ist, und etwas davon herunterholen.« Er machte sich auf den Weg und schaffte es tatsächlich bis auf den Gipfel. Dort sammelte er etwas von der weißen Substanz in einen Topf und trug es herunter. Doch unterwegs aßen ihm die Götter heimlich den Topf leer und gaben ihm stattdessen eine Handvoll schmutzigen Wassers. Damit war endgültig der Beweis erbracht, dass es sich dort oben um die Speise der Götter handelt.«

Franz und Katharina lachten.

Er schenkte ihr noch etwas Tee ein. »Erzählen Sie mir *Ihre* Geschichte. Wie kommt es, dass Sie Medizin studiert haben? Und wieso haben Sie wieder aufgehört?«

»Das hat die Oberschwester Ihnen zumindest auch erzählt?«

»Ich hoffe, das war nicht nur ein Gerücht. Jetzt, wo Sie meine Assistentin sind!«

Katharina lächelte wehmütig, als sie zögernd ihre Geschichte begann. »Schon als Mädchen wollte ich Ärztin werden. Ich wusste ja nicht, dass das nur Männer machen. Natürlich haben meine Eltern die Idee als lächerlich abgetan. Stattdessen schickten sie mich nach Dresden zu einer Tante, wo ich die Haushaltsschule besuchen sollte. Ich habe zwei Jahre bei ihr gelebt. Was sie sich nicht klargemacht hatten: Tante Frieda war eine Frauenrechtlerin. Sie hat mir erlaubt, heimlich zu studieren. Wir dachten damals, wenn ich meinen Eltern beweise dass ich erfolgreich bin, dann werden sie mir erlauben weiterzustudieren. Also habe ich mir doppelt Mühe gegeben. Jeden Tag bis in die Nacht gelernt. Ich war die beste …« Katharina schwieg eine Weile. Es fiel ihr schwer, darüber zu reden.

»Aber Ihre Eltern waren nicht beeindruckt.«

Katharina lachte schmerzlich. »Zwei Jahre lang habe ich geackert wie ein Pferd. Als ich es Ihnen dann erzählt habe … Ich war so stolz, und ich war mir so sicher, dass sie es verstehen würden. Sie haben mich gezwungen, sofort abzubrechen, und mich verheiratet.«

Lächelnd zuckte sie mit den Schultern. Franz wartete, ob sie noch weitererzählen wollte, aber über den Rest schwieg sie.

Später lag Katharina auf ihrem Feldbett und lauschte auf die Geräusche der warmen Nacht. Es zirpte, rief, knackte, raschelte – und irgendwo brüllte ein Löwe. Katharina war hellwach. Schließlich warf sie die Decke zurück, zog ihre Schuhe an und knöpfte den Eingang des Zeltes auf.

Sie schaute auf zum Himmel. Eine solche Sternenpracht hatte sie noch nie gesehen. Es war, als ob sie plötzlich mit den großen Augen eines Nachttieres sähe: so klar, so deutlich und so reich – es wirkte auf sie wie ein Wunder. Fast fühlte sie sich versucht, die Hand zu heben und nach den Sternen zu greifen.

»Sie sind hellwach, nicht wahr?« Franz Lukas saß noch am Feuer.

»Ich hatte gedacht, nach dem langen Tag heute würde ich schlafen wie ein alter Hund!«

»Ich habe lange gebraucht, bis ich im Busch richtig schlafen konnte. Früher dachte ich immer, hier draußen wäre man fernab vom Leben. Aber genau das Gegenteil ist der Fall: Man ist näher dran als irgendwo sonst.«

Wieder hörte man in der Ferne Löwengebrüll. Katharina horchte auf.

»Irgendwo dort.« Franz zeigte ins Dunkel. »Da drüben ist noch einer. Wenn man eine Weile hier sitzt, hört man, wie sie wandern.«

Katharina schaute in die Nacht.

Plötzlich knallten in einiger Entfernung zwei Schüsse. Dann noch einer.

Franz stand auf und spähte angestrengt in die Dunkelheit. Auch die Schwarzen waren sofort auf den Beinen.

»Was war das?«, fragte Katharina.

»Ich hoffe, es ist niemand in Not. Wir können jetzt nichts tun.«

Einer der Boys rief etwas herüber. Franz übersetzte: »Er sagt, heute früh haben sie britische Soldaten gesehen.«

Am nächsten Morgen gelangten Franz und Katharina in ihren Tragen zu einem Dorf der Watussi. Noch bevor sie die Hütten erreicht hatten, rannte ihnen eine Schar Jungen mit kleinen selbstgebastelten Päckchen aus geflochtenem Gras entgegen und hielten sie Franz schreiend und rufend entgegen. Er lachte, während er die kleinen Pakete annahm.

»Alles meine Assistenten. Ich gebe ihnen einen Pfennig für zehn Fliegen. Aber nur für *glossina palpalis*. Glauben Sie mir: Die Jungen erkennen sie inzwischen schneller als ich.«

Später war im Kreis der Hütten ein Klapptisch aufgestellt, auf dem Geräte und Medikamente bereitstanden. Und natürlich das Mikroskop. Katharina hatte sich von Kigele einweisen lassen, wie man die medizinischen Geräte am besten auskochte. In bedächtigem Abstand standen einige Schwarze und schauten ebenso neugierig wie argwöhnisch herüber. Franz untersuchte einen Mann mit Geschwülsten im Nacken und punktierte mit einer Spritze die Schwellungen. Katharina stand bei ihm und sah konzentriert zu.

»Objektträger.«

Katharina reichte Franz das kleine gläserne Scheibchen. Franz tropfte ein wenig Flüssigkeit aus der Spritze darauf, bedeckte den Tropfen mit einem zweiten Glas und setzte sich ans Mikroskop. Alle schauten ihn schweigend an.

»Kein Zweifel. Trypanosome. Die Erreger der Schlafkrankheit.«

Er winkte Katharina heran und bedeutete ihr, durchs Mikroskop zu schauen.

»In diesem Stadium der Krankheit sind sie in den geschwollenen Drüsen hier im Nacken oder am Schlüsselbein zu finden. Später lassen sie sich nur durch eine Punktion des Rückenmarkskanals nachweisen. Sie verziehen sich sozusagen ins Innere. Dann kann ich nicht mehr viel tun. Haben Sie die Spritzen fertig ausgekocht?«

Katharina reichte ihm eine, anschließend nahm er eine Ampulle aus einem Medikamentenkästchen und zog die Flüssigkeit in die Spritze.

»Wir verabreichen ihm Atoxyl in die Rückenmuskulatur. Das Medikament ist leider nicht sehr wirksam. Aber mit ein bisschen Glück habe ich bald ein besseres.«

Und während er spritzte, sagte er in Kisuaheli zu seinem Patienten: »Das wird dir helfen, gesund zu werden.«

Der Mann nickte, stand auf und ging. Als der nächste Patient kam, wandte Franz sich Katharina zu: »Geht es noch?«

»Ich habe in meinem Leben noch nicht so viel an einem Tag gelernt!«

Sie lächelten sich an.

An einem besonders heißen Tag zog ihre kleine Karawane durch eine hügelige Landschaft. Es wehte ein kraftloser Wind, der nur noch mehr heiße Luft vor sich herschob. Plötzlich hörte Katharina durch den Wind seltsame Klänge: ein Dudelsack! Irgendwo zwischen den brütenden, rotstaubigen Hügeln spielte jemand ein schottisches Volkslied!

Katharina sah Franz fragend an. Der drehte sich zu ihr um und zuckte ratlos mit den Schultern. Er gab den Trägern eine knappe Anweisung in Kisuaheli, im nächsten Moment blieben sie stehen und setzten Franz und Katharina ab. Sie folgte ihm zu Fuß einen Abhang hinauf. Je höher sie kamen, desto deutlicher waren die Klänge zu hören. Als sie die flache Kuppe erreichten, bot sich ihnen ein seltsames Bild: Inmitten der Einsamkeit, auf einer freien Fläche, stand ein Mann und spielte tatsächlich Dudelsack. Er trug einen Kilt und eine schottische Militärjacke. Seine Schuhe waren von rotem Staub bedeckt und in seinem rechten Strumpf steckte ein Messer. In sicherer Entfernung zu ihm und seinem eigentümlichen Instrument hockten Massaikrieger mit ihren langen Stöcken in der Hand auf dem Boden und hörten teils amüsiert, teils erschrocken zu. Ein Stück weiter stand ein Pferd mit Militärsattel und wartete geduldig.

Der Schotte spielte mit Ernst und Würde. Er wirkte äußerst selbstbewusst und stand mit leicht auseinandergestellten Beinen so fest auf dem Boden, als wäre er dort angewachsen.

Lächelnd schüttelte Franz den Kopf. »Das hätte ich mir denken können …«

Der Schotte spielte sein Lied, als gäbe es nichts auf der Welt als ihn selbst, sein Instrument und die afrikanischen Hügel. Bis sein Lied ausklang.

Als er den Dudelsack absetzte, standen die Massai lachend auf, umringten ihn mit bewunderndem Geplapper und befingerten fasziniert den Dudelsack.

Franz applaudierte lässig und der Schotte schaute zu ihnen herüber.

»Victor!«, rief Franz. »Was treiben Sie da?«

»Ich habe ihnen lange schon versprochen, auf einem Instrument meiner Heimat ein Lied zu spielen.« Er wies auf den Dudelsack. »Ein Freund hat ihn mir mitgebracht.«

Er gab den Dudelsack einem der Krieger und kam zu

ihnen herüber. Franz führte Katharina ein: »Katharina, darf ich Ihnen Victor March vorstellen. Wir alle sind der festen Überzeugung, dass er nach Afrika verbannt wurde, weil seine Verrücktheiten in Schottland nicht länger tragbar waren!«

Victor reichte Katharina geradeheraus die Hand, als wäre sie ein Mann.

»Und dies ist Katharina von Strahlberg.«

»Ich habe schon gehört, dass Sie in Begleitung einer Dame reisen. – Es freut mich, Ihre Bekanntschaft zu machen.« Er schien daran gewöhnt zu sein, die deutsche Sprache zu gebrauchen, denn Katharina konnte lediglich einen leichten Akzent heraushören.

»Die Freude ist ganz auf meiner Seite.«

»Victor ist britischer Soldat«, erklärte Franz.

Victor wies in die Ferne: »Ich bewache die Hügel da drüben. Sie gehören König George.«

»Da verläuft die Grenze?«, fragte Katharina interessiert.

»Angeblich. Aber um ganz ehrlich zu sein, ich habe hier noch keine Grenze gesehen. Hat Dr. Lukas Sie dazu gebracht, mit ihm Fliegen zu fangen?«

Katharina lachte. »Ja.«

»Er ist eine echte Bereicherung für unser Leben. Er weiß mehr über Fliegen als irgendwer!« Victor lächelte ein eigentümliches Lächeln, das Katharina faszinierte: freundschaftlich und geradeheraus, doch zugleich mit einer Ironie, die ihn auf Abstand zum Rest der Welt hielt.

»Von einem Mann im Rock brauche ich mir keinen Spott gefallen zu lassen!«, gab Franz zurück. Die beiden schienen eine recht eigene Art von Humor zu teilen.

»Nicht Rock. Kilt!«

»Wo liegt der Unterschied?«

»Mit einem Mann im Rock können Sie Streit anfangen. Mit einem Mann im Kilt sollten Sie das nicht tun!«

Sie lachten.

»Wir sind auf dem Weg zu Hofmann. Kommen Sie mit, Victor?«

Der schüttelte den Kopf. »Ich bleibe noch ein bisschen hier draußen. Ich komme später nach.«

»Also schön.« Franz winkte die Träger heran, die ihnen den Hügel hinauf gefolgt waren, und stieg wieder in seinen Tragesessel. Katharina setzte sich ebenfalls. Sie bemerkte, dass Victor sie anschaute, und antwortete mit einem fragenden Blick.

Er lächelte sein freundschaftliches ironisches Lächeln: »Willkommen in Afrika.«

»Danke ...«

Er sah aus, als wollte er noch etwas hinzufügen, seine Augen hatten schon zum Sprechen angesetzt. Katharina sah ihn erwartungsvoll an. Doch dann schwieg er. Was auch immer er ihr sagen wollte, es schien noch nicht der Moment zu sein.

Sie lächelten sich ernst an, dann hoben die Träger Katharina hoch und zogen los.

Victor ging zu seinem Pferd, wo ihm der Massai seinen Dudelsack zurückgab. Als er den Dudelsack in einen Beutel an seinem Sattel steckte, sah er etwas am Kopf des Pferdes, näherte sich mit der Hand behutsam und fing es plötzlich aus der Luft. »Franz!«

Die Träger blieben auf einen Wink von Dr. Lukas stehen.

»Ich habe eine von Ihren Fliegen.« Victor nahm die Fliege mit zwei Fingern aus seiner Hand, ging zu Franz und zeigte sie ihm. Franz nahm seinen Fangkorb, den er immer bei sich trug, öffnete ihn, und Victor setzte die Fliege vorsichtig hinein.

Katharina beobachtete das Geschehen mit Staunen.

Plötzlich wurde Hufgetrappel lauter, ein britischer Soldat näherte sich im Galopp und brachte sein Pferd bei Victor scharf zum Stehen. Er grüßte Victor militärisch und Victor erwiderte den Gruß.

»Sir, Befehl vom Standortkommando. Alle verfügbaren Einheiten haben sich bei ihrer Abteilung zu melden. Unverzüglich.« Er sprach ein klares und schroffes Englisch.

Victor nickte. »Sieht aus, als würden langsam alle nervös.« Er wollte aufsteigen.

»Victor!«

Als Victor sich umdrehte, warf ihm Franz eine kleine Münze zu, die Victor auffing.

»Für die Fliege!«

Victor lächelte, schaute noch einmal Katharina an, dann stieg er auf und ritt mit dem Kurier in einer Staubwolke davon. Katharina blickte ihm hinterher, bis er zwischen den Hügeln verschwunden war.

9

Am Nachmittag kamen Franz und Katharina zu einem langgestreckten Farmhaus. Von außen machte es trotz der Größe einen schlichten Eindruck, aber durch die geöffneten Fenster waren Komfort und Behaglichkeit zu erahnen. Alles wirkte stilvoller und schöner als irgendeine andere Farm, die Katharina je zu Gesicht bekommen hatte. Hier hatte jemand mit Liebe und Freude sein Paradies erschaffen. Vor einer Scheune stand sogar ein Automobil. Ein edler Wagen mit einer tiefroten eleganten Kühlerhaube, dessen Chromteile in der Sonne funkelten.

Unter der überdachten Veranda, wo im sanften Wind alle Arten von Sitzmöbeln warteten, stand ein Mann und sah ihnen entgegen. Er trug ein perfektes weißes Hemd und helle Hosen, seine blonden Haare waren mit einem eleganten Schwung zur Seite gekämmt, und als er ihnen die Stufen herab entgegenkam, waren seine Bewegungen ruhig und bedächtig. Er machte den klaren Eindruck eines Mannes, der sein Leben im Griff hatte, um es zu genießen.

Als er Katharina aus dem Tragesessel half, fielen ihr seine schönen, schmalen Hände auf. »Ich habe schon von Ihnen gehört. Bwana Lukas reist mit einer schönen Frau.«

»Neuigkeiten scheinen sich hier schnell herumzusprechen.«

»Neuigkeiten sind hier ein wertvolles Gut. Sie lassen die Weite dieses Landes auf ein menschliches Maß schrumpfen. Außerdem sind sie ein begehrtes Tauschobjekt. Die offizielle Währung der Eingeborenen. Ich bin Sebastian Hofmann.«

Franz war ebenfalls ausgestiegen und stellte Katharina vor. »Meine schöne Begleiterin hat auch einen Namen: Katharina von Strahlberg.«

Hofmann stutzte. »Vor einigen Jahren hat hier ein Heinrich von Strahlberg für den Gouverneur gearbeitet ...«

»Mein Schwager. Waren Sie befreundet?«

Katharina bemerkte, wie er unwillkürlich auf Distanz ging. Er lächelte mit einem bitteren Beigeschmack. »Nein, das würde ich wirklich nicht sagen. Wir ... sind uns ein paar Mal im Amt und im Club begegnet. Wie geht es ihm?«

»Seine Frau ist vor kurzem gestorben.«

»Es tut mir leid, das zu hören.« Mit dieser Floskel schien er das Thema beenden zu wollen und wies auf die Veranda. Er ging neben Katharina her zum Haus.

»Sie kommen aus Berlin? Haben Sie die neue Ausstellung der Expressionisten gesehen?«

»Nein, ich hatte keine Gelegenheit.«

»Sie müssen unglaublich sein!« Von einem Moment zum anderen strahlte er förmlich vor Begeisterung. »Sie benutzen völlig neue Farben. Leider bekommt man hier so etwas nicht zu Gesicht. Es ist ein Jammer!« Er faltete die Hände zum Gotterbarmen.

Katharina lachte. »Sie scheinen das gerne in Kauf zu nehmen.«

»Natürlich. Ich lebe hier mit meiner großen Liebe, wir sehen einander jeden Tag und sind glücklich. Mehr kann ich vom Leben nicht verlangen!«

Franz schüttelte den Kopf. »Sebastian, Sie sind ein Träumer.«

»Ja.« Hofmann lächelte Katharina glücklich an.

Abends hatten es sich Katharina und Franz vor dem Kamin gemütlich gemacht. Durch die Fliegengitter der offenen Fenster waren die Geräusche der Nacht zu hören, wie in Katharinas Nächten im Zelt, doch hier saßen sie in schweren Clubsesseln und Sebastian mixte Drinks. Katharina beobachtete mit Vergnügen, wie er sein ganzes Herz in die Getränke zu legen schien. Während er dies und jenes in den silbernen Shaker goss – seine Hausbar bot alles und nur vom Feinsten –, schien es für ihn nichts anderes auf der Welt zu geben.

Er reichte Katharina ihr fertiges Getränk, das angenehm nach Ananas duftete, und sie sagte: »Jetzt haben Sie mich aber doch neugierig gemacht. Als Sie von der ›Liebe Ihres Lebens‹ gesprochen haben. Wo ist Ihre Frau?«

»Ich habe keine Frau.« Er lächelte hintergründig.

Katharina sah ihn fragend an, doch im selben Moment schon waren draußen Schritte zu hören. Jemand sprang die Stufen hoch und ein junger Mann trat lächelnd ein. Er war ebenso elegant gekleidet wie Hofmann, trug ein dunkles Jackett und als Krawatte ein seidenes Tuch. »Entschuldigt, ich bin spät.«

Hofmann ging zu ihm und küsste ihn knapp auf die Wange.

»Ich weiß gar nicht, wofür wir Angestellte haben, Thomas. Du machst sowieso die ganze Arbeit alleine!«

Thomas ging zu Katharina. »Lassen Sie sich nichts vormachen: Sebastian arbeitet selbst den ganzen Tag, er versucht es nur zu verheimlichen.«

Hofmann hob rechtfertigend die Schultern: »Es würde die Lästermäuler zu sehr enttäuschen.«

Thomas deutete einen Handkuss an. »Es freut mich, Sie kennenzulernen. Ich bin Thomas.«

»Katharina.«

Später saßen sie bei Kerzenschein um einen langen Tisch, speisten sehr gepflegt und tranken Wein. Ein schwarzer Diener mit Glacéhandschuhen trug mehrere Gänge auf, die einem großen Haushalt in Berlin oder Paris zur Ehre gereicht hätten. Sie unterhielten sich angeregt. Jeder der Männer schien es zu genießen, sich in der friedvollen Einöde einer kultivierten Gesellschaft zu erfreuen.

»Seit dem Attentat von Sarajevo ist doch alles möglich!«, rief Franz. »Die Serben erschießen doch nicht ungestraft den österreichischen Thronfolger. Und Wilhelm II. ist so dumm ...«

Hofmann unterbrach ihn ironisch: »Franz, bitte! Ein Kaiser ist nicht dumm! Ein deutscher schon gar nicht!«

Franz korrigierte sich ebenso ironisch: »... ist so sorglos, uneingeschränkt Bündnistreue zuzusagen. Wie kann ein Mensch so – *sorglos* sein?!

Hofmann winkte ab. »Das ist jetzt vier Wochen her. Allmählich scheinen sich alle wieder zu beruhigen.«

»Nein, gerade die Ruhe macht mir Angst. Warum sollten alle plötzlich vernünftig geworden sein? Die arbeiten hinter verschlossenen Türen fieberhaft daran, als Erste zuzuschlagen. Vor allem der Kaiser. Die Generäle sagen doch schon seit langem, dass Deutschland überhaupt nur eine Chance hat, wenn es Frankreich und Russland überrennt. Und hoffen auch noch, dass England sich raushalten wird!«

»Vielleicht sind die Briten wirklich die Einzigen, die keinen Krieg wollen.«

»Und lassen Deutschland ungestört Krieg führen? Die zweitstärkste Seestreitmacht?«

»Ach, lass sie sich auf ein paar Feldern in Ostpreußen oder von mir aus auch im Elsass ein bisschen scharmützeln, dann beruhigen sie sich schon wieder. Wir sind hier weit weg. Die Kongoverträge halten die Kolonien raus.«

Thomas, der bisher nur zugehört hatte, fuhr auf: »Das glaubst du nicht im Ernst, oder?«

»Warum sollte uns hier jemand angreifen? Die Kolonie ist doch völlig uninteressant! Sie wirft ja noch nicht einmal Gewinn ab.«

»Glaubst du, in so einer Situation denkt noch jemand rational? Wenn es Krieg gibt, werden sie alles mit reinreißen. Dann wird aus deinem Paradies eine Hölle.«

»Aus *unserem* Paradies.«

»Was spielt das dann noch für eine Rolle? Das Deutsche Reich wird weiter existieren, so oder so. Aber wenn der Krieg verloren geht, ist unsere Welt verloren. Sie werden uns alles wegnehmen. Sie werden uns verjagen.«

Nach diesem Ausbruch herrschte eine Weile betroffenes Schweigen. Katharina kannte sich mit Politik – vor allem, was die Kolonien betraf – nicht gut aus. Doch die anderen schienen die Furcht vor solchen Kriegsfolgen zu teilen. Nur Hofmann stemmte sich weiter trotzig dagegen: »Das glaube ich nicht.«

Thomas, der Katharina innerhalb der Männerbeziehung zuerst wie der Juniorpartner erschienen war, fegte Hofmanns Einwand förmlich vom Tisch. »Sebastian, sei nicht immer so blauäugig!«

Hofmann zeigte keine Reaktion. Er legte nur seine Serviette auf seinem Schoß zurecht. Der harte Angang seines Freundes schien ihn getroffen zu haben. Thomas lächelte entschuldigend und drückte Sebastians Unterarm.

Der Abend schloss so harmonisch, wie er begonnen hatte. Thomas setzte sich ans Klavier, während die anderen von Hofmann in ihren Clubsesseln mit Getränken versorgt wurden, und spielte in die Dunkelheit der afrikanischen Nacht hinein. Während Katharina spürte, wie die Melodien und Harmonien sie mit Ruhe und Frieden umgaben, blickte sie in die Runde: Ja, sie genoss die neue Gesellschaft.

Es war schon spät, als Katharina noch einmal alleine hinaus auf die Veranda trat, um eine Weile die afrikanische Nacht zu genießen, mit der sie sich schon so innig angefreundet hatte. Von drinnen klang leises Klavierspiel heraus und ab und zu eine Bemerkung von Franz oder Sebastian, die sich in eine Partie Schach vertieft hatten.

Katharina stand an einen der Verandapfosten gelehnt und genoss die warme Dunkelheit, als sie aus der undurchdringlichen Schwärze schemenhaft etwas auf sich zukommen sah. Sie schaute genauer hin, doch noch war nur ein Schatten zu sehen. Katharina wollte über die Schulter jemanden rufen, der einschätzen konnte, wer oder was da kam, aber dann beobachtete sie doch alleine weiter.

Der Schatten wurde deutlicher: ein Mann. Zu Fuß, ein Gewehr über der Schulter. Mit entspannten Schritten kam er geradewegs in ihre Richtung.

Und dann endlich erkannte sie ihn. An seiner Art zu gehen, noch bevor sie sein Gesicht sah: Victor March. Diesmal nicht im Kilt, sondern in Hosen.

Während er sich langsam näherte, schauten sie einander an. Ernst und gespannt. Schließlich blieb er genau vor ihr stehen. Katharina lächelte. »Mr March, wo kommen Sie um diese Zeit her?«

Victor wies in die Dunkelheit. »Von da.« Doch dann korrigierte er die Richtung um ein Geringes. »Nein, eher von da.« Er stellte sein Gewehr ab, während Katharina aus einer Karaffe, die mit ein paar umgedrehten Gläsern auf einem Tischchen stand, Wasser einschenkte und es Victor reichte. »Sie sind sicher durstig.«

»Danke.« Er nahm das Glas mit dem klaren Wasser und

für einen Moment hielten sie es beide fest. Dann ließ sie langsam los.

»Ich dachte, Sie wurden zu Ihrer Einheit gerufen!«

Victor zuckte mit den Schultern und wollte etwas antworten, doch da kam eine Stimme von hinten: »Victor! So eine Überraschung!« Sebastian Hofmann stand in der Tür.

Victor entgegnete nur: »Ich habe etwas abzuholen.«

Hofmann lachte. »Und was möchten Sie abholen?«

Victor schaute Katharina an. »Ich dachte, vielleicht würden Sie mir erlauben, Ihnen die Wildnis zu zeigen. Sie sind neu hier. Es gibt Dinge, die müssen Sie sehen.«

Katharina erwiderte seinen Blick mit einem überraschten Lächeln: eine etwas ungewöhnliche Einladung.

Hofmann antwortete an ihrer statt: »Victor, wissen Sie nicht, dass man eine Dame gewöhnlich nicht abholt, sondern einlädt?«

Doch Victor blieb so gelassen und ruhig, dass man unmöglich beurteilen konnte, ob er es ironisch meinte oder ernst: »Keine Ahnung. Ich kenne mich nicht aus mit Damen. Aber ich kenne mich mit der Wildnis aus.«

»Was vielleicht auf dasselbe hinausläuft.« Hofmann verfiel in den Ton seiner geistreichen Konversation.

Jetzt kamen auch Franz und Thomas heraus. »Gehen Sie ruhig mit ihm«, sagte Franz. »Sie haben sich zwei freie Tage verdient.«

»Ich hole Sie eine Stunde vor Sonnenaufgang ab.« Victor nahm sein Gewehr und wollte gehen.

»Möchten Sie nicht zuerst meine Antwort abwarten?«

»Aber Sie haben doch schon geantwortet.«

Katharina blickte ihn fragend an.

Doch er lächelte nur. »Ach so, noch etwas: Besitzen Sie Hosen?«

»Nein.«

»Vielleicht ist einer der Herren so freundlich, Ihnen welche zu leihen.«

»Warum? Wie ich gesehen habe, ziehen selbst Sie gelegentlich im Rock durch die Wildnis.«

Er verkniff sich ein Lächeln. »Nicht Rock«, entgegnete er. »Kilt.« Und damit verschwand er wieder in der Dunkelheit.

Hofmann rief ihm hinterher: »Sie können hier in einem Bett schlafen. Ein richtiges Bett. Erinnern Sie sich?«

Doch Victor drehte sich nicht mehr um.

Hofmann schüttelte den Kopf. »Er ist seit Jahren hier in Afrika. Und noch immer will er keine Minute versäumen!«

»Vielleicht hat er recht«, sagte Thomas. »Wer weiß, wie lange es noch so bleibt.«

Sie schauten Thomas an, doch der ging zurück ins Haus. »Ich lasse eine Näherin wecken, die Ihnen ein Paar Hosen anpasst!«

Franz und Sebastian folgten ihm. Katharina blieb alleine stehen. Sie schaute in die Dunkelheit, wo Victor verschwunden war.

Katharina – in Reithosen und Stiefeln – ritt hinter Victor her durch ein schmales Tal. Außer Gras und Steinen war nichts zu sehen. Und außer Zikaden nichts zu hören. So ging es schon seit drei Stunden. Katharina genoss den Ritt, aber die Sonne brannte heiß auf ihre Beine und ihre Schultern. Obwohl sie Handschuhe trug, spürte sie die Hitze auf den Handrücken.

»Tut mir leid, dass ich Ihnen keinen Damensattel anbieten kann.«

»Schon gut. Ich bin als Mädchen nur mit solchen geritten.«

»Wenn Sie eine Pause brauchen, sagen Sie es mir.«

»Nein, ich brauche keine Pause. Nur ...«

»Was?«

»Wir reiten jetzt seit fast drei Stunden, und ...«

»Schon gut. Da vorne ist ein guter Rastplatz.«

»Nein ... es ist nur so ... Die einzigen Tiere, die wir bisher gesehen haben, sind unsere Pferde.«

»Oh, Sie sind ungeduldig! Wenn Sie ein paar Giraffen oder ein paar Löwen sehen wollen, hätten Sie genauso gut mit Hofmanns Automobil fahren können. Ich dachte, Sie sind jemand, der etwas Besonderes verdient.«

»Etwas Besonderes? Und was wäre das?«

Victor war um eine letzte Biegung des Tales geritten und zügelte sein Pferd. Katharina schloss zu ihm auf.

»Das hier.«

Das Tal kippte abrupt nach unten weg und öffnete den Blick auf eine gigantische Ebene. Umgeben von Bergen lag eine überraschend grüne Fläche vor ihnen, durchzogen von einem müden Fluss, der in ziellosen Windungen durch die Ebene trödelte. Unmengen von Tieren grasten nah beieinander: Büffelherden, Zebras, Antilopen, Giraffen ...

Katharina war überwältigt von dem Anblick.

Das Paradies!

Sie hörte nicht auf, sich alles anzuschauen. Victor dagegen betrachtete nicht die Landschaft, sondern Katharinas Gesicht. Er genoss ihre Freude, ihre Ergriffenheit. Genauso war es bei ihm gewesen, als er das erste Mal von diesem Anblick überwältigt worden war.

Katharina wollte es nicht nur von außen sehen, sie wollte mitten hinein. Also gingen sie zu Fuß weiter; sie folgte ihm durchs Elefantengras. Nachdem sie eine Weile gegangen waren, gab er ihr Zeichen, lautlos weiterzugehen, und schließlich ließ er sie zu sich aufschließen. Vorsichtig legte er ihr die Hand auf den Arm, damit sie wie er in die Hocke ging, und zeigte auf eine nicht weit entfernte Stelle: Ein Rudel Löwen lagerte satt und faul im Schatten eines weit ausladenden Baumes. Die Jungen spielten um einen Großen mit zerzauster Mähne und zernarbten Flanken herum, der sich nicht im Geringsten um sie kümmerte.

Katharina flüsterte, so leise sie konnte: »Wenn sie uns bemerken!«

Victor beugte sich nah an ihr Ohr: »Der Große hat uns längst bemerkt. Er tut so, als hätte er uns nicht gesehen, damit er nicht reagieren muss. Sie sind satt!« Er deutete auf den frischen Kadaver eines Zebras ganz in der Nähe, der von Fliegen umschwirrt wurde. Die Rippen des ausgeweideten Tieres ragten bizarr in die Luft.

Plötzlich stand Victor auf, drehte sich im Aufstehen um und legte das Gewehr an. Katharina sah erschrocken nach hinten: Ein Löwe duckte sich im Gras. Er schien jünger zu sein als der zernarbte Alte. Und nervöser.

Victor zielte.

Der Löwe hockte.

Katharina war überhaupt nicht wohl, doch Victor stand da wie ein Fels.

Schließlich umschlich sie der Löwe in seiner geduckten Haltung. Gespannt und ohne den Blick von ihnen zu lassen.

Victor ließ das Gewehr sinken und schaute ihm nach. Dann zogen sie sich langsam rückwärts zurück.

Als sie ihre Pferde erreicht hatten, fragte Katharina: »Warum haben Sie nicht geschossen?«

»Er wollte ja nur vorbei. Manchmal reicht es, sie bedrohlich anzusehen.«

»Manchmal?«

»Manchmal.« Er stieg auf sein Pferd. Katharina sah ihn zweifelnd an, aber es war nicht auszumachen, ob er scherzte.

Victor errichtete ein Lager aus zwei Zelten und einer Feuerstelle. Unmittelbar neben einem riesigen, uralten, majestätischen Baobab, einem Affenbrotbaum. Seine Äste waren so kurz, als trauten sie sich alleine nicht zu weit von dem mächtigen Stamm weg, doch sein Umfang war unglaublich.

Es sah aus, als hätten sich vier oder fünf Elefanten zum Schlafen aneinandergedrängt und wären dann über Nacht zusammengewachsen. Katharina betrachtete den Baum voller Ehrfurcht und begann ihn zu umrunden. Dabei strich sie mit ihrer Hand an der glatten silbrig glänzenden Rinde entlang, die ihr eher wie eine dünne Haut erschien.

Victor sah, wie sie um den Baum herum verschwand, und begann, andersherum zu gehen. Auf der anderen Seite begegneten sie sich im Schatten.

»Ich habe noch nie so etwas Unglaubliches gesehen!«, sagte Katharina.

Sie zögerten – und gingen aneinander vorbei. Sie umrundeten den Baum, während Victor die Geschichte des Baobabs erzählte. Seine Stimme kam dabei mal von vorne, mal von hinten oder auch irgendwo von der anderen Seite des Baumes: »Als der Große Geist die Welt geschaffen hat, teilte er jedem Tier einen Baum zu. Die Hyänen bekamen den Baobab.« Victor tauchte vor Katharina auf. »Aber voller Abscheu schleuderten sie das hässliche Ding weg. Er landete verkehrt herum und seither streckt er seine Wurzeln in die Luft.«

Sie waren voreinander stehen geblieben. Zögerten, schauten sich eine Weile an – und schließlich ging er an ihr vorbei weiter um den Baum herum. Seine Stimme entfernte sich. »Der hier steht seit dreitausend Jahren an dieser Stelle. Jedenfalls ungefähr. Die Leute erinnern sich nicht mehr so genau.«

Dann kam seine Stimme nicht mehr von hinten, sondern von vorne. »Ich stelle mir vor, er steht hier seit all diesen Jahren und passt auf uns auf. Ich komme so oft wie möglich hierher und bleibe eine Nacht.«

Wieder standen sie voreinander.

»Muss er auf Sie aufpassen?«

Victor lächelte sein ironisches Lächeln. »Zumindest beweist es, dass es einem in dieser Gegend in dreitausend Jahren nicht langweilig wird.«

Und wieder gingen sie weiter in ihre entgegengesetzten Richtungen.

»Warum sind Sie nach Afrika gekommen?« Katharina horchte, aber er antwortete nicht. Plötzlich standen sie wieder voreinander, blieben nah voreinander stehen. Diesmal gingen sie nicht aneinander vorbei. Er schaute ihr in die Augen, ohne ihre Frage zu beantworten.

Dann sprach er sehr leise: »Sie müssen noch etwas anderes über den Baobab wissen. Die Eingeborenen sagen, er besitzt die Fähigkeit, sich urplötzlich in nichts aufzulösen. Verzehrt von spontan auflodernden Flammen.«

Für eine Weile sagte keiner von ihnen etwas. Der Schatten des Baumes schien nicht nur Kühle zu spenden, sondern auch Ruhe.

Doch dann lächelte Victor: »Wir sollten ein Feuer anzünden, bevor es dunkel wird.« Er distanzierte sich schon durch sein charmantes, ironisches Lächeln, noch bevor er ein letztes Mal an ihr vorbei und zur Feuerstelle ging.

In der Nacht lag Katharina wieder einmal wach. Doch diesmal war es nicht die Wildnis, die sie wach hielt, die Nacht in der Savanne mit all ihren Geräuschen, und es war auch nicht das Licht der Sterne. Was ihre Unruhe verursachte, kam nicht von außen.

Am nächsten Tag kehrten sie gegen Mittag zur Farm zurück. Die Unruhe der Nacht war auch am hellen Tage nicht von ihr gewichen, aber vor allem fühlte sich Katharina von der Übermacht der neuen Eindrücke erschöpft und glücklich. Als sie auf den Hof ritten, kam ihnen Sebastian entgegen.

»Wie war es?«, fragte er Katharina erwartungsvoll.

»Traumhaft! Ich brauche noch mehr Hosen.« Sie lachte ausgelassen, als sie vom Pferd stieg.

Doch plötzlich änderte sich Sebastians Gesichtsausdruck. Und Katharina war es, als ob eine Wolke ihren Schatten über sie warf. Sie sah die bedrückende Neuigkeit, noch bevor sie sie hörte. »Katharina, wir haben Besuch.«

Auf der Veranda saßen in den tiefen Korbsesseln Franz Lukas und vier Männer, jeder mit einem Gin Tonic in der Hand. Als Katharina zu ihnen hinüberschaute, erhoben sie sich: der Amtmann Höller, ihr Schwager Heinrich, ihr Sohn Georg – und Richard.

Victor saß auf seinem Pferd und beobachtete Katharina. Er wusste nicht, wer dieser Mann war, aber er sah Katharina an, dass sein Auftauchen ihr schwer zusetzte.

Richard trat aus dem Schatten heraus. »Katharina, ich hatte ja keine Ahnung!« Im Widerspruch zu seinen Worten lächelte er mit offenem Spott.

Katharina stand alleine im Staub und blickte ratlos und bestürzt zu Richard empor.

10

Katharina realisierte nur langsam, was geschehen war. Richard und diese Welt hier gehörten nicht zusammen! Es schien ihr unfassbar, dass er überhaupt hier sein konnte. Was wollte er hier? War er ihretwegen gekommen? Wollte er sie zurückholen? Wollte er sie weiter demütigen, so wie in Berlin? Ihr Steine in den Weg legen und sich daran befriedigen, dass er immer noch Macht über sie hatte? Wie weit wollte er gehen? Wann würde er sie endlich loslassen?

Thomas kam von der Veranda herunter. »Ich versorge die Pferde.« Er lächelte Katharina an, nahm ihr Pferd und das von Victor und führte sie weg. Katharina merkte, dass sie sich an ihrem Pferd regelrecht festgehalten hatte. Jetzt stand sie völlig alleine auf dem Hof. Alle sahen sie an: von der Veranda aus Franz, Richard, Heinrich, Georg und dieser

Höller, hinter ihr Victor und neben ihr Hofmann. Sie kam sich so schutzlos vor, als wäre sie nackt.

»Katharina? Ist Ihnen nicht gut? Kommen Sie aus der Sonne.«

Sie reagierte nicht auf Hofmanns Bemerkung. Plötzlich spürte sie einen Arm an ihrer Seite: Victor. Er bot ihr an, sie zum Haus zu geleiten. Dankbar nahm sie seinen Arm an. Auch wenn sie wusste, dass das die Dinge vom ersten Moment an verkomplizieren würde. Und tatsächlich sah sie in Richards Augen, dass es in ihm fieberhaft arbeitete, dass er seinen Kopf durchforstete, ob er als Offizier irgendwie reagieren musste, wenn ein fremder Soldat seine Frau von einer gemeinsamen Nacht im Freien zurückbrachte – und dazu noch die Stirn besaß, sie am Arm zu ihm zu geleiten! Doch offenbar fand er keinen Verhaltenskodex, der auf einen Ehemann passte, der von seiner Frau verlassen worden war und mit Druck, Erpressung und Gewalt vergeblich versucht hatte, sie zurückzuholen. Dessen verlogenes Wesen von ihr durchschaut wurde und der sie nun unter ebenso verlogenen Umständen mitten in der afrikanischen Savanne wiedertraf. Dafür gab es einfach kein Verhaltensmuster. Die Verlogenheit hätte er noch überspielen können – die war in seiner Gesellschaft an der Tagesordnung. Alle wussten es, alle spielten mit. Aber hier gab es nicht genügend Gleichgesinnte. Vor Heinrich musste er sein Gesicht nicht wahren – noch nicht. Und alle anderen? Sie waren es nicht wert, dass er sich in seine Rolle als charakterfester Offizier bemühte. Also hielt er sich zurück. Seine Zeit würde kommen.

»Georg!« Warum auch immer sie hier waren – Katharina freute sich unendlich, ihren Sohn wiederzusehen.

»Maman.« Er schaute verlegen zu Boden.

Heinrich verbeugte sich auf seine selbstgefällige Art. »Sehr erfreut, dich zu sehen. Man muss dich bewundern: sogar in Hosen eine vollendete Dame!«

Katharina ertrug die Verlogenheit nicht länger. Sie ging zu Thomas und half ihm bei den Pferden.

Hofmann gab Victor etwas zu trinken und stellte ihn und die anderen Herren einander vor.

»Ich hoffe, Sie hatten einen schönen Ausflug, Mr March«, sagte Richard. »Man fühlt sich wohl sehr frei und ungebunden da draußen.«

Victor verstand natürlich den Unterton, ging jedoch nicht darauf ein: »Ja, es ist unvergleichlich.«

Richard sah ihn an, überlegte, ob er noch einmal nachsetzen sollte, behielt dann aber doch lieber seinen souveränen Ton bei und wandte sich an niemand Bestimmten: »Grenzt das nicht an ein Wunder? Ich fahre mit meinem Sohn und meinem Bruder nach Afrika auf Safari – und wen treffe ich? Mitten in der Wildnis? Meine eigene Frau!«

»Du meinst, mitten im Paradies«, korrigierte ihn Heinrich und lächelte Sebastian Hofmann sehr höflich an. »Sie haben hier ja in den letzten Jahren Erstaunliches geschaffen!«

Sebastians Antwort, für die er sich viel Zeit ließ, klang sehr zurückhaltend: »Wir haben glückliche Jahre hinter uns, ja.«

Er wollte sich schon abwenden, doch irgendetwas hielt ihn zurück. Schließlich brach es förmlich aus ihm heraus: »Warum machen Sie hier Rast? Ausgerechnet bei mir?«

»Sie meinen, wegen der alten Zeiten?«, rief Heinrich überrascht aus. »Sie tragen mir doch nicht persönlich nach, dass wir damals aneinandergeraten sind! Es war meine Aufgabe, bei neuen Farmern die gesetzlichen Auflagen zu kontrollieren. Die Bürokratie macht es uns nicht immer leicht.«

Hofmann antwortete darauf nichts.

Dafür sprang Höller sogar noch für Heinrich in die Bresche: »Ich muss das bestätigen, Herr Hofmann. Ich habe ja heute den Posten von Herrn von Strahlberg inne. Und glauben Sie mir, es fällt oft nicht leicht, den Menschen zu sagen: Nein! Aber manchmal ist es leider unsere Pflicht.«

Heinrich und Hofmann schauten sich lauernd an.

Richard bemerkte die Kluft zwischen den beiden. Er wusste nicht, was sein Bruder und Hofmann früher einmal miteinander zu schaffen hatten, aber er kannte die Einstellungen seines Bruders. Er wusste, was Heinrich von Männern wie Hofmann hielt. Er selbst betrachtete es als Ehrensache für einen Offizier – im Gegensatz zu einigen seiner Freunde –, schwachen Menschen eine gewisse Ritterlichkeit entgegenzubringen und sich als Beschützer aller zu sehen, aber im Grunde verachtete er Schwächlinge, und als solchen sah er Hofmann genauso wie sein Bruder. Also konnte er es sich nicht verkneifen, mit einer sarkastischen Bemerkung dazwischenzugehen: »Jedenfalls scheinen sich unsere Frauen gut zu verstehen.«

Er wies auf Katharina und Thomas, die ein Stück weiter im Hof standen und sich unterhielten, während Thomas ein Pferd striegelte.

Hofmann schaute Richard starr an. Seine Gastfreundschaft war ihm heilig, aber jetzt stieß sie an ihre Grenzen. Franz warf Sebastian einen beschwichtigenden Blick zu. Richard lächelte bedauernd: »Entschuldigen Sie, das war taktlos.«

Hofmann beschloss, nicht darauf einzugehen, und schenkte Höller ein Bier ein. »Herr Höller.«

»Ein deutsches Bier, Sie machen mich glücklich!«

Georgs Blick war bei seiner Mutter hängen geblieben. Schließlich stellte er sein Glas ab und ging zu ihr.

»Georg!« Es war die strenge Stimme seines Vaters.

Georg drehte sich zu ihm um und sah auf seinem Gesicht denselben Ausdruck wie damals beim Fechten und bei den anderen kläglichen Versuchen, ein Gespräch mit ihm zu führen. Ein Blick, der kein weiteres Wort duldet. Derselbe Blick, mit dem er sich auch bei seinen Mannschaften absoluten Gehorsam verschaffte. Doch Georg hatte jetzt keine Lust zu gehorchen. Er ging weiter.

Als er zu Katharina kam, zögerte er verlegen. Sie sah ihm

an, dass er unsicher war, wie er sich ihr nähern sollte. Zufällig schlendernd? Direkt auf sie zu? Und wie nah heran? Abstand halten, um zu demonstrieren, dass man sich erst annähern müsse, gleich nah zu ihr, wie er es immer getan hatte? Vielleicht sogar mit einem Kuss? Schließlich hielt er Abstand und wartete, wie sie reagierte.

Sie blickte ihm warm und liebevoll entgegen.

»Ich wusste nicht, dass wir dich hier treffen würden.« Er sah sie nur kurz an.

»Nein, das wusste wohl nur dein Vater. Trotzdem, ich freue mich so sehr, dich zu sehen! Ich habe mich so nach dir gesehnt.«

Georg schaute sich verlegen in der Landschaft um. Thomas murmelte etwas und führte das Pferd zum Stall.

»Wirklich? Dafür bist du weit weggelaufen.«

»Ich bin nicht weggelaufen! Vielleicht hast du diesmal genug Zeit, dass ich dir erklären kann ...«

»Du brauchst mir nichts zu erklären. Im Grunde geht es mich ja nichts an. Ich bin kein Kind mehr.« Er zuckte mit den Schultern. »Und du willst keine Mutter mehr sein.«

Er schaute sie provozierend an, doch Blick und Haltung verrieten noch immer Unsicherheit. Er spielte den starken Mann, fühlte sich aber nicht wohl dabei.

»Glaubst du, du bist erwachsen, wenn du dir noch nicht einmal die Mühe machst, andere Menschen zu verstehen?«

Er antwortete nicht, sondern schaute verlegen zu Boden.

»Georg!« Richard rief wieder von der Veranda.

Georg schaute zu seinem Vater, der mit einem Glas gestikulierte. »Komm her! Neue Runde!«

»Geh nicht zu ihm. Gib uns ein bisschen Zeit. Lass uns einen Spaziergang machen.«

»Ich weiß nicht, Maman. Vielleicht ist jetzt nicht der richtige Moment.« Er wies auf die Männer auf der Veranda.

»Wann ist der richtige Moment?«

Wieder gab er keine Antwort.

»Ich weiß, dass er nicht mit dir geredet hat. Aber du bist es wert, dass man mit dir redet. Bitte lass mich erklären!«

Entsetzt sah sie, dass sie ihn erneut verlor. Er machte dicht. Zog sich innerlich zurück. »Woher weißt du, dass Papa und ich nicht geredet haben?«

»Ich weiß es. Das ist einer der Gründe, warum ich gehen musste.«

»Papa ist nicht gegangen.«

»Nein. Aber er war nie wirklich da.«

»Maman, ich … Es ist doch nur ein Zufall, dass wir hier aufeinandergestoßen sind. Du bist nicht zu mir gekommen. Und ich nicht zu dir.«

Mit einem letzten scheuen Blick in Richtung seiner Mutter wandte sich Georg zur Veranda.

Katharina hielt ihn am Arm fest: »Georg, bitte! Wer weiß, wann wir uns wiedersehen!«

Er schaute sie lange an. Dann kehrte er wortlos zu seinem Vater zurück.

»Georg!«

Katharina sah ihm nach. Er drehte sich nicht einmal mehr um. Es tat so weh, dass sie nicht an ihn herankam. Richard hielt seinem Sohn ein Glas hin. »Rein damit, Junge, Gin schützt vor Malaria!« Georg und die Männer stießen an und tranken.

Katharina bemerkte, dass Victor sie ansah. Offen und direkt. Doch Katharina mied seinen Blick und ging ins Haus.

Katharina saß alleine auf der kleineren Veranda an der Rückseite des Hauses auf den Stufen und schaute in den Hof. Sie wollte alleine sein, ihre Gedanken sortieren. Wie konnte sie an Georg herankommen? Wie konnte sie das Bollwerk überwinden, das Richard in seinem Kopf errichtet hatte?

Hinter ihr wurden schwere Schritte laut. Als sie sich umdrehte, schauten Heinrich und Richard auf sie herab. Die gespielte Höflichkeit hatten sie abgelegt.

»Wo ist Larson?«, fragte Richard.

Katharina blickte ihn nur fragend an.

»Du weißt schon, wovon ich rede. Dein Freund Larson. Der dich hierhergeholt hat. Wo steckt er?«

»Ich weiß es nicht, Richard. Wieso fragst du mich? Warum fragen mich alle, wo Larson ist?«

Heinrich probierte es mit sanfterem Ton: »Du kannst es uns ruhig sagen. Niemand gibt dir für irgendwas die Schuld.«

»Bist du verrückt geworden, Heinrich? Wovon redet ihr?«

Sie stand auf und stellte sich vor Richard. »Du kommst hierher und redest mit mir über – *Larson*?«

Richard sah sie nur bedrohlich an, offenbar hatte er nichts anderes mit ihr zu besprechen. Dann gingen die beiden Männer ins Haus zurück.

Katharina setzte sich wieder auf die Stufen. Was ging hier vor? Weshalb waren die beiden gekommen? Offenbar steckte noch mehr dahinter. Und was war mit Larson passiert? Schon wieder wurde sie mit seinem Verschwinden in Zusammenhang gebracht.

Als Richard und Heinrich durchs Haus zurückkamen, fiel Richards Blick auf ein Lesetischchen, das übersät war mit Büchern und Zeitungen. Er nahm eine der Zeitungen in die Hand. Auf der Titelseite prangte ein Hetzbild vom Kaiser, der mit Pickelhaube und Krallenfingern nach der Welt griff. Englisch! »Sieh dir das an, Heinrich. In aller Offenheit!« Er warf die Zeitung zurück. Sie rutschte auf den Boden, wo Richard sie liegen ließ.

Auf der Veranda standen die Männer immer noch beisammen. Georg nahm sich gerade vom Tablett eines schwarzen Bediensteten noch ein Glas Gin, als Richard und Heinrich zurückkamen.

»Gibt es noch das große Wildvorkommen etwas südlich

von hier?«, wandte sich Heinrich an Franz.

»Sicher. Wenn es auch weniger geworden sind.«

»Wir wollen Löwen schießen. Oder Leoparden.«

Doch Franz wollte nicht über die Jagd reden. Er wandte sich Richard zu: »Ich hoffe, es wird Ihnen in Afrika gefallen. Sie werden sehen, dass hier die verschiedensten Menschen friedlich nebeneinanderleben …«

Richard verstand durchaus. »Leute wie Sie verwechseln dabei friedlich leicht mit unterwürfig.« Und mit einem Blick auf Victor: »Bei Ihnen gehen sogar Briten ein und aus. Wissen Sie nicht, dass man sich in Deutschland nach innen orientiert? Es liegt Krieg in der Luft.«

»Ich werde mich nicht daran beteiligen, den Krieg herbeizureden.«

»Aber die britische Kriegshetze unterstützen Sie. Drinnen liegt alles voll mit diesen arroganten englischen Zeitungen.«

Hofmann hielt Richards Blick stand. Er nickte bedächtig. »Soll ich Ihnen morgen früh einen Führer mitgeben?«

»Nein danke. Ich kenne mich ja aus«, sagte Heinrich.

»Und ich bin ja auch noch da!«, fiel Höller lautstark ein.

Hofmann tauschte einen einvernehmlichen Blick mit Franz …

Katharina brütete immer noch reglos vor sich hin, als Franz sich neben sie hockte.

»Katharina, ich weiß nicht, was zwischen Ihnen und Ihrem Mann vorgefallen ist, aber was immer es ist: Sie brauchen sich hier nicht zu verstecken.«

Katharina schwieg.

»Sie sind noch nicht lange bei uns, aber Sie haben Freunde hier. Ich möchte, dass Sie das wissen.«

Katharina schaute ihn an. Lächelte. Dann stand sie auf. Er reichte ihr seinen Arm und gemeinsam gingen sie durchs Haus nach vorne.

Als die beiden auf die Veranda kamen, sahen sie, wie Georg gerade mit Höller anstieß und ein Glas Gin leerte.

»Famos! Prächtiger Junge! Das wird mal ein Offizier!« Höller legte den Arm um Georgs Schultern und trank mit ihm.

»Ich zeige dir, wie man einen Löwen erlegt.«

»Ich bin der beste Schütze in meinem Jahrgang.« Georg war sichtlich angeschlagen.

»Das glaub ich gerne!«

Richard lachte, nahm zwei neue Gläser vom Tablett eines schwarzen Hausangestellten und gab eines seinem Sohn. Er sah Katharina herausfordernd an, doch sie mied seinen Blick.

Georg trank sein Glas aus, hielt sich irgendwo fest und kippte mitsamt einem Tischchen um. Katharina wollte zu Georg, aber Franz hielt sie am Arm zurück. Er schaute sie beschwörend an. Katharina bemühte sich, ruhig zu bleiben.

Richard tat den Vorfall mit einem Lachen ab. »Die Hitze. Wo kann ich ihn hinlegen?«

Er hob Georg auf, doch Höller legte Georgs Arm um seine Schulter. »Ich mach das schon!«

Hofmann gab einem Boy einen Wink, zum Gästezimmer vorauszugehen.

Georg nuschelte: »'tschuldigung.«

Nachdem Höller und Georg an Katharina vorbei waren, grinste Richard sie an. Sie warf ihm einen tödlichen Blick zu und wandte sich leise an Franz. »Ich hätte Georg nicht allein lassen dürfen.«

»Es scheint mir der Sinn dieser Vorführung zu sein, dass Sie genau das denken.«

Am Abend hatte sich die Gesellschaft nach drinnen verlegt. Thomas' Klavierspiel, Gläserklirren und Stimmen drangen bis auf die Veranda. Katharina stand alleine im Halbdunkel und schaute in die schwarze Nacht.

»Du hast dich recht gut eingelebt. Neue Freunde, sogar so eine Art Arbeit …«

Katharina antwortete Richard nicht, als er zu ihr trat. Irgendwie hatte sie die Hoffnung, dass er sie in Frieden lassen würde, wenn sie ihm nur den Rücken zuwandte. Aber natürlich wusste sie, dass ihn das nicht interessierte.

»Umso besser. Wenn du mit all diesen Männern in Zelten übernachtest, vereinfacht das unsere Scheidung.«

Jetzt konnte Katharina nicht anders, als ihn hasserfüllt anzusehen. »Warum bist du hier?«

»Du glaubst hoffentlich nicht, dass ich dir hinterherrenne!«

»Warum bist du wirklich hier? Wohl kaum wegen einer Safari.«

Er zuckte nur mit süffisantem Lächeln die Schultern.

»Und schleppst auch noch Georg hier an!«

»Ich hab dem Jungen Urlaub besorgt. Es hat ihn sehr mitgenommen, dass seine Mutter weggelaufen ist. Ich dachte, hier kommt er vielleicht auf andere Gedanken. Aber dass wir hier ausgerechnet dir in die Arme laufen …«

»Hör auf, mich anzulügen! Wir hatten eine Abmachung. Burgfriede. Jeder geht seiner Wege. Und plötzlich soll ich schuld an unserer Scheidung sein. Wegen böslichen Verlassens. Du bist mir in den Rücken gefallen.«

»Mein Anwalt war dann doch der Meinung, ich sollte dir die Schuld zuweisen.«

»Dein Anwalt? Du meinst, dein Bruder.«

Richard lächelte. »Mein brüderlicher Anwalt.«

»Und dieses Telegramm, war das auch eine Idee von Heinrich?«

»Ist es nicht meine Pflicht, die Leute darüber zu informieren, wer und was du bist? Stell dir vor, du läufst hier auch einfach weg. Dann werde ich ja zum Gespött der Leute. Immerhin sind wir noch verheiratet, vergiss das nicht.«

»Was willst du? Verschwinde aus meinem Leben!«

Plötzlich packte er sie hart am Arm und kam ihr gefährlich nahe. »Du hast recht. Was interessiert es mich, ein paar stinkende Löwen abzuknallen? Ich will sehen, wie *du* zugrunde gehst!«

Katharina wollte sich losreißen, aber er hielt sie eisern fest und starrte ihr entschlossen in die Augen.

Doch dann erklang hinter ihm eine ruhige Stimme: »Hier in Afrika sind die Dinge unvorhersehbar. Hier sind es oft genug die Starken, die zugrunde gehen.«

Richard fuhr wütend herum: In der Tür stand Victor March, ruhig und gelassen, als wäre er zu einem Plausch herausgekommen, doch mit der Festigkeit, die Katharina von Anfang an aufgefallen war.

»Wie Sie sehen, unterhalte ich mich mit meiner Frau«, schoss Richard ihm entgegen.

Victor ließ sich nicht aus der Ruhe bringen. »Und unscheinbare Talente entpuppen sich als überragende Stärken.«

»Wenn das eine Drohung sein soll …«

»Herr von Strahlberg, die *Unterhaltung* mit Ihrer Frau ist zu Ende. Würden Sie sie jetzt loslassen.«

Richard nahm seine Hand von Katharina, aber nur um sich drohend zu Victor umzudrehen. »Sie sollten nicht so mit mir reden.«

»Sie sollten nicht so mit *ihr* reden.«

Die beiden Männer standen sich gegenüber.

»Bleiben Sie besser auf Ihrer Seite der Grenze, Mister March.« Damit ging Richard ins Haus. Victor und Katharina schauten sich ernst an.

Schließlich wich sie seinem Blick aus und wollte an ihm vorbei hinein gehen.

»Katharina …«

Sie wandte sich zu ihm um.

»Vergessen Sie nicht: Nachdem die Hyäne den Baobab

weggeworfen hatte, landete er mit den Wurzeln in der Luft. Und überlebt doch jedes andere Wesen.«

Das sagte er, ohne zu lächeln.

11

Als Katharina zu Bett ging, öffnete sie noch einmal Georgs Zimmertür. Er schlief tief und fest. Katharina musste lächeln: Er lag genauso da, wie er schon als Kind immer geschlafen hatte – die Hände neben dem Kopf und die Beine weit angezogen. Katharina zog seine Decke zurecht, setzte sich auf seine Bettkante, strich ihm die Haare von der Stirn und schaute ihn lange an.

In dieser Nacht lag Katharina lange wach. Das üppige Bett ihres Gästezimmers mit dem weichen Bettzeug und den duftenden reinen Laken stand in völligem Gegensatz zu der wirren Raserei ihrer Gedanken. Wohin sollte sie noch fliehen? Wie weit musste sie gehen, um ihn endlich hinter sich zu lassen? Was würde er sich noch einfallen lassen, um sie zu gängeln?

Trotz der geöffneten Fenster staute sich die Hitze im Zimmer. Zum ersten Mal überlegte Katharina, ob sie sich unter freiem Himmel nicht wohler fühlen würde. In einem der Lager, nur ein Moskitonetz zwischen sich und dem Himmel. Schließlich fiel Katharina in einen unruhigen Schlaf. Mitten in der Nacht hörte sie Stimmen und wusste zuerst nicht, ob sie wirklich oder geträumt waren. Als sie sich dann in dem fremden Zimmer wieder zurechtfand, merkte sie, dass die Stimmen von draußen kamen. Kaum hörbar, irgendwo aus der Dunkelheit am anderen Ende des Hofes. Gedämpft, geflüstert, hitzig. Jemand stritt.

Katharina stand auf, ging barfuß zum Fenster und spähte

hinaus auf den Hof. Es war niemand zu sehen. Aber die Stimme, von der sie nur wenige Worte verstehen konnte, musste die von Sebastian Hofmann sein. »Sie hätten nie herkommen dürfen ... nichts mit Ihnen zu tun ... richten Schaden an ... kommen nie wieder ...«

Und dann, war das Heinrich? »Sie haben mir gar nichts zu sagen ... spielen hier Paradies ... gleich gewusst, es war ein Fehler ...«

Plötzlich sah sie jemanden: Richard ging vom Haus zu der Stelle in der Dunkelheit, von der die Stimmen kamen. »Wo versteckt ihr euch denn?«

Dann löste sich ein Schatten aus dem Dunkel. Heinrich. Er stapfte wütend an Richard vorbei zur Veranda. »Komm!«

Richard schaute noch einmal in die Dunkelheit, dann folgte er seinem Bruder ins Haus.

Dort in der Dunkelheit stand Hofmann – es musste Hofmann sein! – und blieb alleine zurück.

Katharina legte sich wieder ins Bett.

Am nächsten Morgen wollte Katharina noch einmal versuchen, mit Georg zu reden, aber er hielt sich immer in der Nähe seines Vaters und der anderen Männer, bis sie aufbrachen. Katharina schaute von der Veranda aus zu, wie Richard, Georg, Heinrich und Höller aufsaßen. Richard warf ihr einen undurchdringlichen Blick zu. Katharina konnte nicht erkennen, ob er die letzte Nacht, seinen Rückzug vor Victor March, als Schlappe empfand, für die er eines Tages Genugtuung fordern würde, oder ob sein Besuch seinen Zweck erfüllt hatte. Ob er zufrieden damit war, Katharina zu verängstigen. Er zog sein Pferd herum und sie ritten los.

Georg schaute noch einmal zu seiner Mutter. Sein Blick war so vielsagend, so viel*fragend*, dass es ihr das Herz zerriss. Warum nur konnte er nicht so sprechen wie sein Blick? Warum wollte er ihr nicht zuhören? Wer weiß, wie viel quälende Zeit vergehen musste, bis sie wieder eine Chance bekamen, die Missverständnisse auszuräumen. Georg gab dem Pferd einen leichten Druck mit den Schenkeln, damit es den anderen folgte. Ein Stück weiter warteten die Träger und schlossen sich den Reitern an.

Hofmann, der seinen Gästen die Zügel gehalten hatte, kam zu Katharina.

»Ich möchte mich bei Ihnen entschuldigen, Sebastian.«

»Es gibt nichts, wofür Sie sich entschuldigen müssten!« Er lächelte sie freundschaftlich an.

Franz kam auf die Veranda heraus. »Wo ist Victor? Ist er schon auf?«

»Schon vor Sonnenaufgang losgezogen«, antwortete Sebastian. Und zu Katharina: »Er hat etwas für Sie dagelassen.«

Während er zur Veranda ging, blickte Katharina Richards Safari nach, die in der Ferne davonzog. Mit ihrem Sohn, der für sie immer unerreichbarer wurde.

Hofmann kam mit einem kleinen Päckchen zurück, das in einfaches Papier eingeschlagen war, und gab es Katharina.

Noch am Nachmittag hielt Katharina das Päckchen in der Hand. Obwohl Franz und Katharina mit ihren Trägern bereits seit Stunden weiterzogen, fühlte sie sich immer noch nicht weit genug von Richard entfernt, um Victors Päckchen zu öffnen. Franz ging ein paar Meter abseits des Weges zu Fuß und schaute sich suchend um. Ab und zu sah er besorgt zu ihr herüber, aber sie saß in düstere Gedanken versunken und bemerkte seinen Blick nicht.

Schließlich wickelte sie das Päckchen aus. Eingeschlagen in das Papier, fand sie eine schlichte, schöne Holzschachtel.

Und darin: einen kurzen, grau glänzenden Zweig. Einen Trieb ihres Baobabs. Dazu ein Brief. Auf dem Papier standen nur vier Worte: Auf eine lange Freundschaft ...

Katharina faltete den Brief zusammen und behielt ihn in der Hand. Später wollte sie den kleinen Zweig in die Hand nehmen, um ihn zu fühlen. Doch als sie ihn aus der Schachtel nahm, erfasste ein Windstoß den Brief und riss ihn fort. Katharina sah ihn über den rötlichen Boden und die kargen Inselchen aus Gras davonsegeln. Sofort kletterte sie aus der Trage und lief ihm hinterher. Aber der Brief wurde einen Hügel hinabgeweht, wo sie ihm nur noch hinterherschauen konnte.

Sie hielt den Baobabzweig in der Hand, doch der Brief war verloren …

Das nächste Lager war für mehrere Tage hergerichtet. Franz wollte für seine Forschungsarbeit zur Schlafkrankheit einige Dörfer der Umgebung gründlich – das heißt: statistisch relevant – untersuchen. Katharina sollte zunächst im Lager bleiben und alles Gerät gründlich reinigen, auskochen und ordnen sowie eine Bestandsaufnahme aller noch vorrätigen Medikamente vornehmen. Als Katharina morgens aus ihrem Zelt kam, war der Doktor schon zum Aufbruch bereit.

»Sind Sie sicher, dass Sie unterwegs keine Hilfe brauchen?«

»Ja, hier nutzen Sie mir mehr.«

Katharina wusste, dass er ihr lediglich einen Tag oder zwei Ruhe gönnen wollte. Kigele hätte die Arbeit hier spielend alleine bewältigen können – falls nach so kurzer Zeit überhaupt eine Bestandsaufnahme notwendig war. Aber Franz wusste natürlich, wie es ihr seit Richards Auftauchen ging.

In der Trage drehte er sich noch einmal zu ihr um und winkte. »Bis später. Und gehen Sie nicht alleine vom Lager weg.«

Sie winkte hinter ihm her.

Kigele saß am Feuer und kochte Wasser. Außer den beiden Schlafzelten hatte Franz diesmal auch ein größeres Zelt aufstellen lassen, in dem der Tisch aufgeklappt worden war und die medizinische Ausrüstung bereitstand. Katharina holte die Geräte aus dem Zelt, und sie fingen an, sie auszukochen. Die Träger saßen abseits und spielten im roten Staub ein Spiel mit farbigen Kieseln.

Später saß Katharina im Schatten des Zeltes am Tisch und füllte ihre Medikamentenlisten aus. So verstrich der Tag mit ruhiger und konzentrierter Arbeit. Die losen Zeltwände wehten im Wind, die Träger hatten sich irgendwohin zu einem Mittagsschlaf verzogen, und Katharina genoss es, alleine zu sein und niemanden zu sehen.

Halb verdeckt von den wehenden Zeltbahnen erschien draußen in der Sonne ein Tier. Schlich am Zelt entlang. Groß, lautlos versuchte es, einen Blick durch die wehenden Bahnen zu erhaschen, hob die Nase an, um die Witterung noch einmal aufzunehmen.

Katharina hielt im Schreiben inne. Sie merkte, dass etwas hinter ihr war. Sie drehte sich um und erstarrte.

Im Zelteingang stand eine Löwin.

Schaute Katharina reglos an, ihre dunklen glänzenden Augen regten sich nicht. Lagen ruhig und neugierig auf Katharina.

Sie erwiderte den Blick, wagte aber ebenfalls nicht, sich zu rühren.

Der Moment hatte etwas Unwirkliches, die Zeit schien stehen zu bleiben. Für einen langen Moment bildeten Katharina und die Löwin eine eigene kleine Welt. Vergänglich und zerbrechlich und deswegen atemberaubend.

Plötzlich aus der Ferne ein Schuss! Die Löwin riss den Kopf herum und rannte mit gestreckten Sprüngen davon. Verschwand im Busch.

Katharina sprang auf und lief vorne aus dem Zelt. Die Schwarzen blickten in die Richtung, aus der der Schuss gekommen war. Doch da draußen in der Savanne war nichts zu sehen. Katharina schaute verunsichert zu Kigele. »Was war das?«

Er hob die Schultern, doch bevor er etwas antworten konnte, fiel ein zweiter Schuss.

Katharina fuhr zusammen, als ob der Schuss sie selbst getroffen hätte. Der zweite Schuss schien ihr viel härter als der erste. Schriller. Fast wie ein Schrei. Sie atmete schwer. Verlor für einen Moment die Orientierung. Dann setzte ein regelrechter Sog in die Richtung des Schusses ein. Ihr ganzes Wesen wurde von Entsetzen gepackt und fortgerissen.

Sie hatte Angst, dem nachzugeben. Sie wollte nicht dorthin. Doch dann setzte sie sich in Bewegung. Fing an zu laufen. Zu rennen.

Die Schwarzen riefen ihr etwas zu, wollten sie daran hindern, ins offene Gelände zu laufen.

Doch Katharina lief.

Sie rannte über die Savanne. Stolperte, fiel hin, rappelte sich auf, rannte weiter.

Sie wusste nicht, wohin. Aber der Schuss hatte sie entsetzt. Der zweite. Der schrille.

Sie kämpfte sich einen Hügel hoch. In einiger Entfernung war ein Lager zu sehen. Doch das Lager spielte jetzt keine Rolle. Denn vor ihr im hohen Gras lag etwas entsetzlich Weißes. Es war Kurt Höller. Die Brust aufgerissen von einem Schuss.

Und dann, aus den Büschen heraus, stolperte jemand auf sie zu: Georg. Seine Augen voller Staunen. Er stolperte schwer und mühsam, mit fremdartigen Bewegungen, als liefe er unter Wasser. Sein Gesicht war schmerzverzerrt.

»Georg!«

Katharina rannte ihm entgegen.

»Maman ...«

Bevor sie einander erreichten, kippte er vornüber auf den Bauch. Der Rücken des weißen Tropenanzuges war voller Blut, sein Tropenhelm polterte zu Boden.

Katharina warf sich auf die Knie. Sie bekam keine Luft. Auch sie unter Wasser. Behutsam drehte sie ihn auf den

Rücken. Er hatte Dreck im Gesicht. Starrte unruhig in den blauen Himmel. Er lebte noch.

Katharina kniete schwer atmend neben ihn, zog ihn auf ihren Schoß. »Georg! Georg, mein Junge.«

Sein Blick irrte umher und fand endlich ihr Gesicht. Es dauerte einen Moment, bis er sie erkannte, dann wurde er ruhig und friedlich.

Seine Lippen zitterten. »Du bist wieder da …«

Und dann starb Georg.

Katharina sah, wie das Leben aus seinem Gesicht wich, und sie versuchte es festzuhalten, mit ihren Händen, mit ihren Armen, mit ihrem Schoß – aber sie war zu schwach. Sein Leben verlor sich, wie Regentropfen im Sand der Wüste versickern.

Jetzt erst kam Richard den Hügel heraufgerannt. Fassungslos starrte er auf Georg und Katharina herab. Blickte suchend umher: Wer war das? Was war passiert? Drüben bei den Büschen lagen zwei Flinten im Gras. Nicht weit voneinander entfernt. Auf einem vertrockneten Baumstamm standen Konservendosen.

Jetzt kam auch Heinrich herauf. »Was ist? Hast du jemanden gesehen?«

Aber Richard antwortete nicht.

Katharina wischte dem toten Georg sanft den Dreck von der Wange. Sie beugte sich über ihren Jungen und presste ihn an sich, bis ihre Arme zitterten.

Zweites Buch

12

Sie hatten ihn oben auf einem Hügel aufgebahrt. In einer sauberen weißen Jacke lag er auf einem Feldbett, die Hände über dem Bauch gekreuzt. Neben ihm saß Katharina, ihre Hand ruhte auf Georgs Brust. Ihr Blick ging weit in die Ferne. Richard, Heinrich und Franz kamen langsam den Hügel herauf und blieben hinter ihr stehen.

Lange schwiegen sie.

Dann war Franz derjenige, der es aussprach: »Katharina, wir sind gekommen, um ihn zu holen.«

Stille. Einzig der Wind rührte sich.

Eine lange Zeit geschah nichts.

Katharinas Hand lag weiter auf ihrem Sohn, ihr Gesicht war abgewandt, während die Männer verlegen dastanden.

»Katharina. Es ist Zeit, ihn zu beerdigen.« Franz litt mit ihr.

Niemand regte sich.

Dann, endlich, eine einzige winzige Bewegung: Katharina nahm ihre Hand von der Brust ihres Jungen und legte sie in ihren Schoß.

Die Beerdigung war schnell überstanden. Katharina hielt sich an Franz' Arm, und Richard ließ es sich nicht nehmen, selbst das Grab zuzuschaufeln, so wie er es auch eigenhändig ausgehoben hatte. Er wollte nichts davon wissen, diese Arbeit den Schwarzen zu überlassen.

Das Grab lag direkt unter der Krone des Baobabs. Katharina hatte gegen den Rat aller darauf bestanden, Georgs

Leichnam hierherzubringen. Es war ihr Wille und zum ersten Mal in ihrem Leben ließ sie sich durch nichts davon abbringen. Die Männer – allen voran Franz – hatten schließlich ein Einsehen, zumal es auch nur ein halber Tagesmarsch war.

Franz und Heinrich waren von Katharina weggeschickt worden. Die beiden saßen in dem kleinen Lager, das die Träger ein Stück weit vom Baobab entfernt aufgeschlagen hatten, und tranken Tee.

»Ich begreife das nicht. Sie müssen doch etwas gesehen haben!«

Heinrich sah Franz nicht an, sondern schien durch das Feuer hindurchzuschauen. »Nichts.«

»Jemand nähert sich Ihrem Lager und erschießt zwei Menschen!«

Heinrich zog nur an seiner Zigarette.

»Wie konnten Sie den Jungen vom Lager weggehen lassen? Was haben die beiden überhaupt da draußen gemacht?«

»Schießübungen. Höller wollte ihm zeigen, wie man mit den Jagdbüchsen umgeht.«

Franz schüttelte den Kopf.

Jetzt blickte Heinrich auf und sah Franz eindringlich an. »Er war kein Junge. Er war ein erwachsener Mann. Er war Soldat.«

Katharina sah zu, bis Richard fertig war. Er stellte die Schaufel an den Baum, wischte sich mit einem Tuch den Schweiß ab und zog seine dunkelblaue Uniformjacke wieder an, die er zum Begräbnis getragen hatte. Das Weiß seiner Tropenanzüge erschien ihm auf einmal lächerlich.

Er knöpfte in aller Ruhe seine Jacke zu, zog sie ordentlich zurecht, dann war es Zeit, zu Katharina zu gehen. Er blieb vor ihr stehen.

Und plötzlich, er begriff erst gar nicht, wie ihm geschah, ging sie auf ihn los und stieß ihn heftig mit beiden Händen vor die Brust. »Was? Was habt ihr mit meinem Jungen gemacht? Was ist passiert? Wer hat das getan?«

Richard schüttelte nur den Kopf. Er schien selbst den Boden unter den Füßen zu verlieren. Er schwitzte, seine Augen waren verquollen und er hatte Schatten unter den Wangen.

»Richard! Hörst du nicht? Wer hat das getan? Ich will wissen, wer meinen Jungen umgebracht hat.«

»Katharina, ich habe nichts gesehen!«

»Dann sag mir, was du *weißt*!«

»Ich weiß nichts.«

»Du musst doch eine Idee haben. Irgendwer erschießt euren ... Freund! Und unseren Sohn! Warum?«

Richard ertrug es kaum, wie sie ihn wieder und wieder vor die Brust stieß. Aber um keinen Preis hätte er sie jetzt festgehalten. »Ich weiß es nicht.«

»Warum?«, schrie sie.

»Ich weiß es nicht!«, schrie er zurück, riss sich jedoch sofort wieder zusammen, um nicht die Nerven zu verlieren.

»Was habt ihr hier draußen getrieben?«

»Was soll das heißen?«

»Es gibt einen Grund.«

»Wir sind auf Safari, wir haben auf Tiere geschossen. Gnus. Zebras. Löwen.«

»Und wer hat auf Georg geschossen?«

»Ich würde alles geben, wenn ich es wüsste. Er ist auch mein Sohn. Aber ich war nicht dabei!«

»Wo warst du? Warum warst du nicht bei ihm?«

»Ich war drüben im Lager, im Zelt. Ich habe irgend so eine Tropenschweinerei, es geht mir nicht gut, Katharina.«

»Es geht dir nicht gut. Dein Junge ist tot. Du hast ihn allein gelassen!«

»Ach ja? Du hast uns doch alleine gelassen!«

Katharina starrte ihn an. Nur langsam wandelte sich der Schmerz dieses Tiefschlags in Wut. In kaum zu bändigende

Wut. Doch Katharina schaffte es, leise, ganz leise zu antworten: »Ich will wissen, wer meinen Sohn getötet hat.«

Plötzlich näherte sich hupend ein Laster, er holperte und sprang über die Savanne auf das Lager zu. Mehrere weiße Siedler klammerten sich auf der Ladefläche fest.

»Krieg! In Europa herrscht Krieg! Hört ihr, Krieg!«

Katharina und Richard schauten ihnen entgegen. Drüben im Lager waren alle auf den Beinen. Kigele übersetzte für die Träger in Kisuaheli. Sofort plapperten sie aufgeregt durcheinander, doch natürlich hatten die Träger nicht die geringste Vorstellung, was das bedeutete: Krieg in Europa.

Niemand konnte sich einen Begriff davon machen, was das bedeutete.

Das Lager wurde hastig wieder abgebrochen. In seinem Zelt warf Richard wütend Sachen in seinen Reisekoffer, während Heinrich, den die Nachricht des Krieges überhaupt nicht aus der Ruhe zu bringen schien, seinem Bruder zuschaute. Er spürte, wie Richard krampfhaft versuchte, seine Trauer, seine Wut, seine Frustration mit jedem Teil in den Koffer zu stopfen.

»Richard, wir konnten noch nicht miteinander reden. Es tut mir leid, was mit deinem Jungen passiert ist.«

Richard packte stumm weiter.

»Du kannst jetzt nicht zurück nach Berlin, Richard. Wir müssen hierbleiben.«

Richard drückte die Schlösser seines Koffers zu. »Du bist Offizier der Reserve. Du musst genauso zurück. Jetzt bist du auch dran, Heinrich!«

»Lass diesen dummen Krieg. Wir haben Wichtigeres zu tun. Ich will unser Geld zurück. Nur deswegen sind wir hier.«

»Nach dem Krieg.«

»Richard! Dann ist es vielleicht zu spät. Ich habe nicht diese verdammten Sozialisten gekauft, um jetzt tatenlos zu-

zusehen, wie jemand unser Geld stiehlt. Richard, wir hatten diese Million bereits in der Hand und jetzt ist sie weg! Begreifst du das nicht?«

Richard schleifte seinen Koffer aus dem Zelt.

Draußen in der Sonne ließ er den Koffer fallen und richtete sich auf. Er schaute hinüber zum Baobab.

Katharina kniete vor Georgs Grab auf dem Boden.

Richard ging ein Stück auf sie zu, blieb wieder stehen und schaute beinahe sehnsuchtsvoll zu seiner Frau.

Plötzlich ließ er sich auf die Knie sinken.

Heinrich kam herbeigeeilt, weil er glaubte, Richard wäre gestürzt. Als er sah, was los war, blieb er schweigend stehen.

Richard weinte. Zwar vergrub er das Gesicht in den Händen, doch seinem Rücken war es deutlich anzusehen. »Verschwinde! Verschwinde! Verschwinde ...«

Heinrich schaute seinen Bruder besorgt an. Richard durfte nicht die Nerven verlieren. Nicht jetzt! Langsam zog er sich zurück ...

Auf der Bahnstation in Moschi herrschte aufgeregtes Treiben. Jeder wollte irgendwohin. Nach Tanga, nach Tabora, die meisten nach Daressalam. Niemand wusste Genaues. Gerüchte kursierten und waren genauso begehrt wie Lebensmittel. Wer über Informationen verfügte, stand hoch im Kurs, und irgendwo fand jeder einen, der genau das wusste, was er hören wollte – Beruhigendes oder Beängstigendes. Immer wieder war das Wort »Kongo-Akte« zu hören, denn es verhieß, dass die Kolonien aus dem Krieg herausgehalten würden. Doch viele zerrissen das Wort in der Luft wie ein Wertpapier, das ins Bodenlose gefallen war, da sie es für ebenso wertlos hielten.

Katharina sah und hörte von alledem nichts. Franz führte sie durch das Gewimmel zum Zug. Er hatte für sie alle ein Abteil in der überfüllten Eisenbahn ergattert. Katharina sah die ganze Fahrt über aus dem Fenster. Sie wusste, dass ihre Fahrt ans Meer ging, wo die Schiffe abfuhren, sie wusste, dass Richard sofort nach Hause wollte, um seinen Platz bei den Truppen einzunehmen. Aber sie wusste auch, dass sie nicht wegkonnte. Nicht weg aus diesem Land, in dem ihr Sohn begraben lag.

Der Polizist schwitzte, während er einen Stapel Akten in eine Kiste packte und sie in den Schrank wuchtete. »Was soll ich denn tun? Sie sehen ja, was hier los ist. Morgen bin ich nicht mehr Polizist, sondern Soldat. Nur der Schutzmann bleibt hier!«

Katharina saß vor seinem Schreibtisch, gleich unter dem Ventilator der kleinen Polizeistation, die den Eindruck erweckte, als würde sie von den beiden Beamten für einen Taifun sturmfest gemacht. Es war Katharina als das Natürlichste erschienen, zur Polizei zu gehen, doch jetzt wirkte diese Idee auf sie nur noch absurd. Durch das offene Fenster sah Katharina den Indischen Ozean in der Sonne glitzern.

»Da draußen finden Sie jetzt sowieso nichts mehr. Ich meine Spuren oder so was. In Berlin fangen sie gerade an, bei Morduntersuchungen Kugeln zu untersuchen. Aber ich kann ja nicht bei allen Briten die Waffen einsammeln. Erst in ein paar Wochen, wenn wir den Krieg gewonnen haben!«

Der Polizist lachte. Dann merkte er, dass sein Scherz unpassend war. »Entschuldigung. Wenn ich Sie richtig verstehe, gibt es nicht einmal Verdächtige.«

»Verhören Sie meinen Mann.«

»Sie glauben, Ihr Mann hat Ihren Sohn erschossen?«

»Nein, aber … Es muss doch einen Grund geben. Was ist mit diesem Herrn Höller?«

Der Polizist entschied sich, für einen Moment das Packen zu unterbrechen und sich ganz Katharina zuzuwenden. Vielleicht konnte er die Sache so schneller beenden.

»Ich sage Ihnen, was ich glaube. Wir schicken schon seit

einer Weile Patrouillen ins britische Gebiet. Die Briten machen es genauso. Dort, wo Sie waren, verläuft nicht weit die Bahnlinie. Und ich sage Ihnen noch etwas: Wir werden den Briten Feuer machen. Es wird Sie nicht trösten, aber für jeden von unseren holen wir uns zehn von denen!«

Er schaute sie ernst an. Mehr gab es aus seiner Sicht nicht zu sagen.

Katharina stand auf.

»Wenn Sie mich fragen: Fahren Sie nach Hause, solange es noch möglich ist.«

Auf der Straße wurde Katharina von einem Ochsengespann überholt. Auf der Ladefläche Siedler mit Gewehren. Zwei von ihnen gaben lauthals an und sangen ein Militärlied, die anderen lächelten verlegen. Sie hatten sich noch nicht daran gewöhnt, dass sie jetzt Soldaten waren. Mehr noch: Soldaten im Krieg!

Das Gespräch in der Polizeistation hatte Katharina erschüttert. Kümmerte es denn niemanden, dass zwei Männer erschossen worden waren? Fühlte sich niemand verantwortlich, etwas zu unternehmen? War das schon der Krieg? Brauchte es nur ein Stichwort, eine Ankündigung von Krieg, um alles auszulöschen, was vorher selbstverständlich war?

Am Kai hatte sich eine Ansammlung von Männern gebildet. Einige mit Koffern, alle mit ohnmächtiger Wut.

Richard stritt mit einem Agenten der Reederei vor dessen Büro. Etwas abseits stand Heinrich, im Grunde wusste er, dass es keinen Zweck hatte. Er wartete nur darauf, dass Richard die schlechte Nachricht endlich akzeptierte, um mit ihm zusammen ins Hotel zu gehen, wo er die nächste Zeit über bleiben wollte.

»Seeblockade?«, schrie Richard den Agenten an.

Der hob nur geruhsam die Schultern. »Seeblockade. Die Briten haben alles dicht gemacht. Hier kommt kein deutsches Schiff mehr rein.«

»Sie haben gesagt, die *General* wäre unterwegs!«

»Bin ich Großadmiral von Tirpitz? Sagen Sie *ihm*, er soll die britische Blockade brechen!«

»Ich bin Offizier. Ich werde in Deutschland gebraucht.«

Das sah der Agent natürlich ein. Aber es blieb ihm nichts anderes übrig, als Richard zu beschwichtigen. »Das bisschen Krieg kann ja nicht ewig dauern. Der Russe und der Franzose kriegen eins auf den Helm, dann können Sie wieder nach Hause.«

»Ich werde den Krieg nicht hier verbringen!«

»Verstehe, als Offizier wäre man natürlich gerne dabei, wenn der Feind überrannt wird. Da werden sich eine Menge Leute Orden verdienen. Hier geht jedenfalls nichts mehr raus.«

Und damit ließ er Richard stehen und drängte sich durch die protestierenden Menschen zu seinem Büro.

»Ich habe einen gültigen Fahrschein!«, rief jemand.

Und irgendein Witzbold antwortete: »Gehen Sie zu den Briten nach Mombasa. Vielleicht erstatten die Ihnen das Geld.« Die Menschen lachten. Jedenfalls die, denen noch zum Lachen zumute war.

13

Es begann die Zeit des Wartens. Der Kriegstaumel legte sich wieder, weil der große Feldzug zunächst ausblieb. Für den Anfang kochte der Krieg auf kleiner Flamme vor sich hin. Am Tanganjika-See wurde ein deutscher Regierungsbeamter von den Belgiern festgenommen, die Briten nahmen den Regierungsdampfer *Hermann von Wissmann* und beschossen zwei Wochen später die Hafenstadt Bagamoyo mit einem Kreuzer, der wiederum drei Wochen später von der *Königsberg* im Hafen von Sansibar versenkt wurde. Während dieser Wochen stießen deutsche Patrouillen immer wieder auf britisches Gebiet vor und sprengten die Schienen – gelegentlich sogar die Züge – der Ugandabahn, der Hauptschlagader der britischen Versorgung von der Küste nach Nairobi. Doch man schien sich noch nicht recht auf den Krieg eingestellt zu haben, denn ein weiteres Gefecht südlich von Mombasa mussten deutsche Truppen wegen Munitionsmangels abbrechen.

Richard, Heinrich und auch Katharina konnten in dieser Zeit nichts tun als warten. Katharina sprach regelmäßig bei allen Behörden vor, um irgendjemanden für eine Untersuchung von Georgs Tod zu gewinnen, aber überall ging es jetzt um »Größeres«. Auch wenn noch niemand sagen konnte, was das war. Es wurde unerträglich schwül und feucht und dann begann die kleine Regenzeit.

Katharina wohnte bei Franz. Gelegentlich arbeitete sie für ihn, aber weil er nicht reiste – und solange der Krieg in der Luft hing, konnte er nicht weg –, gab es nicht viel zu tun.

Eines Abends hockte Katharina zusammengekauert auf den Stufen der kleinen Veranda und schaute hinaus in den schwarzen Regen. Plötzlich erschien in der Dunkelheit wie ein Geist eine weiße Gestalt im langen weißen Kleid: Emilia Larson. Triefend vor Nässe. Katharina stand erstaunt auf.

»Frau Larson!«

Ein Stückchen vor Katharina blieb Emilia im Regen stehen.

»Möchten Sie hereinkommen?«

»Nein. – Sie haben Ihren Sohn verloren.«

Katharina zuckte förmlich zusammen. Arne Larson hatte zum Kreis um Richard und Heinrich gehört. Kam hier die Gelegenheit, endlich etwas zu erfahren?

»Wissen Sie etwas?«

Das Wasser lief an Emilias Gesicht herunter. Sie trug nicht einmal einen Hut. »Nein. Aber Sie wissen jetzt etwas. Sie wissen jetzt, wie ich mich fühle, seit mein Mann verschwunden ist.«

Katharina konnte es nicht fassen. »Um mir das zu sagen, sind Sie hergekommen?«

»So wenden sich die Dinge gegen einen selbst.«

»Glauben Sie mir doch endlich: Wir stehen nicht auf unterschiedlichen Seiten!«

»Nein? Unterschiedlicher könnten sie kaum sein.«

Damit drehte sie sich um und verschwand im Regen. So schemenhaft, wie sie aufgetaucht war.

Während Heinrich oft in der Hotellobby saß, an einem der Tische gepflegt ein Glas Wein trank – niemals zu viel! –, Zigaretten rauchte und sich mit Männern unterhielt, denen er ein Getränk spendierte, saß Richard fast nur noch in seinem Hotelzimmer. Anfangs hatte er sich noch jeden Tag rasiert und gepflegt, doch mit den Regengüssen begann die Zeit zu verschwimmen, und so konnte er nicht immer sagen, ob er sich am Morgen rasiert hatte oder am Tag zuvor. Die Schwüle machte ihm zu schaffen, es fiel ihm immer schwerer, sich aufrecht zu halten. Er konnte sich einfach nicht damit abfinden, dass der Krieg in Europa ohne ihn stattfand. Dass das Ereignis, auf das er sein Leben lang hingearbeitet hatte, auf das sein Streben und Denken ausgerichtet war, eintrat – und er war nicht anwesend. Im Urlaub! Diese Demütigung auszuhalten, kostete ihn viel Kraft. Doch schließlich fand er ein neues Ziel: Er würde Kommandeur der Schutztruppe in Deutsch-Ostafrika werden. Ob zufällig hier gestrandet oder nicht: Er hatte den höchsten Dienstgrad, höher noch als Lettow-Vorbeck, der die hiesige kleine Truppe in Friedenszeiten befehligt hatte. Also brachte Richard sich selbst und seine Uniform auf Vordermann und ließ sich bei Gouverneur Schnee persönlich melden.

»Herr von Strahlberg, ich verstehe Ihre prekäre Lage, und ich freue mich, dass Sie sich freiwillig zur Schutztruppe melden, aber dafür gibt es ein Büro. Ich bin der Gouverneur. Ich leite die Zivilbehörden dieser Kolonie. Außerdem bemühen wir uns im Moment noch, die Kolonien aus dem Konflikt herauszuhalten.«

»Sie missverstehen mich. Ich möchte mich nicht freiwillig melden. Ich verlange den Oberbefehl über die Schutztruppe.«

Schnee schwieg überrascht. Das war allerdings ein starkes Stück. »Der Oberbefehl über die Truppe liegt bei Oberstleutnant von Lettow-Vorbeck. Er hat hier hervorragende Arbeit geleistet.«

»Als die Schutztruppe noch eine bessere Polizeitruppe war! Hat ein paar Aufstände von Eingeborenen niedergeschossen. Jetzt herrscht Krieg. Der Mann hat doch keinerlei Fronterfahrung. Er ist nicht für die Leitung eines Feindeinsatzes ausgebildet. Niemand außer mir ist in der Lage, den Einsatz der Truppen im Kriegszustand – noch dazu mit Hunderten von Freiwilligen – perfekt zu organisieren. Außerdem ist er nur Oberstleutnant, ich bin Oberst. Ich verlange meine sofortige Einsetzung als Oberbefehlshaber der Schutztruppe!«

Die Tür ging auf und ein Beamter steckte seinen Kopf herein. »Er ist da.«

Schnee sprang auf. Doch bevor er zur Tür geeilt war, kam Lettow-Vorbeck herein. Er mochte um die fünfzig sein, hatte auf den ersten Blick ein gewinnendes Wesen und schien intelligent, entschlossen und selbstbewusst.

»Lettow-Vorbeck! Ich habe Ihr Telegramm gelesen. Meine Antwort ist Nein. Wir werden nichts tun, um den Feind zu provozieren. Wir werden nicht kämpfen. Und wenn es zum Äußersten kommt – dann bin ich entschlossen, die Kolonie kampflos zu übergeben!«

Der Oberstleutnant ging nicht darauf ein. »Ich habe bereits alle Vorbereitungen zur Verteidigung der Kolonie getroffen. Ich habe eine Strategie ausgearbeitet, die …«

»Vorbereitungen? Was für Vorbereitungen? Unsere beiden Salutkanonen geputzt? Sie haben noch nicht mal ein Dutzend Feldkanonen. Und was für eine Strategie? Wie Sie unsere zweihundertzwanzig deutschen Soldaten einsetzen? Wohin Sie die siebenundsechzig Polizisten zur Verstärkung schicken?«

»Wir haben über viertausendfünfhundert Askaris.«

»Die jeden Monat eine Reichsmark und fünfzig Pfennige Sold bekommen. Beim ersten Schuss sind die doch weg!«

»Und wir werden Freiwillige haben«, ergänzte Lettow-Vorbeck.

Mit flatternden Händen machte Schnee seiner Erregung Luft. »Wir haben ja noch nicht einmal moderne Gewehre. Wir brauchen hier den Kram aus dem letzten Jahrhundert auf. Wir können uns doch keine Woche halten.«

So sehr sich der Gouverneur aufregte, so ruhig blieb Lettow-Vorbeck.

»Ich weiß nicht, wie lange wir uns halten können, aber wir werden uns halten. Wir werden so viele britische Soldaten wie nur möglich hier binden. Soldaten und Waffen. Wir werden alles tun, um die europäische Front zu entlasten.«

»Nein. Ich bin Gouverneur dieser Kolonie. Ich bin verantwortlich für die Sicherheit der Siedler hier. Und ich werde nicht dulden, dass auch nur ein Mann Ihren strategischen Überlegungen geopfert wird.«

»Es ist zu spät. Wir haben Taveta eingenommen.«

Schnee starrte ihn nur schockiert an.

»Es musste schnell geschehen. Ich hatte keine Zeit, auf Ihre Entscheidung zu warten.«

Schnee setzte sich. Also war es entschieden. Krieg in der Kolonie. Jetzt erst bemerkte Lettow-Vorbeck Richard, der die ganze Zeit zugehört hatte.

Richard erhob sich, um auf Augenhöhe zu sein. »Störaktionen beim Feind bringen natürlich nicht viel«, sagte er. »Wir werden uns verschanzen. Bis der Krieg vorbei ist, werden wir durchhalten. Es wird ja nicht lange dauern, bis das Reich in Europa gesiegt hat.«

»Wer sind Sie?«

»Oberst von Strahlberg. Ich bin Ihr Vorgesetzter, Herr *Oberstleutnant* von Lettow-Vorbeck.«

Lettow-Vorbeck schaute auf Richards Rangabzeichen. »Sie sind dieser Offizier, der hier gestrandet ist. Ihre Frau war neulich bei mir. – Leider kann ich für Sie beide nichts tun.«

Lettow-Vorbeck ging zur Tür, wandte sich noch einmal zu Richard um. »Vielleicht verschanzt man sich in Europa. Ich werde die Weite dieses Landes zu unserem stärksten Verbündeten machen. Und wenn Sie sich freiwillig melden wollen: Ich gebe Ihnen eine Abteilung.«

»Eine Abteilung?! Unter Ihrem Oberbefehl? Das kann ich nicht akzeptieren!«

»Nehmen Sie's an oder lassen Sie's. Ihre Entscheidung.« Damit ging er hinaus und ließ sowohl Richard als auch Schnee stehen.

Richard schäumte vor Wut. Nur Minuten später polterte er die Stufen zu Franz' Veranda hoch und schlug heftig mit der Hand gegen die Fliegengittertür. Die Hitze machte ihn reizbar. Es war ihm natürlich nicht entgangen, dass er neuerdings leicht die Nerven verlor, und meist kämpfte er darum, sich zusammenzureißen, doch in diesem Fall gab er der Wut nach.

»Katharina!«

Katharina erschien hinter dem Fliegengitter.

»Hör auf damit. Mach die Leute nicht verrückt. Ich hoffe, du hast bei Lettow-Vorbeck kein Wort über mich gesagt. Gnade dir Gott, wenn du meinen Ruf hier beschädigst!«

Katharina konnte sich ein ungläubiges Lachen nicht verkneifen. In aller Ruhe schob sie die Fliegengittertür auf und trat ihm entgegen. Er wich einen Schritt zurück.

»Sag mir nie wieder, was ich zu tun habe«, sagte sie, ohne die Stimme zu heben.

»Du bist immer noch meine Frau.«

»Nein, ich bin nicht deine Frau, begreif das endlich!«

Richard funkelte sie bedrohlich an. Dann drehte er sich um und ging.

Katharina blieb stehen und sah ihm zornig hinterher.

Heinrich wartete immer noch. Er sah, wie Richard mehr und mehr die Form verlor, während seine verschiedenen Versuche, den Oberbefehl zu erhalten, allesamt scheiterten. Der Gouverneur empfing ihn inzwischen gar nicht mehr. In seinen Augen stiftete der unglücklich ins Abseits geratene Oberst aus Berlin nichts als Unfrieden, und er hatte genug andere Sorgen.

Schließlich war es so weit: Heinrich ging zu Richard. »Komm mit. Wir haben etwas zu erledigen.«

Eine Stunde später traten sie in die Bank. Das Büro des Direktors war unscheinbar, ein kleiner Raum mit vergitterten Fenstern und zwei Schreibtischen. Über dem größeren hing ein Porträt des Kaisers.

Heidelberger saß in seinem Schreibtischsessel, nervös und schwitzend. Er warf sich Tabletten ein. »Das Herz«, wie er einmal mit einem schicksalergebenen Seufzer erklärt hatte. Heinrich hielt sich etwas abseits, Richard beugte sich – bewusst unangenehm nah – über Heidelberger.

»Wo ist Larson?«

»Ich weiß es nicht. Sie wissen doch: Niemand weiß es. Er ist spurlos verschwunden.«

»Mit unserem Geld?«

Heidelberger stöhnte nur.

»Heidelberger, wer hat unsere Million?« Richard kam noch näher.

»Ich weiß es wirklich nicht.« Erneut griff der Bankier nach seiner goldenen Pillendose, ließ sie diesmal jedoch zu.

»Sie sollten es aber wissen. Sie sind unser Bankfachmann. Also verdienen Sie sich Ihren verdammten Anteil und finden Sie es heraus!«

»Es ist mir unerklärlich. Jemand hat das Geld umgeleitet. Jemand, der Ahnung von Bankgeschäften hat.«

»Umgeleitet? Was heißt umgeleitet? Wohin?«

»Nach Britisch-Ostafrika. Mehr weiß ich noch nicht. Ich habe einen Freund im Vorstand der britischen Bank in Nairobi. Mr Keats. Ich finde heraus, wo das Geld ist.«

»Britisch-Ostafrika? Warum?«

Heidelberger zuckte nur hilflos mit den Schultern.

Richard drehte sich ratlos zu Heinrich um. Der antwortete auf Richards Frage: »Weil wir keine Chance haben, es dort wiederzufinden.«

14

Und dann brach der Krieg mit einem Schlag wirklich aus.

Er kündigte sich mit einem Pfeifen an. Einem schrillen, dunkler und bedrohlicher werdenden Pfeifen, das den strahlenden heißen Novembermorgen erfüllte wie eine Sirene. Doch es gab keine Sirene. Es gab nur den Einschlag: Ein Haus am Rande von Tanga stürzte in sich zusammen. Ein Vorgang, der etwas Groteskes hatte auf dieser heißen, menschenleeren Straße. Alles lag in lähmender Erstarrung, und dann klappte plötzlich ein Haus in sich zusammen.

Es schien nicht viel mehr zu sein als ein Anklopfen an das Tor zur Hölle. Und zuverlässig tat sich das Tor auf:

In wunderschönen Flugbahnen segeln Granaten auf die Stadt zu. Landungsboote nähern sich dem Ufer. Überall in der Stadt Explosionen. Britische und indische Soldaten stürmen johlend den Strand hoch. Zwischen den Palmen verborgen die mageren Reihen deutscher Offiziere mit Tropenhelmen, die Askaris mit Gräsern und Palmwedeln an ihren Tarbuschen. Sie warten.

Richard befehligt eine Kompanie, hauptsächlich schwarze Askaris, er gibt ihnen Zeichen, ruhig zu bleiben und zu warten. Die Männer sind nervös. Ein Gewehr fällt auf den Boden, wird eilig wieder aufgehoben. Richard wirft einen Blick hinüber zu einem Palmenhain, wo sich ein anderer Trupp duckt. Geschlossene britische Schlachtreihen marschieren durch die Palmwälder heran. Glühende Geschosse jaulen vorbei und schlagen mit einem klatschenden Geräusch durch die Blätter. Die ersten schlagen auch durch Menschen. Mit dem Geräusch krachender Knochen. Schreie. Die ersten Gefallenen. Die anderen Soldaten stehen in gelähmter Angst und warten. Dann endlich der erlösende Befehl von Lettow-Vorbeck. »Jetzt.«

Rasend verbreitet sich der Ruf: »Feuer! Feuer frei!« Überall zwischen den Palmen bricht Gewehrfeuer los. Kugeln heulen den Männern in alle Richtungen um die Köpfe. Richard stellt sich aufrecht hin, er weiß, was jetzt von ihm erwartet wird, er treibt seine Leute an, feuert selbst Schuss auf Schuss in die britischen Reihen.

Zwischen den Häusern fängt ein deutsches Maschinengewehr an, die Soldaten am Strand niederzumähen. Massenweise fallen die Inder. Auf einem Dach, hinter einer Balustrade, hinter Sandsäcken, Heinrich. Er beobachtet das Schießen durch sein Fernglas. Seine Askaris hocken mit den Rücken an die Sandsäcke gelehnt und warten. Sie beten, dass der Befehl, aufzuspringen und zu stürmen, nicht kommen möge. Und tatsächlich: Heinrich gibt diesen Befehl nicht.

Im Hotel Kaiserhof hat man das Lazarett eingerichtet. In der Lobby stehen überall Betten und Tragen, schreiende und stöhnende Verwundete werden hereingetragen. Die Tische des Restaurants sind an einer Wand aufgestapelt, auch hier warten irgendwo abgelegte Verwundete auf Hilfe. Katharina versucht, einen blutenden Soldaten festzuhalten, der wild um sich schlägt.

»Tanja!« Schwester Tanja kommt zu ihr gerannt, zu zweit halten sie den Mann fest, bis Franz ihm eine Spritze gesetzt hat. »In meiner Praxis ist noch mehr Verbandszeug. Und Chloroform. Ich versuche, mich durchzuschlagen.«

Katharina hält ihn am Arm fest. »Sie werden hier gebraucht.« Und schon läuft sie selbst los.

»Katharina, nein!«

Doch sie ist bereits draußen.

Sie rennt geduckt durch die Straßen, Geschosse heulen über sie hinweg. Durch eine Türöffnung sieht sie, wie sich eine Gruppe Schwarzer in einer Lehmhütte an die Wand presst und Suren aus dem Koran murmelt. Als sie weitereilt, fetzt eine Maschinengewehrsalve in die Lehmwand. Katharina sieht die Reihe der Löcher, aus denen Strohhalme herausragen. Das Beten im Innern hat aufgehört.

Plötzlich bleibt Katharina abrupt stehen. Einen Moment lang glaubt sie, sie träumt, so wenig passt das Bild, das sie sieht, hierher: Ein Trupp Araber mit Turbanen, Krummsäbeln und grüner Fahne stürmt auf sie zu.

Ihr Anführer, ein Mann mit gelbem Turban, schaut ihr in die Augen. Im Laufen zieht er seinen Säbel. Katharina bleibt stehen, doch die Araber stürmen an ihr vorbei. Als sie sich umschaut, dreht sich auch der Araber noch einmal nach ihr um. Seine Augen liegen neugierig auf ihr, dann sind sie alle verschwunden.

Zwischen den Palmen schlagen britische Soldaten wie wild mit den Händen um sich, werfen die Gewehre weg, schreien und rennen in Auflösung davon: ein zerschmettertes Bienennest! Wütende afrikanische Bienen, deren Wut der Mensch nichts entgegenzusetzen hat, jagen die Männer genau ins Feuer des Maschinengewehrs, die Briten sterben im Kugelhagel. Eine Ordonnanz auf einem Fahrrad radelt mit eingezogenem Kopf durchs Feuer. Und überall donnern die Einschläge der Schiffsartillerie.

Als sie in die Praxis stürzt, wirft Katharina die Tür hinter sich zu. Wie hell es hier drin auf einmal ist! Dann erst bemerkt sie, dass das Dach fehlt. Eingestürzt hängt es schräg im Raum, auf einer Seite sind alle Möbel zerquetscht. Balken und Bretter ragen wild durcheinander, der Gazestoff des Fliegenkäfigs ist zerfetzt und alles voller Staub. Katharina klettert zu einem Schrank, bricht mit einem Brett die verkantete Tür ab, nimmt ein weißes Laken heraus und breitet es auf dem Boden aus. Eilig leert sie Schubladen auf das Tuch: Verbandsbinden, Pflaster, Klammern und alles, was notwendig ist, um zerrissene Leiber so zusammenzuflicken, dass sie noch fürs Leben taugen. Schließlich greift sie die vier Ecken des Tuches, schultert das Bündel und hetzt wieder hinaus. Sie rennt über die Straßen zurück. Vorbei an dem Maschinengewehrstand, der immer noch wie besessen in die Angreifer feuert. »Achtung, runter!« Katharina wirft sich auf den Boden, während neben ihr eine Hauswand explodiert. Ein Stein landet schwer auf ihrem Rücken und nimmt ihr die Luft – nur das dicke Bündel rettet ihr das Leben.

»Zweites MG hier rüber!«

Katharina rennt weiter. Sie wirft sich an eine Hauswand, als ein Trupp Briten über die Straße stürmt. In einem Haus zersplittert eine Scheibe, die Briten werden aus dem Fenster beschossen, einige fallen. Einer wirft etwas in das Fenster, sucht Deckung, im nächsten Moment explodiert das Haus. Als Katharina weiterrennt, prallt sie förmlich mit einem völlig panischen indischen Soldaten zusammen, der einem uniformierten schwarzen Askari sein Gewehr ins Gesicht hält. Der Schwarze zielt seinerseits mit dem Gewehr auf den Inder. Beide zittern vor Angst. Wer verliert zuerst die Nerven und schießt?

Langsam hebt Katharina ihren Arm mit der Rotkreuzbinde. Sie fasst den Schwarzen am Arm und zieht ihn hinter sich. Er lässt sein Gewehr sinken und der Inder zielt auf sie beide. Schließlich lässt er auch sein Gewehr sinken, rennt weiter – und wird von irgendwo erschossen. Katharina schreit entsetzt auf! Der Schwarze schultert ihr Bündel, schaut sich nach allen Seiten um und läuft mit Katharina weiter. Als sie am Kaiserhof ankommt, ist die halbe Fassade mit den weißen Säulen eingestürzt.

Franz und die anderen Schwestern versorgen weiter Verwundete, reinigen Verletzungen, setzen Spritzen. Von draußen Schüsse, Explosionen, Jaulen, Krachen. Ein paar Schwarze mühen sich mit größter Anstrengung, umgestürzte Balken hochzuwuchten, doch vergeblich. Entsetzt sieht Katharina, dass eine Schwester eingequetscht darunterliegt. Tanja! Katharina rennt hin, kniet sich zu der Schwerverletzten, in der kaum noch Leben ist. »Tanja.«

»Katharina ... Sie sind zurück ... Wir hatten Angst um Sie ...«

Plötzlich hört das Schießen auf. Es herrscht völlige Stille. Alle verharren in ihrer Arbeit und horchen.

Tanja lächelt glücklich. »Es ist vorbei, oder?«

»Ja, es ist vorbei.«

Tanja schließt beruhigt die Augen und stirbt.

Über der aufgebrochenen Fassade steigen Leuchtraketen in den Sternenhimmel und beleuchten die britischen Einheiten, die sich glühend rot auflösen. Wer noch kann, rennt zurück zum Wasser, die Boote legen wieder ab, Menschen rennen jubelnd durch die Straßen. Katharina bemerkt von all dem nichts, sie beugt sich tief über Tanja und nimmt von ihr Abschied.

Morgengrauen, der nächste Tag. Katharina konnte nicht mehr. Der Gestank, die Schreie, das Sterben, die harte Arbeit – sie floh aus dem Hospital und aus der Stadt. Sie brauchte Luft, ging dem Wind entgegen und fand sich bald am Meer wieder. Fassungslos blieb sie stehen: Der Strand war übersät mit Toten und Verstümmelten. Sie lagen auf dem Sand, sie lagen unter dem Sand, der von Granaten umgepflügt war, sie trieben in den Wellen. Eine Gestalt huschte an Katharina vorbei. Ein heruntergekommener, vor sich hin murmelnder weißer Mann, barfuß und abgerissen trug er die Reste dessen, was einmal ein Tropenanzug gewesen sein mochte. In der Hand ein zerkratztes, tausendmal geschliffenes Messer. Als die Hölle ihre Tore aufgetan hatte, um den Krieg freizulassen, schien dieses fremde Wesen heimlich mit herausgeschlüpft zu sein. Seine Augen tasteten Katharina ab und plötzlich fuhr sie voller Entsetzen zurück: Um den Hals trug er eine Kette aus Ohren! Getrocknete, verkrustete Ohren. An einem sah sie sogar noch feine schwarze Haare. Entsetzt lief Katharina weiter, während er sich neben einem toten Briten niederkniete.

Ein Stück weiter sah Katharina ein paar Schwarze, die die Leiber Zerschossener auf einen Ochsenwagen warfen. Ein Tausendfüßler krabbelte über das Gesicht eines Toten, der wie zur Mittagsruhe an eine Palme gelehnt saß – und verschwand im leergeschossenen Schädel des Mannes.

Katharina wankte durch diesen Albtraum wie betäubt vor Entsetzen. Vereinzelt suchten Sanitäter nach Überlebenden, deutsche Askaris sammelten irgendwo Waffen und Munition ein.

Katharina stolperte erschöpft über den Strand. Inmitten der Toten. Plötzlich entdeckte sie etwas am Ufer:

Der Körper eines Mannes wurde von den Wellen hin und her gespült, er versuchte kraftlos, aus dem Wasser zu kriechen. Offenbar war er schwer verletzt, aber er lebte.

Katharina rannte zu ihm. Das flache Wasser, warm und sandig, lief in ihre Schuhe, als sie den Briten aus den Wellen zog.

Er mühte sich verzweifelt, die Tasche an der Seite seiner Uniformjacke zu erreichen, doch sein rechter Arm hing zerschossen herunter und für den linken war die Tasche in unerreichbarer Ferne. Trotzdem versuchte er in seinem Delirium wie besessen, an diese Tasche zu kommen.

Katharina griff für ihn hinein und zog ein Foto heraus.

Das Bild einer Frau, aber das Gesicht fehlte: die Kugel, die den Briten verletzt hatte, war genau hindurch gefetzt und hatte über ihren Schultern nichts weiter hinterlassen als ein absurdes Loch.

Jetzt erst bemerkte Katharina, dass der Einschuss genau durch die Tasche in ihn eingedrungen war.

Der Brite sah das Bild seiner Frau ohne Gesicht, fing verzweifelt an zu weinen, geschüttelt von grenzenloser Enttäuschung, und versuchte etwas zu sagen. Katharina begriff, dass er ihren Namen nennen wollte, doch er hustete, röchelte – und dann starb er, noch bevor er ihn aussprechen konnte. Die Frau ohne Gesicht hatte nicht einmal einen Namen.

Katharina nahm das Foto behutsam aus seiner Hand, steckte es vorsichtig in seine Brusttasche und knöpfte sie zu.

Das Innere der Kirche war typisch deutsch, rührend um ein wenig Schmuck bemüht und dabei kühl und schattig. Durch die zerschlagenen Scheiben des großen Fensters wehrte ein leichter Wind. Glasscherben knirschten, als Katharina durch den Mittelgang auf den Altar zuging. Ihr Kleid war bis zum Bauch nass, ebenso die Ärmel bis zu den Schultern. Überall auf dem Stoff verschmierte Blutflecke. Sie war verschwitzt, die Haare hingen ihr in sandigen Strähnen herab.

Da sah sie zwischen den Säulen des schmalen Seitenschiffes einen Mann vor dem Marienaltar stehen: einen Araber mit gelbem Turban. Der Anführer der arabischen Truppe, der sich während der Schlacht nach ihr umgedreht hatte.

Er erkannte sie wieder.

Sie ging, ohne ihn anzusehen, an ihm vorbei, nahm am

Marienaltar eine Kerze und zündete sie an einer der brennenden Kerzen an. Nachdem sie die Kerze behutsam in einen Ständer gesteckt hatte, kniete sie sich hin und betete.

Der Araber beobachtete sie. »Ich bin das erste Mal in einer Kirche«, sagte er.

Stille. Ihr war nicht nach einer Unterhaltung.

Er betrachtete die Marienstatue. »Ich wusste nicht, dass hier eine schöne Frau angebetet wird.«

Schweigen.

Katharina kniete reglos da.

»Eine Mutter«, widersprach sie, ohne sich umzudrehen.

Der Araber betrachtete Katharina.

»Ich habe Sie am Strand gesehen, wie Sie all diese feindlichen Soldaten aus dem Wasser gezogen haben. Es ist edel, einem Feind das Leben zu retten.«

Schließlich sah sie ihn doch an. Er verbeugte sich höflich.

»In dieser Welt wird nichts vergessen. Wir werden uns wiedersehen.« Damit ging er über die Glasscherben nach draußen. Katharina sah ihm nach, dann wandte sie sich wieder der Marienstatue zu. Einer leidenden Maria mit dem toten Jesus auf dem Schoß.

Franz Lukas stand fassungslos in den Trümmern seiner Arbeit, als Katharina hereinkam. Er sah aus, als ob er schon lange da stünde, im Sonnenschein in seinem Labor. So reglos, als wäre er einer der wirr aufragenden Balken.

Er sah Katharina mit grenzenloser Enttäuschung an.

Neben ihm hing die zerzauste Gaze des zerschmetterten Fliegenkäfigs. »Meine *glossina palpalis*, alle auf und davon. Wahrscheinlich die Einzigen, denen der Krieg je nützen wird.«

»Wir bauen das wieder auf. Ich helfe Ihnen.«

Er lächelte dankbar, schüttelte aber den Kopf. »Ich werde gleich zum Bahnhof rübergehen und mich freiwillig melden.

Ich bin Arzt. Ich muss zusammenflicken, was die anderen in Stücke schießen. Es tut mir leid, unsere Zusammenarbeit ist damit beendet. Ab jetzt gehöre ich dem Militär.«

»Alle sagen, es wird nicht lange dauern.«

Er ging nicht darauf ein. »Am besten, Sie gehen zu Sebastian Hofmann. Bei ihm können Sie bleiben, bis alles vorbei ist. Dann werden wir sehen.« Er versuchte ein hoffnungsvolles Lächeln, aber es misslang.

Katharina wünschte, sie könnte ihm etwas von dem zurückgeben, was er für sie getan hatte. »Alles Gute, Franz. Und danke. Ohne Sie wäre ich nicht so weit gekommen.«

Diesmal war sein Lächeln echt.

Als sie sich abwandte, um zu gehen, sagte er: »Seien Sie vorsichtig, Katharina. Der Mann, den Sie suchen, hat schon zwei Menschen erschossen!«

Katharina schaute ihn ernst an, dann ging sie.

Als Katharina in den leeren Schalterraum kam, knirschten ihre Schritte genau wie in der Kirche. Auch hier waren die Scheiben zersplittert, aber ansonsten gab es keine Spuren der Schlacht. Sie sah sich um. Trotz der offenen Tür war niemand da.

»Hallo?«

Stille.

»Herr Heidelberger?«

Hinter dem Bankschalter sah sie eine Tür zu einem Nebenraum. Die Tür war geschlossen. Katharina schaute sich um und ging dann zögerlich hinter den Schalter. Die Schubladen hinter dem Bankschalter waren sorgfältig zugeschoben.

Katharina klopfte an die Tür.

Keine Antwort.

Sie drückte auf die Klinke und ging hinein.

»Herr Heidelberger?«

Auch im Büro des Direktors war niemand. Katharina wollte schon wieder gehen, als sie auf der Armlehne des

Ledersessels hinter dem großen Schreibtisch eine Hand sah. Der Stuhl war zur Wand gedreht.

»Hallo? Herr Heidelberger?«

Keine Reaktion. Vorsichtig trat sie näher. Umrundete den Schreibtisch. – Und sah, dass sie zu spät kam.

Katharina hetzte die Straße entlang, schob sich durch die Menschenmenge. Sie musste sich förmlich durchdrängen. Schwarze wie Weiße, Uniformierte wie Zivilisten, aber auch Inder und viele Araber mit langen Gewändern und Turbanen strömten zum zentralen Platz. Jetzt war der Krieg da. Endlich hatte der unselige Zustand der Unsicherheit ein Ende. Endlich konnte man seine Begeisterung umsetzen. Und was für eine Begeisterung! Die erdrückende Übermacht der Briten – noch dazu mit Artillerieunterstützung von See – war zurückgeschlagen worden. Lettow-Vorbeck hatte es geschafft, schnell Verstärkung aus dem Kilimandscharo-Gebiet heranzuziehen. Seine geschickte Taktik machte ihn zum Helden der Kolonie: Er hatte bewiesen, dass sie den Briten die Stirn bieten konnten, dass Deutsch-Ostafrika nicht abseits stehen musste, wenn das Deutsche Reich kämpfte.

Freiwillige wurden an improvisierten Tischen angeworben und bekamen gleich ihre Uniformen. Gewehre wurden begutachtet, mögliche Strategien diskutiert. Was würde Lettow-Vorbeck als Nächstes tun? Was hatte er vor? Darüber gingen die Meinungen auseinander. In einem nur war man sich einig: *So* führt man Krieg!

An einem Mast hing eine Rotkreuzfahne schlaff herunter, der Wind schien in die allgemeine Begeisterung nicht einfallen zu wollen. In dem großen Zelt unter der Fahne hatte die Oberschwester Stellung bezogen.

Auf einer Rednertribüne stand Lettow-Vorbeck – unter einer Reichskriegsflagge und einer grünen mit Koransprüchen – und nutzte die Gunst der Stunde. »Wir haben diesen Krieg nicht gewollt, aber wir nehmen ihn an. England beherrscht die Seewege, also sind wir völlig auf uns selbst gestellt. Deshalb rufe ich jeden Mann auf, sich freiwillig zu melden. Noch heute brechen wir auf, die Grenzen im Norden gegen die Briten zu verteidigen. Niemand wollte glauben, dass wir die erdrückende Übermacht der britischen Kriegsschiffe zurückwerfen, aber wir haben es getan. Und wir werden es auch weiterhin tun. Wir verteidigen unsere Heimat! Wir verteidigen Deutsch-Ostafrika!«

Jubel brach aus, Hüte wurden geworfen. In der ersten Reihe applaudierten besonders begeistert zwei Askaris mit alten Pickelhauben auf dem Kopf.

»Hand in Hand mit unseren arabischen Freunden. Arabische Landsleute! Der Kaiser ist ein Freund der Araber. Er lässt euch seine väterlichen Grüße überbringen und wünscht euch Allahs Segen. Er ruft alle rechtgläubigen Araber auf, sich am Heiligen Krieg zu beteiligen. Am Heiligen Krieg gegen die ungläubigen Briten, Belgier, Franzosen, Russen und Serben! Die den Koran verspotten und die rechtgläubigen arabischen Nationen unterdrücken!«

Lettow fixierte die Araber im Publikum, während er seine Worte in Kisuaheli wiederholte.

»Für Allah und Vaterland!«

Wieder wurde in Kisuaheli übersetzt. Doch das ging schon im Jubel der Araber unter! Sie hatten auch so verstanden und reckten ihre Gewehre und Säbel in die Luft. Ein Mann mit einer grünen Fahne rannte an Katharina vorbei durch die Menge.

»Katharina!« Sie drehte sich um: Sebastian Hofmann in einem seiner perfekten hellen Anzüge.

An einer Hauswand klebten Bekanntmachungen in Deutsch und Arabisch mit der Überschrift: ALLAH STRAFE ENGLAND! Hofmann hatte eins davon abgerissen und gerade gelesen. »So ein Wahnsinn! Das Nachrichtenbüro für den Nahen Osten hat diese Sache mit dem Heiligen Krieg irgendwo in arabischen Schriften ausgegraben. Die wissen doch gar nicht, mit was für einem Pulverfass sie da spielen.«

»Melden Sie sich auch freiwillig?«

»Nein. Glauben Sie, ich beteilige mich an diesem Irrsinn? Ich bin hergekommen, um Vorräte zu kaufen, aber es gibt jetzt schon keine mehr. Kommen Sie zu mir. Sie können bei uns wohnen, bis es vorbei ist.«

Doch Katharina hörte gar nicht richtig zu. Sie sah sich um, während er sprach, und entdeckte schließlich – Richard. Er stand am Anwerbestand und sprach zu einer Gruppe Farmer.

»Ich werde als Schwester arbeiten. Entschuldigen Sie mich.«

Hofmann schaute ihr nach, während sie zu Richard ging und ihn sofort zur Rede stellte. »Wie konntest du Georg in diesen Schmutz hineinziehen?«

Richard zog sie aus dem Kreis der Freiwilligen in eine ruhige Ecke neben einem Zelt. »Wovon redest du?«

»Ich rede davon, dass Höller sterben musste.«

»Fängst du wieder davon an? Das alles ist nicht deine Angelegenheit!«

»Ich rede davon, dass Arne Larson verschwunden ist. Ist er auch tot?«

Richard sparte sich eine Antwort. Er kannte sie ohnehin nicht.

»Und ich rede davon, dass der Bankier sterben musste.«

Plötzlich lag Erstaunen auf seinem Gesicht.

»Ich war gerade in der Bank. Euer Freund Heidelberger ist auch tot.«

Richards Gedanken arbeiteten. Seine Härte und Arroganz bekamen für einen Moment Risse, die Neuigkeit schien ihn zu verunsichern. Doch er hatte sich sofort wieder im Griff. »Eine Menge Leute sind gestorben. Ich weiß nicht, ob du das mitbekommen hast, aber die Briten haben uns angegriffen.«

»Wieder die Briten? Eine britische Kompanie geht in sein Büro – und schneidet ihm den Hals auf?«

Er schwieg. Sie schaute auf sein Bajonett, das er am Gürtel trug. Zwar bemerkte er ihren Blick, doch ging er nicht darauf ein.

»Ich will mit all dem nichts zu tun haben. Und wenn ihr euch alle umbringt! Aber ich will wissen, wer an Georgs Tod schuld ist. Am Tod meines Sohnes.«

»Lass die Finger davon! Du hast keine Ahnung, auf was du dich da einlässt.«

»Ich habe bisher jeden Kampf in meinem Leben aufgegeben. Diesen werde ich nicht aufgeben.«

Sie blickten sich unversöhnlich an, dann wandte Richard sich ab. Er bemerkte Sebastian Hofmann, der abseits stand und sie beobachtete. Doch Richard kümmerte sich nicht weiter darum, sondern ging zu seinen Männern, die den Erklärungen eines Offiziers zuhörten, und übernahm wieder das Wort.

Also gut, von Richard war nichts zu erwarten, dachte Katharina. Er hatte seine Rolle eingenommen, er hatte einen Krieg zu gewinnen, alles andere tat er jetzt als Privatangelegenheit ab.

Katharina ging zum Rotkreuzzelt. In der Menge stand Frau Larson und schaute sie aus harten Augen an. Ihre Blicke begegneten sich, doch Emilia sagte nichts.

In der offenen Front des Rotkreuzzeltes war ein langer Tisch aufgebaut, hinter dem die Oberschwester residierte. Als Katharina vor sie hintrat, blickte sie auf.

»Ich brauche meine erfahrenen Schwestern bei der Truppe. Mir fehlen also Reiseschwestern zur Versorgung der Zivilbevölkerung.«

Katharina nickte. »In Ordnung.«

»Sie bekommen eine Schwestern-Ausrüstung. Aber ich kann Ihnen keine Boys geben. Sie werden es alleine schaffen müssen.«

»Sie wissen, ohne Träger und ohne Begleitung ist es unmöglich.«

»Wir brauchen jeden Träger für die kämpfende Truppe. Es ist Ihre Entscheidung.«

Schließlich nickte Katharina. »Ich werde es alleine schaffen.«

»Gut.«

Die Schwester nahm eine Karte und zeigte mit dem Finger auf das Grenzgebiet zu Britisch-Ostafrika. »Halten Sie sich hier im Norden auf. Zwischen Tanga, Kilimandscharo und Victoriasee. Wegen der Kampfhandlungen rechnen wir vor allem hier mit Problemen für die Farmer und die Eingeborenen. Viel Glück!«

15

Also machte sich Katharina auf den Weg. Sie ging die staubige Straße zwischen den braven deutschen Häusern entlang, die so verloren hier unterm Äquator standen, noch verlorener, seit einige von ihnen so überraschend gefallen waren. Die Tragegurte des Schwesterngepäcks schnitten ihr jetzt schon in die Schultern, das Gewicht des hohen Rucksacks zog sie zurück, als wollte er sie daran hindern, das bisschen Zivilisation dieses Küstenstädtchens zu verlassen und im Nichts der Wildnis unterzugehen. Vom Meer her spürte sie den kühlen Wind, den sie schon in ihren ersten afrikanischen Tagen schätzen gelernt hatte. Ein Stück weit im Landesinneren würde er verschwunden sein. Dort gab es nur noch die Hitze. Wenigstens würde es in den folgenden Trockenmonaten nicht schwül sein.

Katharina marschierte weiter. Sie versuchte, die Gurte zu ignorieren. Sie wollte so schnell wie möglich weg von hier.

Weg von dieser Stadt und ihren Menschen, die den Krieg herbeijubelten.

Am Ortsausgang, wo nur noch die kleinen Hütten der Eingeborenen standen, begann die Straße ins Landesinnere, die sie bisher nur als roten Strich auf ihrer Landkarte kannte. Jener Landkarte, die sie aus Richards Arbeitszimmer mitgenommen hatte, zusammen mit dem Foto des Wasserfalls. Die ihr im Wedding, in den schlimmsten Momenten der Verzweiflung, ein Wegweiser gewesen war: heraus aus dem Elend, hinein in eine neue Welt. Jetzt nahm sie die Karte aus der Tasche ihres Rockes und faltete sie auseinander. Richtig, hier war die Stelle: links die Bananenpflanzungen, rechts der Sisal und geradeaus der kräftige rote Strich der neuen Inlandstraße. Katharina atmete noch einmal tief durch, dann ging sie weiter, voller Angst, was sie erwarten würde. Sie fürchtete nicht ihre Aufgabe. Die Handgriffe einer Schwester waren ihr vertraut, gaben ihr sogar Sicherheit. Wenn sie auf einen Kranken stoßen würde, konnte sie ihm helfen. Das war der klare Teil ihrer Zukunft. Doch alles andere lag im Dunkel.

Plötzlich blieb Katharina stehen. Vor einer Wand aus Blättern und Stämmen und Schlingpflanzen. Die Straße endete bei ein paar kläglichen, von Unkraut überwucherten Erdhaufen, die an eine längst vergessene Baustelle erinnerten. Dahinter nichts als weglos wucherndes Grün. Katharina nahm noch einmal ihre Karte: Die Straße war deutlich eingezeichnet, es musste hier sein!

Aber hier war nichts.

»Diese Straße endet hier, Bibi.«

Katharina drehte sich um: Vor ihr stand ein Schwarzer. Trotz der Hitze trug er einen langen Mantel. Zusammengenäht aus den verschiedensten Stoffen, abgeschossen und fadenscheinig, aber zweifelsfrei ein Kleidungsstück, das Würde und Ansehen ausstrahlte. Sein Kopf wurde beschattet von einem Hut, in dessen Band Vogelfedern steckten.

Der Mann lächelte sie offen an, als würde er sie kennen. Doch Katharina erkannte ihn nicht. Es fiel ihr so schwer, die schwarzen Gesichter auseinanderzuhalten. Es war zum Verzweifeln. Doch dann hob er seine Hände, als ob er ein Gewehr hielte, und ließ sie langsam sinken. Sein weißes Lächeln wurde noch breiter. Jetzt erinnerte sich Katharina: der Askari, der Auge in Auge mit dem indischen Soldaten gestanden hatte.

»Hier gibt es keine Straße.«

»In meiner Karte ist sie eingezeichnet. Eine neue Straße.«

Er zuckte die Schultern: So ist das hier. »Ich kenne den Weg. Geben Sie mir Ihr Gepäck.«

Katharina verstand nicht, was er meinte.

»Ich werde Ihr Träger sein.«

»Ich kann keinen Träger bezahlen.«

»Sie haben mir das Leben gerettet.«

»Nein, das kann ich nicht annehmen.«

»Sie können das nicht tragen!« Er wies auf ihren Rucksack.

»Es wird schon gehen«, erwiderte sie.

»Und da draußen werden Sie sterben. Sie müssen viel lernen. Bis sie gelernt haben, rette ich ein bisschen Ihr Leben!«

Katharina zögerte. Sie wusste, dass er recht hatte.

»Mein Name ist Noah«, stellte er sich mit einem Lächeln vor.

»Ich bin Katharina«, erwiderte sie und reichte ihm die Hand. Er schaute auf die weiße Hand, die ihm entgegengehalten wurde. Nie zuvor hatte er eine solche Hand berührt. Zwischen seiner schwarzen und ihrer weißen Hand lag eine unsichtbare, aber umso mächtigere Grenze. Die Weißen hatten ihm oft genug gesagt, seine Hand sei schmierig. Sie hatten es ihm so oft gesagt, dass ihm die Vorstellung selbstverständlich geworden war. Der Gedanke, ihre reine Hand zu berühren, war ihm unangenehm. Doch in ihren Augen sah er nichts von diesen Bedenken. In ihrem Blick lag nicht einmal die Spur von Trotz, ein Tabu zu verletzen. Da war nichts weiter als eine freundliche, klare Einladung, ihrer beider Abmachung zu besiegeln. Also streckte er seinen Arm aus und spürte, wie sie seine Hand drückte. Einfach so.

Und so marschierten sie gemeinsam weiter: Noah mit dem Gepäck voraus, mit sicherem Schritt, einen Stab in der Hand, der ihm die verschiedensten Dienste leistete, und Katharina hinter ihm her.

Bald hatten sie den Schatten der Bäume hinter sich gelassen und zogen über offenes Land. Der Pfad wand sich schmal und verloren durch die endlose Weite. Ab und zu zog die sanfte Welle eines Windstoßes durch das hohe Gras, dann lag wieder alles still unter der Sonne. Nur zwei kleine Schatten bewegten sich unendlich langsam auf den Horizont zu.

Katharina hatte sich Sorgen gemacht, wie es wohl sein würde, wenn sie zum ersten Mal in eines der Dörfer käme. Alleine auf sich gestellt und ohne Franz Lukas. Wie sie die Kranken fand, wie sie die Menschen davon überzeugen konnte, ihr zu vertrauen. Doch als sie das erste Dorf erreichten, sah sie, dass ihre Sorge völlig unbegründet war. Die Kinder kamen ihr entgegengelaufen und bildeten hinter ihr ein lärmendes und lachendes Fahrwasser, und als sie zwischen den Lehmhütten auf den großen Dorfplatz trat, stand da schon eine Schlange. Mitten auf dem Platz, als ob dort ein unsichtbares Wartezimmer an ein unsichtbares Behandlungszimmer grenzte, standen sie in einer Reihe und sahen ihr geduldig entgegen. Sie hatten längst gewusst, dass sie kam.

Am Rande des Platzes stand ein Baum. Ein alter Koloss, der einzige weit und breit. Katharina breitete in seinem Schatten ihre weiße Decke auf dem Boden aus, einen Klapptisch wie Franz hatte sie nicht. Doch als sie erwartungsvoll zu den Wartenden hinübersah, kam niemand näher. Die kleine Schlange blieb dort stehen, wo sie stand. Katharina machte eine einladende Geste. Doch noch immer näherte sich niemand.

»Warum kommen sie nicht her?«

Noah ging zu den Leuten und wechselte ein paar Worte mit ihnen. Dann kam er zurück. »Hier ist nicht der richtige Platz. Da drüben hat der letzte Arzt seinen Tisch aufgestellt.«

Und wieder das gleichgültige Heben seiner Schultern: So ist das hier.

Kurz darauf stand sie bei den Menschen in der prallen Sonne. Noah hatte aus Ästen und Erde eine Art Podest gebaut, der einen Tisch vorstellte. Denn ein Tisch musste sein. Katharina notierte zwei Fälle mit Verdacht auf Schlafkrankheit, die sie trotz des Kriegsgeschehens gewissenhaft im nächsten Lazarett melden musste. Sie reinigte und versorgte kleinere Wunden und untersuchte zwei Kinder mit Durchfall, die anscheinend etwas Verunreinigtes gegessen hatten.

So ging ihre Reise weiter, von Dorf zu Dorf; vielen konnte sie helfen, manchen nicht, denn ihre Mittel waren sehr begrenzt. Einige schickte sie ins Krankenhaus, vorausgesetzt auf ihrer Karte war eines in erreichbarer Nähe eingezeichnet.

Vor allem aber besuchte sie die Farmen der deutschen Siedler. Die meisten der Frauen waren jetzt mit ihren Kindern alleine, gelegentlich mit einem Dienstmädchen als Aushilfe, meist schwerfällige, scheue Mädchen aus Pommern oder Niederbayern, aus dem Saarland oder aus einem schmalen Tal im Schwarzwald. Die Mädchen, wenn sie überhaupt etwas sagten, sprachen Dialekte, die man nur schwer verstehen konnte. Sie waren der Armut und der schweren Arbeit in ihren Heimatdörfern entflohen, nur um hier in der Kolonie neue Armut und noch schwerere körperliche Arbeit zu finden. Und die Einsamkeit dieses unfassbaren Kontinents, die für viele so schwer zu ertragen war. Auf den Farmen wurde tagtäglich ums Überleben gekämpft. Wem es gelungen war, in dem trockenen Boden mit viel Mühe ein paar Rüben oder Bohnen wachsen zu lassen, fand sein Feld am Morgen oft von wilden Warzenschweinen verwüstet. Gekocht wurde meist auf gemauerten Herden im Hof, um die hölzernen Hütten nicht noch mehr aufzuheizen. Hilfsmittel gab es kaum, nur die besonders Glücklichen besaßen einen Ochsen für die Feldarbeit. Und über allem hing immer ein tückischer Hauch von Malaria, die Kinder oder Erwachsene plötzlich mit Fieberschüben packte und oft tötete.

Katharina und Noah bekamen meist auf den Farmen etwas zu essen, saßen an Tischen, an denen die Männer fehlten, weil sie sich freiwillig zum Krieg gemeldet hatten. Beim Abschied nahm Katharina gelegentlich ein paar Mohrrüben oder etwas Mehl aus den rauen Händen der Farmerin an, woraus Noah in den Tagen der Wanderungen am Lagerfeuer einfache Mahlzeiten bereitete. Sie schliefen unter freiem Himmel, nah am Feuer, meist nur ein Moskitonetz oder die kleine Zeltplane über Katharinas Decken aufgespannt. Bevor Katharina in einen erschöpften Schlaf fiel, lag sie oft wach und schaute hoch zu den Sternen.

Anfangs hatte Katharina Angst gehabt, dass sie an ihren langen einsamen Tagen zu viel über ihr vergangenes Leben grübeln würde. Dass sie sich mit Zweifel und Bedauern quälen würde, mit »was wäre, wenn« und »hätte ich doch damals nur«. Doch schon bald rückte ihr altes Leben in so unglaubliche Ferne, dass es ihr zunehmend schwerfiel, es mit sich selbst in Verbindung zu bringen: ihre Wohnung in Berlin mit all den schönen Dingen, von denen sie sich nie hätte trennen können, ihre gesellschaftlichen Verpflichtungen mit der erdrückenden Abendgarderobe, das Zusammensein mit

Richard, ihre Freundinnen, Martha – all das erschien ihr jetzt wie ein Roman, den sie für ein paar Wochen durchlebt und dann wieder beiseitegelegt hatte. Ihre Tage waren so erfüllt von dem ruhigen Rhythmus der Wanderungen, der Krankenbesuche, der Mahlzeiten und Nächte am Feuer, dass sie kaum noch an früher denken konnte.

Doch eine Erinnerung traf sie immer wieder mit furchtbarer Wut und ohne dass sie sich vor ihr schützen konnte: Georg. Ihr Sohn, der jetzt in dieser fremden Erde begraben lag. Der sich in seinen letzten Momenten auf dem Rücken gewunden hatte und zum letzten Mal in den Himmel gestarrt hatte, in den auch sie Tag für Tag schaute. Dessen Leben vorbei war. Den sie so sehr geliebt hatte und der ihr im Grunde als Einziges Halt und Gleichgewicht geschenkt hatte. Was wäre, wenn ... Wenn sie Richard nie verlassen hätte ... Wenn sie nie nach Afrika gegangen wäre ... Wenn sie für ihn da gewesen wäre ... Er hatte in den Himmel gestarrt, voller Entsetzen und Angst. Seine Augen hatten sich an ihrem Gesicht festgehalten, hatten im letzten Augenblick Trost darin gefunden, aber keine Rettung.

Und dann stieg der Hass in ihr auf. Kroch mit seinen widerwärtigen Windungen in jeden Winkel ihres Körpers und verdrängte alles andere. Presste es so mächtig aus ihr heraus, dass sie sich manches Mal tatsächlich übergeben musste, bevor sie sich in langen Nächten auf ihrer Decke wälzte und nichts anderes wünschen konnte, als endlich dem Mann in die Augen zu sehen, der Georg das angetan hatte. Die Zeit würde kommen. Sie wusste es. Sie durfte nur nicht aufgeben.

16

Katharina saß im warmen Abendlicht, das den Sonnenuntergang ankündigte, am Feuer und beobachtete Noah, der Kräuter sortierte. Vorhin war er zwei Stunden lang verschwunden gewesen und anschließend mit einem Tuch, das er zu einem Beutel geknotet um die Schulter getragen hatte, wieder aufgetaucht. Schon während ihrer Wanderschaft hatte er sich immer wieder gebückt, um ein grünes Büschel oder ein paar Früchte abzureißen oder auch eine Wurzel mit seinem Stock auszugraben. Wortlos verschwanden die Pflanzenteile dann in seinem Beutel. Jetzt sortierte er die Kräuter auf dem ausgebreiteten Tuch sorgfältig zu schmalen Büscheln und kleinen Häufchen. Katharina trank einen Schluck von ihrem Tee und beobachtete sein ruhiges, konzentriertes Gesicht.

»Warum kämpft ihr für die Deutschen?«

Er schaute nicht auf, zuckte nur mit den Schultern. »Weil der Bwana Kaisari es befohlen hat.«

»Ihr habt den Kaiser nie gesehen. Er lebt weit weg.«

Er ließ ein paar trockene Beeren aus seiner Hand auf eins der Häufchen fallen und schob es mit dem kleinen Finger gewissenhaft zusammen. »Die Askaris sind angesehene Männer, sie tragen Uniformen. Sie gehören zur deutschen Truppe. Sie haben eigene Boys. Wenn ein Askari in ein Dorf kommt und ein Lager für die Nacht fordert, bekommt er die beste Hütte. Das beste Essen. Das schönste Mädchen.«

»Und trotzdem bist du weggelaufen?«

Noah antwortete nicht. Er band mit einem langen Halm eine Handvoll Gräser zu einem Büschel zusammen.

»Was sind das für Kräuter, die du gesammelt hast? Erklärst du mir ihre Wirkung?«

Jetzt schaute er auf. Dann lächelte er sie an und nickte.

Die Frau krümmte sich unter einem schmerzhaften Hustenanfall in ihrem Bett zusammen. Sie hieß Anna und hatte bereits graue Haare, obwohl sie noch nicht alt war. Ihr Mann war bei den Truppen, und ihr Sohn, der vielleicht sieben Jahre alt sein mochte, hockte drüben an der anderen Wand des kleinen Raumes auf seinem Bett unter einem kleinen Kunstdruck, der eine saftige Almwiese und schroffe Alpengipfel zeigte. Er schaute misstrauisch zu Katharina herüber, die Annas Brust abhorchte. Sie hatte längst den typischen graubraunen Hautausschlag erkannt, der die Diphtheriekranken zeichnete. Es war kaum noch Kraft in der Frau, sie quälte sich mit einem neuen krampfhaften Hustenanfall. In ihrer Reiseapotheke gab es nichts, womit sie der Frau helfen konnte. Sie war heute früh auf die Farm gekommen und hatte den Jungen bei seiner Mutter am Bett gefunden. Er hatte ihr zu essen gegeben, solange sie noch schlucken konnte, dann löffelweise Wasser, und er hatte ihr fiebriges Gesicht mit einem Tuch trocken getupft.

Jetzt schaute er aus dunklen Augen zu Katharina herüber. Er schien zu wissen, was passieren wird. Katharina setzte sich zu ihm.

»Wir wollen sie in Ruhe schlafen lassen.« Katharina nahm den Jungen auf den Arm und trug ihn hinaus. »Wie heißt du?«

»Ich heiße Anton, wie mein Vater.«

Später saß Katharina mit Noah am Feuer. Anton schlief an eine Decke geklammert unter Katharinas Moskitonetz. Noah schnitzte im Schein des Feuers aus einem kleinen Stück Holz einen Löwen.

»Der Junge darf nicht mehr zu ihr. Die Diphtherie ist ansteckend. Ich hoffe, es ist nicht schon zu spät.«

»Er ist gesund. Wird sie auch wieder gesund werden?«

»Ihr Herz scheint schon in Mitleidenschaft gezogen zu sein. Sie braucht schnellstens ein Antitoxin, sonst ist sie nicht zu retten.«

Katharina nahm die Landkarte aus ihrem Rucksack, faltete sie auseinander und schaute eine Weile darauf. »Hier ist eine Diamantenmine eingezeichnet.«

»Die Weißen haben Diamanten gesucht, aber nie welche gefunden.«

»Sie ist aber hier eingezeichnet. Als ich noch in Berlin war, habe ich Fotos gesehen. Eine große Mine mit mehreren Schächten, mit Arbeitshäusern, einem Verwaltungsgebäude und Dutzenden von Arbeitern.« Sie hielt Noah die Karte hin. »Wie weit mag das von hier aus sein?«

»Ein Tagesmarsch. Aber ich glaube nicht, dass da eine Mine ist.«

»Wenn es die Mine gibt, dann haben sie dort eine Krankenstation. Und da gibt es Antitoxin. Ich werde hingehen und welches holen.«

»Wenn ich gehe, bin ich schneller.«

»Sie würden dir nichts geben.«

Noah nickte. Er wusste, dass sie ihm nichts anvertrauen würden. Einem Schwarzen! Katharina wühlte in ihrem Rucksack und zog die Reithosen hervor, die sie bei Sebastian Hofmann bekommen hatte. Sie hielt sie vor sich. Noah schaute sie erstaunt an. Sie wollte doch wohl nicht diese Männerkleider anziehen? Nie zuvor hatte er eine Frau mit diesem Kleidungsstück gesehen. Er schüttelte den Kopf: Diese Weißen wird er nie begreifen.

Als die Sonne aufging, war Katharina bereits unterwegs. Sie hatte Noah Anweisungen gegeben, wie er Anna pflegen sollte, und ihm noch einmal eingeschärft, den Jungen nicht mehr zu ihr zu lassen. In ihrem Rucksack trug sie nur das Notwendigste für zwei Tage. Jetzt schon klebte er an ihrem Rücken, denn mit den ersten Sonnenstrahlen verschwand die Frische der Nacht. Katharina trug die Hosen, die zum Laufen so viel praktischer waren, und hatte sich über den Ärmel ihrer weißen Bluse die Rotkreuzbinde ihres Schwesternkleides gestreift. Sie wanderte schnell und beständig, immer getrieben von dem Gedanken an die todkranke Frau. Als sie einen Hügel hinablief, glitt sie im Staub aus, rutschte im Sitzen weiter und rappelte sich erst unten wieder auf.

Plötzlich blieb sie abrupt stehen: Vor ihr stand ein großer alter Feigenbaum, der seine eigenwilligen Äste achtlos in die Breite wachsen ließ. Zwischen den verworrenen Wurzeln lagen Grasbüschel, denn die Massai verehren diesen Baum als heilig und gehen nicht an ihm vorbei, ohne ein Büschel des für sie so wertvollen Grases an seinen Stamm zu legen. Doch in der weiten Krone des Baumes hingen nicht seine eigenen Früchte, sondern Früchte des Krieges: fünf leblose Körper, die Schwärze ihrer Haut grau vom Staub und die Gesichter eingefallen und trocken über die Knochen gespannt. Katharina wusste, dass die Truppen – britische wie deutsche – kurzen Prozess machten, wenn ein Eingeborener ihnen nicht half oder sogar für den Feind arbeitete. Die Betreffenden wurden am nächsten geeigneten Baum aufgehängt und dort hängen gelassen, bis sie irgendwann von selbst herabfielen. Doch es war das erste Mal, dass Katharina mit eigenen Augen diese Gehenkten sah. Sie starrte in die Gesichter der fünf, sah ihre leeren Augenhöhlen und die weißen Zähne, über denen sich die zersprungenen Lippen spannten. Schließlich riss sie sich von dem Anblick los und hetzte weiter.

Mittags verkroch sie sich für eine Weile in den Schatten einiger Felsen, die sie zuvor sorgfältig nach Schlangen abgesucht hatte, und schlief mit dem Kopf auf ihrem Rucksack. Beim Aufwachen wusste sie nicht, wie lange sie geschlafen hatte, doch es konnte nicht lange gewesen sein, denn die Schatten der Felsen waren nicht viel größer geworden. Trotzdem stand sie auf, schüttelte die schmerzenden Beine aus, schwang sich den Rucksack auf den Rücken und marschierte weiter. Vor ihr tauchte eine schmale Hügelkette auf, die sie auf der Karte bereits gesehen hatte.

Iris Berben am Set von „Afrika, mon amour“

Martha von Strahlberg (Catherine Flemming) weiß keinen Ausweg mehr.

Katharina von Strahlberg (Iris Berben) und ihr Mann Richard (Robert Atzorn)

Georg (Benjamin Strecker) erfährt von der Trennung seiner Eltern.

Arne Larson (Thorsten Mertens) bietet Katharina (Iris Berben) seine Unterstützung an.

Mit Tanja (Bettina Zimmermann, links) auf dem Schiff nach Afrika

Katharina (Iris Berben) mit dem Arzt Dr. Franz Lukas (Matthias Habich)

Es herrscht Krieg. Briten und Deutsche liefern sich blutige Gefechte.

Katharina (Iris Berben) in Lebensgefahr

Katharina (Iris Berben) soll gehängt werden.

Am Grab ihres Sohnes

Katharina (Iris Berben) und der britische Offizier Victor March (Pierre Besson) – werden die Liebenden einander wiedersehen?

Bald ragten die dicht bewachsenen Abhänge auf ihrer rechten Seite auf, viel steiler, als es aus der Ferne ausgesehen hatte. Und dann versperrte ein Bach ihr den Weg. Von den Hügeln kommend floss er hier im flachen Land träge und still im Schatten der Bäume. Katharina überlegte, ob sie ihre Schuhe ausziehen sollte, um das Wasser zu durchwaten. Doch sie wusste nicht, was sich auf dem Grunde solcher Wasser verbarg. Vielleicht Stacheliges, Scharfes, Giftiges, vielleicht nur Ekelhaftes, vielleicht aber auch Gefährliches. Sie entschied sich dafür, die Schuhe an den Füßen zu behalten, beim Laufen würden sie schon wieder trocknen. Langsam ging sie in das beinahe laue Wasser und stand schon bald bis zur Hüfte darin. Blätter trieben an ihr vorbei, Moskitos tanzten über die Wasserfläche. Plötzlich hielt sie inne und horchte. Erst hier, in der Mitte des Bachs, war es zu hören: aus der Ferne, die Biegungen des Wasserlaufes herab und beinahe genauso träge wie das Wasser um sie herum, ein leises Rauschen. Es klang unregelmäßig, vielleicht wegen des Windes, der über die Kronen der Bäume strich. Ungleichmäßig und launenhaft, beinahe wie ein Flüstern. Katharina wollte schon weitergehen – ihre Erschöpfung ließ keinen Umweg zu –, doch sie blieb stehen und schaute den kleinen Fluss hinauf. Irgendetwas flüsterte von dort zu ihr, sie konnte nichts verstehen, doch von diesem Flüstern ging eine Verlockung aus, die sie unruhig machte.

Katharina watete zum Ufer, wo das Wasser flach war und der Grund deutlich zu sehen. Hier wandte sie sich den Hügeln zu und folgte dem Wasserlauf. Kletterte über einen Baumstamm, der ins Wasser gestürzt war, watete um einige große Felsen, und plötzlich stand sie davor: der Wasserfall! Sie erkannte ihn sofort wieder: Einen feinen weißen Nebel versprühend, stürzte er über mehrere Stufen die Felsen herab und wurde von hervorstehenden Steinen in einzelne Arme getrennt, die sich weiter unten wieder zu einem breiten Schleier vereinten. Wild und aufgewühlt stürzte das Wasser in einen tiefen Topf, wallte wieder an die Oberfläche und beruhigte sich mehr und mehr, je weiter es sich von seinem Sturz entfernte, bis es Katharina müde und schwer entgegenströmte. So oft schon hatte sie sich in der Betrachtung dieses Wasserfalles verloren, dass sie keinen Moment gezweifelt hatte: Es war der Wasserfall von dem Foto, das sie damals in Berlin aus Richards Zimmer mitgenommen hatte und das sie seither immer bei sich trug. Das Foto, das ihr zum ersten Mal von Afrika erzählt hatte. Das diese Sehnsucht in sie gepflanzt hatte, mit eigenen Augen zu sehen und die feinen Wassertröpfchen auf der eigenen Haut zu spüren. Katharina legte ihren Rucksack auf einen trockenen Stein. Und im selben Moment, als sie den Rucksack von ihren Schultern streifte, wusste sie, was sie tun wollte: schwimmen. Wie sie es als Mädchen getan hatte, damals in der Sommerfrische, wenn sie vom Sommerhaus weggelaufen war, wo die Mutter und das englische Kindermädchen Mittagsschlaf hielten und glaubten, Katharina schliefe ebenfalls. Doch sie dachte nicht daran, zu schlafen. Sie lief fort, durch die schattigen Wälder, bis zu ihrer Lieblingsstelle: einem der zahllosen kleinen Seen, zu dem noch nicht einmal ein Weg führte und den vielleicht niemand kannte. Dort hatte sie sich ihr weißes Kleid ausgezogen, sorgsam darauf achtend, dass es beim Ablegen nicht schmutzig wurde, und war ins kalte Wasser gestiegen. In das Wasser, das so geheimnisvoll und unter ihren strampelnden Beinen so unheimlich war. Sie war immer eine gute Schwimmerin gewesen, heimlich, denn ihre Eltern hätten das Schwimmen nie gestattet – aus Angst, dass sie unschöne Schultern bekam, und natürlich weil es sich nicht schickte.

Katharina wollte dieses Wasser spüren: wie ihr Körper schwer und kühl umschlossen wurde, wie sie sich mit Armen und Beinen vorwärts schob, den feinen Nebel auf ihrem Gesicht, und wie es schließlich wuchtig in ihre offenen Hände prasselte. Sie wollte dieses Wasser spüren, seit sie das Foto zum ersten Mal in der Hand gehalten hatte.

Katharina schlug sich mit der flachen Hand auf den Hals. Wieder hatte ein Moskito zugestochen. Jetzt erst merkte sie, wie sie umschwirrt wurde. Katharina riss sich von ihren Gedanken los. Keine Zeit für Träume. Anna kämpfte in ihrer Hütte um ihr Leben, also musste Katharina so schnell wie möglich zu ihr zurück. Sie wollte diese Frau um keinen Preis verlieren. Später würde sie hierher zurückkehren. Irgendwann.

Das letzte Stück des Weges ließ Katharina ahnen, dass diese Reise in einem Albtraum enden würde. Der lichte Wald, durch den sie weitergehen musste, bestand nur aus schmalen, ungesunden Stämmen, die zwischen Tümpeln, Teichen und morastigen Mulden in so feuchtem Boden wurzelten, dass Katharina den Eindruck hatte, die Heimat aller Stechmücken gefunden zu haben. Wütend wurde sie verfolgt und bedrängt, mehrere Male nahm sie einen Umweg, weil vor ihr wieder eine tanzende Wolke auf sie wartete. Sie rochen ihr Blut, das sie sich in winzigen Portionen holten. Wieder und wieder. Ein schmaler Bach wand sich durch das Gehölz, verband die Tümpel miteinander und zerschnitt den festen Boden in unzählige schmale Inseln, die, wenn man ihnen folgte, plötzlich wieder in einem schwarzen Wasser versanken. Plötzlich stutzte sie. Jemand sang! Durch den endlosen Wald klang ihr eine Männerstimme entgegen. Jemand sang laut und fröhlich: »Froh zu sein bedarf es wenig, und wer froh ist, ist ein König.« Katharina setzte sich wieder in Bewegung. Nur noch diesen flachen Hügel hinauf! Mühsam stemmte sie ihre Beine in den weichen Boden. Als sie oben war, blieb sie schockiert stehen. Vor ihr breitete er sich aus: der Albtraum.

Der gesamte Abhang war mit Löchern übersät. Die Bäume, die hier einmal gestanden haben mochten, waren verschwunden. Nur hier und da krallte sich ein Baumstumpf an den Schlamm, schief und verkrüppelt, mit den Wurzeln halb in eine Grube gerutscht. Löcher ohne jeden Sinn und

Plan. Manche so groß, dass ein Pferd nicht mehr herausgekommen wäre, andere so schmal, dass gerade ein Mann hineinkriechen konnte. Löcher neben dem Bach, halb voll Wasser gelaufen, Gräben im ansteigenden Gelände und kleine Stollen, wo der Abhang steiler wurde. Dazwischen Hügel, Erdhaufen, Schlamm, Morast und Dreck. Es stank nach fauliger Verwesung, und mitten in all dem wässrigen Unrat balancierte zwischen den Gruben auf einem schmalen Grat eine roh gezimmerte Hütte.

Aus einem der Löcher flog eine Ladung Dreck. Dort unten stand ein bärtiger Mann, genauso schlammig wie der Boden ringsum, und arbeitete. Er grub und sang aus vollem Halse. Inzwischen war sein Lied nahtlos übergegangen in »Hoch auf dem gelben Wagen«.

Katharina trat zwischen den Bäumen hervor und ging zu ihm hinunter. Auf dem Schlamm kam sie mehrmals ins Rutschen, doch schließlich stand sie über ihm.

»Entschuldigung.«

Der Mann hörte auf zu singen und blickte zu ihr auf. Sein Bart war steif und verklebt vom Schlamm, doch seine gelben Augen schwirrten zwischen den braunen Falten seiner Augenlider hin und her wie Moskitos. Er betrachtete Katharina von oben bis unten. Dann setzte er seinen fröhlichen Gesang fort: »Horch, was kommt von draußen rein, hollahi, hollaho, wird wohl mein Feinsliebchen sein …« Er grinste.

»Ich suche die Diamantenmine.«

Unten in seiner Grube wies er mit beiden Armen um sich. »Bitte sehr! Die erste und größte – und ich darf wohl sagen – bedeutendste Diamantenmine Deutsch-Ostafrikas!«

Katharina schaute sich noch einmal um, als ob sie irgendeinen Hinweis übersehen hätte, der ihr weiterhelfen konnte. »Nein, ich meine, wo ist die Zentrale? Die Verwaltung?«

»Ha!«, rief der Mann nur und rammte seinen Spaten in den Boden. »Werte Dame, ich bin die Zentrale. Ich bin die Verwaltung. Ich bin der Prospektor.«

Katharina schüttelte abwehrend den Kopf: Nein, das darf nicht wahr sein. Ihr wurde klar, dass es wirklich keine Mine gab. Dass es nichts gab als diesen wahnsinnigen alten Mann. Nichts als wässrige Löcher im Dreck, in die Moskitos ihre Eier legten. »Es gibt keine Mine.«

»Keine Mine? Und was bitte ist das hier? Ich werde Diamanten finden. Schauen Sie!« Er fischte ein Ledersäckchen, das ihm um den Hals hing, unter seinem Hemd hervor und zog es auf: Ein paar winzige Splitter glitzerten darin wie die Schweißtropfen auf der Stirn eines Fiebernden. »Ist das etwa nichts? Auch wenn die anderen aufgegeben haben: Ich werde noch mehr finden!«

Er schloss das Säckchen wieder sorgfältig und stopfte es unter sein Hemd. Dann versuchte er, die schmierigen Wände hochzuklettern. Aber er rutschte nur aus, glitt mit Händen und Füßen ab und kam kein bisschen höher. »Ha! Schon wieder! Das kommt davon, wenn man zu tief gräbt. Reichen Sie mir mal die Hand, Gnädigste.«

Katharina schaute sich noch einmal um. Die Erschütterung raubte ihr die letzte Kraft. Kein Zweifel: Ihr Marsch war umsonst gewesen! Hier gab es nichts. Nichts als Krankheit und Irrsinn. Langsam taumelte sie rückwärts.

»He, wohin?« Der Alte wies auf ihre Armbinde. »Sie sind Krankenschwester. Ich habe da so ein Reißen im Unterleib. Vielleicht schauen Sie mal nach.«

Katharina drehte sich um und floh.

»Ha! So bleiben Sie doch stehen!«

Und während sie zwischen den schmalen Bäumen zurückstolperte, während die schwarzen Wasserlöcher unter ihren Füßen aufspritzten, blieb sein Singen weiter und weiter zurück: »Im Frühtau zu Berge wir ziehn, fallera ...«

Es war bereits dunkel, als Katharina sich immer noch abmühte, ein Feuer zu entfachen. Es hatte immer so leicht ausgesehen, wenn einer der Männer aus dem trockenen Holz eine Flamme schlug, Dr. Lukas oder Noah oder Victor.

Victor ...

Jetzt war sie zum ersten Mal bei Einbruch der Nacht alleine in der Wildnis. Sie wusste um die Gefahren, sie wusste, wie wichtig ein Feuer war, sie wusste, was passieren konnte, wenn sie ohne Feuer schlief, hier auf dem Boden, denn der Duft ihres Fleisches lockte nicht nur Moskitos an. Trotzdem gab sie irgendwann auf; sie brachte das Feuer nicht zum Brennen. Ihre Hände zitterten vor Hunger und Erschöpfung, sie schwitzte und fror zugleich. Also wickelte sie sich in ihre Decke und schlief trotz der vielen beunruhigenden Nachtgeräusche sofort ein. Sie hörte nicht einmal mehr, wie weit, weit in der Ferne Schüsse und Explosionen verhallten und eine rote Leuchtrakete in den Himmel stieg und verglühte.

Die Farm lag wie ausgestorben auf der dämmrigen Lichtung, als Katharina zwischen den Bäumen hervorstolperte. Sie hätte nicht sagen können, wie sie es bis hierher geschafft hatte, sie war den ganzen Tag gewandert, ohne Pause. Und jetzt – kein Lebenszeichen. Katharina stand auf der Lichtung und starrte die Hütte an. Sie wusste nicht, wie lange sie so gestanden hatte. Schließlich öffnete sich die kleine Tür und Noah schaute heraus. »Bibi Katharina!« Er lief ihr entgegen.

»Wie geht es ihr?«

»Kommen Sie schnell!« Er nahm ihr den Rucksack ab und ließ ihn achtlos auf den Boden fallen, während sie schon in die Hütte lief. Drinnen war es düster. Anna lag in ihrem Bett, nicht bei Bewusstsein, und atmete röchelnd und schwer. Anton hockte bei ihr und betupfte ihre Stirn mit einem feuchten Tuch. Katharina schaute ihn schockiert an. »Ich habe doch gesagt, er darf nicht zu ihr! Diphtherie ist ansteckend!«

Noah schaute sie offen und aufmerksam an, bereit, auf ein Zeichen von ihr alles zu tun. Aber offenbar wusste er nicht, was sie meinte. Katharina sah in seinen Augen nicht das geringste Schuldgefühl oder auch nur Bedauern. Da war wieder dieser unsichtbare Graben zwischen ihnen. Seine Vorstellung von einer Krankheit hatte nichts mit Katharinas Vorstellung zu tun. Er wusste nichts von Viren und Bakterien, von Tröpfchen und Hygiene, sie dagegen ahnte nichts von Geistern und Schuld, von Giften und Gegengiften, von guten und bösen Kräften. Und war der Junge nicht eine gute Kraft, die helfen konnte, die Stärke der gesunden Körperteile der Frau auf ihre kranken zu übertragen und die Heilung zu beschleunigen?

Katharina sagte nichts weiter. Jetzt war es ohnehin zu spät. Sie prüfte den Puls, und noch bevor sie Anna eingehender untersucht hatte, wusste sie, dass es zu spät war.

Das Röcheln hörte bald auf. In dem kleinen hölzernen Raum, den Anna mit einfachsten Mitteln wohnlich gemacht hatte, herrschte Stille.

Anton starrte seine Mutter an. Noch begriff er nicht, was geschehen war. Sein Blick suchte Hilfe bei Katharina. Doch sie war so erschöpft, dass sie keinen klaren Gedanken mehr fassen konnte. Also schaute sie ihn nur mitleidig an.

Als sie Anna am Waldrand begruben, ging es Katharina noch immer nicht besser. In Gedanken war sie weiterhin auf der Wanderschaft, stolperte vorwärts, versuchte das Gleichgewicht zu bewahren, nur weiter, immer weiter! Anton stand vor ihr und schaute Noah zu, der mit einem Spaten Erde auf die in ihr Bettlaken eingewickelte Frau schaufelte. Katharinas Hände lagen auf Antons schmalen Schultern, und es war nicht klar, ob sie ihn stützte oder er sie.

17

Katharina kämpfte lange Zeit mit der Krankheit. Der erste Schub war der schlimmste. Noah glaubte, sie würde sterben. Die weißen Frauen schienen ihm nicht sehr widerstandsfähig. Da sich in Katharinas Gepäck kein Chinin mehr fand, musste sie die Malaria alleine bekämpfen. Doch ein solches Fieber konnte sie unmöglich überleben! Anton wich nicht von ihrer Seite. Er wusch ihr Gesicht, wie er es bei seiner Mutter getan hatte, er fütterte sie, er gab ihr zu trinken, vorsichtig, schluckweise. Er wachte bei ihr und er schlief bei ihr. Abgesehen von seinem Vater, der irgendwo in der Weite dieses Landes einen aussichtslosen Krieg führte und inzwischen vielleicht schon den Strapazen erlegen war, hatte Anton nichts mehr auf dieser Welt als Katharina. Er klammerte sich an sie und ließ das bisschen Leben, das noch in ihr war, nicht mehr los.

Als sie nichts mehr zu essen hatten, musste Noah losziehen und etwas besorgen. Er ging zu Anton. »Kannst du alleine bleiben?«

Anton schaute Noah voller Angst an. »Wird sie auch sterben?«

»Sie ist stark. Und du bist auch stark.«

Nachdem Noah im Laufschritt zwischen den Bäumen verschwunden war, setzte Anton sich neben Katharina, schob sein angewinkeltes Bein unter ihren Kopf und setzte den Becher an ihren Mund – die immer gleiche Prozedur, die er so gut beherrschte –, doch sie trank nicht mehr. Also tunkte er einen Lappen ins Wasser und steckte ihr einen Zipfel zwischen die Lippen. Er bemerkte, dass sie etwas zu sagen versuchte, und hielt sein Ohr nah an ihren Mund. »Rucksack …«, konnte er verstehen. »Schachtel …« Er lief zu ihrem Rucksack und fand darin eine kleine Holzschachtel. In der Schachtel lag ein kurzer, kräftiger, silbrig schimmernder Zweig eines Baobabs. Er hatte keine Ahnung, was sie damit wollte, aber er brachte ihn ihr. Sie bemerkte nicht, dass er zurückkam, also nahm er ihre Hand und schloss die dünnen Finger um den Zweig. Katharinas Faust presste sich zusammen, bis ihre Knöchel weiß wurden.

Als Noah zwei Tage später die Hütte wieder betrat, war es totenstill. Ein einzelner Lichtstrahl fiel zum Fenster herein und verstärkte nur noch den Eindruck der Dunkelheit. Katharina lag auf dem Bett wie aufgebahrt. Leichenblass, die Haut trocken, kein Schwitzen, keine Regung, kein Atmen. Zu ihren Füßen lag ebenso reglos der Junge, zusammengerollt wie ein junger Hund. Noah ging voller Angst auf sie zu. »Bibi ... Bibi Katharina ...« Als er sie berührte, öffnete sie die Augen. Sie schaute sich müde und suchend um. Und als sie die Hand öffnete, lag darin der Zweig. Der Trieb von Victors Baobab.

Victor war schon lange nicht mehr am Baobab gewesen. Der Krieg hatte auch sein Leben auseinandergerissen und neu zusammengeflickt. Nur eine seiner Gepflogenheiten hatte er aus dem Frieden herübergerettet: Niemand wusste genau, wo er war, außer ihm selbst.

Anfangs war er genauso überrascht über die Erfolge des Feindes und die beispiellose Taktik Lettow-Vorbecks gewesen. Der Deutsche war nie dort, wo man ihn erwartete, und er wechselte mit seinen wenigen Männern unglaublich schnell die Stellungen. Victor hatte durchgesetzt, dass man ihn hierher ins deutsche Gebiet gehen ließ, wo er sich gründlich umschaute und wie sein Gegner zu denken lernte.

Durch sein Fernglas beobachtete Victor von einem Hügel aus die öde Landschaft: Hügel, Furchen, Täler, trockene Wasserläufe, in der Ferne Wälder.

Hinter ihm lagerte seine kleine Einheit: drei Briten und ein paar Massai-Krieger. Die Männer aßen. Einer der britischen Soldaten, ein kräftiger Mann mit Backenbart, brachte Victor auch einen Teller.

»Danke, Morrison.«

Der Mann setzte sich neben Victor und schaute ihm eine Weile beim Essen zu. Endlich sagte er, was er auf dem Herzen hatte: »Worauf warten wir hier? Diese Gegend ist gottverlassen! Der Krieg findet woanders statt.« Und als Victor nicht antwortete: »Ohne uns. Wir sind immer da, wo keiner ist!«

»Eben.« Victor stellte sein Essen beiseite. »Da, wo alle sind, sind ja schon alle!«

Morrison verzog unwillig das Gesicht. »Sie wissen schon, was ich meine.«

»Nein, was meinst du? Wärest du lieber in Taveta gewesen? Wo sie mit zwei Kompanien acht von unseren Kompanien in Grund und Boden gekämpft haben? Wir haben achthundert Mann verloren. Unsere Übermacht ist sowieso immer erdrückend. Glaubst du, sie brauchen noch so einen wie dich?«

Der Soldat schwieg und strich verlegen über seinen Backenbart. Victor beobachtete weiter das Gelände. »Auf dem Höhepunkt der Schlacht sind sie spurlos verschwunden. Keiner weiß, wohin. Dieser Lettow-Vorbeck macht nie, was er soll. Ich habe lange darüber nachgedacht. Ich an seiner Stelle würde meine Leute hier zusammenbringen.«

»Hier? Nur ein Irrer würde mit mehreren Kompanien durch dieses Gelände ziehen. Da kriegen sie die Leute doch nie gesammelt. Vor allem, wer soll die Artillerie hier rauf- und runterschleppen!«

»Sie haben keine Artillerie. Und jetzt tu mir einen Gefallen, geh rüber auf die andere Seite und löse Roberts ab.«

In diesem Moment erschien ein weiterer britischer Soldat auf der Kuppe, ein Fernglas in der Hand. »Major!«

Victor und Morrison liefen zu ihm und schauten auf der anderen Seite in dasselbe eintönige Gelände. Roberts zeigte in die Ferne und Victor spähte durchs Fernglas.

Kaum sichtbar blitzte dort etwas Helles auf. Und verschwand wieder zwischen den Büschen. Vielleicht zwei oder drei Männer in Khaki-Uniformen.

»Da drüben ist noch was. Entweder die sind versprengt – oder es sind verflucht viele.«

Victor schaute weiter konzentriert durchs Fernglas. »Nimm dir einen Massai und schlagt euch durch bis zum Meldeposten bei den vierzehnten King's Rifles, so schnell ihr könnt.« Er kritzelte etwas auf einen Zettel und gab ihn Morrison, der geduckt zurücklief.

Victor drehte sich noch einmal zu ihm um. »Und noch was: Falls du immer noch glaubst, dass du nicht gebraucht wirst – dann beeilt euch einfach noch ein bisschen mehr.«

Morrison grüßte und flitzte davon.

Victor spähte wieder durchs Glas.

Katharina und Noah brachten Anton zu einer Missionsstation, in dem sich einige Nonnen um das Wohl und die christliche Erziehung eingeborener Kinder bemühten und seit Kriegsbeginn auch weiße Kinder aufnahmen, die ihre Eltern vorübergehend oder für immer verloren hatten. Die Mission bestand aus ein paar kleinen Gebäuden, die meisten aus Holz, und einer kleinen Kirche, vor der ein mannshohes Kreuz aus rohen Balken stand, das über die Ebene weithin zu sehen war. Die Gebäude mit den eifrig und still umherlaufenden Schwestern wurden umschwärmt von Dutzenden von Kindern, die Anton neugierig musterten.

Noah schenkte Anton den kleinen Löwen, den er geschnitzt hatte. Der Junge fragte Katharina: »Kommst du wieder?«

»Ja«, antwortete sie.

»Wann?«

»Ich weiß es nicht ...« Sie wünschte, sie könnte ihm mehr sagen. Aber das konnte sie nicht.

Er stand unter dem Holzkreuz und schaute ihr so lange

nach, bis sie zwischen den Büschen unten in der Ebene verschwunden war.

Katharina nahm ihre Arbeit wieder auf, besuchte Farmen und Dörfer und half, wo es notwendig war. Sie musste sich oft ungewöhnliche Mittel einfallen lassen, denn sie bekam kaum noch neue Medikamente und Verbandszeug. Also arbeitete sie umso härter. Sie besuchte Dorf um Dorf und tat, was immer sie konnte. Und oft half schon ihr Erscheinen, um den Menschen Mut zu machen. Zu dieser Zeit hörte sie zum ersten Mal, dass man sie mit »*mama mganga*« ansprach. Sie fragte Noah bei einer Rast, was das bedeutete. Er antwortete: »Frau Doktor. Aber es ist ungewöhnlich. Es gibt sonst keine *mama mganga*. Es ist Ihr Name!«

»Aber ich bin kein Doktor!«

»Die Leute vertrauen Ihnen ....«

Katharina schüttelte den Kopf. Dann stand sie auf. »Komm, wir müssen weiter.«

Er lächelte und folgte ihr.

Doch schon bald kam die Malaria zurück und Katharina konnte tagelang nicht aufstehen. Tag und Nacht lag sie unter ihrem Moskitonetz, bei Tag im Schatten der alten Zeltplane, nachts bat sie Noah, die Plane abzuhängen, damit sie die Sterne sah. Noah versorgte sie, solange sie nicht aufstehen konnte, und Katharina sorgte für andere, sobald sie wieder auf den Beinen war.

Bis ihre erste Regenzeit kam. Der Regen an sich war nicht schlimm. Er kam und ging und häufig zogen die Wolken nur vorbei oder ließen sogar einen halben Tag lang die Sonne durch. Doch die drückende Feuchtigkeit machte alles mühsam. Der Boden wurde schwer und weich, sodass es kaum noch ein Vorwärtskommen gab. Immer wieder wurden sie von einem Wasserlauf aufgehalten, der in einem mächtigen rotbraunen Schwall die Erde davonspülte. Manchmal saßen sie tagelang fest. Sogar der große Krieg, der inzwischen fast die ganze Welt mit sich fortriss, hatte hier keine Chance.

Männer und Material steckten fest, wurden zum Warten gezwungen. Zwar fürchtete jede Kriegspartei einen strategischen Vorteil für den Gegner, den er ausnutzen könnte, um Nachschub zu beschaffen, Depots anzulegen oder die abgekämpften Kompanien neu aufzustellen, doch es half nichts. Während das Land den Regen aufsog, konnte kein Krieg stattfinden. Die Männer hockten in Unterkünften und warteten. Die Glücklichen waren in einer befestigten Boma untergekommen, wer Pech hatte, verbrachte die Regenzeit in einem Buschlager in Hütten, die die Boys für die Soldaten gebaut hatten. Und so regelmäßig wie der Regen kamen Katharinas Malariaanfälle.

So ging Katharinas erstes Jahr in Afrika vorüber. Kaum wurde es trockener, hörten Katharina und Noah aus der Ferne wieder Detonationen. Noah hatte in den Dörfern Gerüchte gehört, dass Lettow-Vorbeck selbst sein Lager in der Nähe hatte. Katharina beschloss, das Lager zu suchen. Vielleicht gab es dort ein Feldsanitätsdepot, bei dem sie sich mit Medikamenten versorgen konnte. Und mit Neuigkeiten. Denn eine Patrouille, der sie begegnet war, hatte furchtbare Dinge aus der Heimat erzählt. Die Männer waren in Moschi gewesen, wo am Bahnhof die neuesten Nachrichten vom Krieg in Europa angeschlagen wurden, der mit unverminderter Härte weitergeführt wurde. Obwohl nach wie vor keine Möglichkeit bestand, Funkbotschaften aus Deutsch-Ostafrika hinauszuschicken, konnte man britischen und deutschen Funkverkehr abhören. Und so wusste man um die Gräben, in denen die Front feststeckte, um die hohen Verluste und das unsägliche Leiden auf beiden Seiten, um die Luftangriffe mit Zeppelinen auf Paris, um den erbitterten Seekrieg und den U-Boot-Krieg. Man wusste von der Versenkung des britischen Luxusschiffes *Lusitania*, bei der tausendzweihundert Menschen gestorben waren, und um die heftigen Proteste der USA, die durch diesen Vorfall kurz davorstanden, in den Krieg einzutreten. Und man wusste um das Giftgas, das seit April des Jahres an der deutschen Westfront eingesetzt wurde. Es war zu hören, dass diejenigen, die nicht sofort am Gas starben, schwarz im Gesicht wurden, Blut spuckten und erst dann unter Qualen verendeten. Doch obwohl bereits der erste große Gasangriff ein durchschlagender »Erfolg« war und die französischen Schützengräben regelrecht leerfegte, kam keine Bewegung in den Krieg, denn die deutsche Heeresführung war auf eine derartige Wirkung nicht vorbereitet und hatte nicht genug Nachschub bereitgestellt, um die leere Front zu einer Offensive zu nutzen. Die Alliierten konnten die Lücke wieder schließen und die Front saß genauso fest wie zuvor.

Als Katharina und Noah sich dem Lager der Deutschen näherten, blieb Noah plötzlich zurück. Er weigerte sich, das Lager zu betreten, und war nicht umzustimmen. Er wollte auf sie warten. Also ging Katharina alleine. Die Wachtposten grüßten sie formlos, dann waren zwischen den Büschen die ersten Behausungen aus Holz, Blättern und Lehm zu sehen. Mit jedem Schritt wurden es mehr: ein unüberschaubares Durcheinander aus Hütten, Militärzelten und Feuerstellen. Askaris, die ihre Uniformjacken und Stiefel ausgezogen hatten, um sie zu schonen, schwarze Frauen, die kochten und wuschen, spielende Kinder, Säuglinge und inmitten dieses Gewirrs, das den deutschen Kriegstross darstellte, weiße Soldaten, die von ihren Boys bekocht und versorgt wurden. Um eine Gruppe von Feuern lagerten Araber, die von verschleierten Frauen bedient wurden. Einer von ihnen machte die anderen auf Katharina aufmerksam, dann schauten alle zu ihr herüber und tauschten Bemerkungen aus. Einige blickten ihr nach.

Katharina ging bis zur Mitte des Lagers, um sich nach dem Sanitätsdepot zu erkundigen. Plötzlich blieb sie abrupt stehen.

Richard!

Unter einer großzügigen Zeltplane strömten plaudernd

deutsche Offiziere hervor, bei ihnen Lettow-Vorbeck. Sie beendeten offenbar gerade eine Besprechung. Richards und Katharinas Augen begegneten sich. Katharina hatte nicht damit gerechnet, ihn hier wiederzusehen, und auch er schien überrascht. Da war also ihr Ehemann. Allein schon der Begriff erschien ihr inzwischen so fremd. Wie eine Ahnung aus einem letzten Leben. Etwas, zu dem man keine Verbindung mehr hat. Sie könnte jetzt zu ihm gehen und mit ihm reden. Aber was gäbe es zu sagen? Sie hatten längst keine Gemeinsamkeiten mehr. Keine gemeinsame Grundlage. Sein Anblick erregte in ihr nichts weiter als Widerwillen gegen diesen Mann, der sie belog. Der Dinge wissen musste, die mit Georgs Tod zusammenhingen, und sich weigerte, ihr etwas zu erzählen. Dem seine Männertreue so unverbrüchlich wichtig war, dass er ihr niemals ein Wort verraten würde. Er hatte behauptet, seine Geschäfte hätten nichts mit Georgs Tod zu tun. Aber er entschied alleine, ob es so war oder nicht. Er weigerte sich, sie mit einzubeziehen. Sie hatte keine Chance, zu beurteilen, ob er und seine Partner schwiegen, um ihre Geschäfte zu decken oder aus Schuldgefühl, weil sie alle wussten, warum Georg ermordet worden war. Schon vor Afrika hatte sich eine Kluft zwischen Katharina und ihrem Mann aufgetan, die unüberbrückbar schien. Doch der Tod Georgs hatte sie endgültig auseinandergebracht. Sie konnte nicht begreifen, wie er damit umging, und er begriff nicht, wie sie fühlte. Nein, es gab nichts zu sagen.

Richard stand im Eingang des Offizierszeltes und schaute zu ihr herüber. Er bemühte sich, keine Regung zu zeigen. Immer noch war für ihn das Wichtigste, der Stärkere zu sein. Um keinen Preis eine Annäherung zu versuchen und dann womöglich zurückgewiesen zu werden. Katharina wandte den Blick ab und ging vorüber. Ihre Welt hatte sich geteilt: Es gab Menschen, die ihr nicht helfen konnten, Georgs Tod zu verstehen, und Menschen, die ihr halfen. Richard würde ihr nicht helfen. Nicht, solange sie ihn nicht unter Druck setzen konnte.

Ihr kam ein rothaariger Soldat entgegen, der eine Holzkiste trug.

»Wo finde ich das Feldsanitätsdepot?«, fragte Katharina ihn.

»Gibt's hier nicht.«

»Ich brauche Medikamente.«

»Vielleicht beim Stabsarzt. Gleich drüben überm Bach.«

»Danke«

»Aber der kocht selber schon Baumrinden aus!« Wegen der britischen Blockade war inzwischen alles knapp. Angefangen von Khakistoff und Schuhen über Alkohol und Zigaretten bis hin zu Munition und Medikamenten. Einiges konnte vom Feind erbeutet werden, das meiste mussten sie irgendwie selbst herstellen. Auch Chinin, das für die Malariabehandlung so wichtig war, gab es kaum noch. Man behalf sich mit einem Ersatzstoff, der aus Rinde destilliert wurde und längst nicht die Wirkung des Chinins besaß.

Katharina ging in die Richtung, die der Soldat ihr gewiesen hatte. Plötzlich stutzte sie: Etwas abseits hockte über eine Munitionskiste gebeugt ein kräftiger, fast kahl geschorener Mann und reparierte mit feinstem Werkzeug eine Taschenuhr. Auf der groben Holzkiste lagen winzige silbern glänzende Teilchen, die er mit seinen derben Fingern aufnahm und in aller Ruhe sorgfältig zusammensetzte. Igel, der Fotograf! Katharina ging zu ihm und setzte sich vor ihm auf den Boden. Er schaute auf und sah sie an. Im ersten Moment erkannte Igel sie nicht, dann lächelte er: »Die schöne Dame, die mir in Tanga in die Fotografie gelaufen ist!«

Katharina gab ihm die Hand: »Katharina von Strahlberg.« Eilig knöpfte er die verbliebenen drei Knöpfe seiner Uniformjacke zu. Katharina zog die Fotografie des Wasserfalls aus ihrer Tasche und gab sie ihm. »Das haben Sie fotografiert.«

»Ja.«

»Die Beschriftung ist falsch. Da steht Diamantenmine. Aber es gibt keine Mine.«

Igel schaute genauer hin. »Sie haben recht. Das ist nicht von mir. Das hat jemand nachträglich daraufgedruckt.«

»Für wen haben Sie das fotografiert?«

»Fürs Gouverneursamt.«

Katharina sah ihn erstaunt an. »Wer hat Ihnen den Auftrag gegeben?«

»Sie können mir ruhig glauben. Es war das Gouverneursamt. Ich habe Ihnen doch gesagt, ich habe auch offizielle Aufträge für den Gouverneur. Oder dachten Sie, ich gebe nur an?«

Er gab ihr das Foto zurück und nahm die Arbeit an seiner Uhr wieder auf. »Ich hab's fast geschafft. Gar nicht so einfach hier draußen.«

»Nein, ich meine ... wer ist zu Ihnen gekommen?«

»Der Amtmann in Tanga. Kurt Höller. Der ehemalige Amtmann. Der ist kurz vor Kriegsausbruch auf einer Safari umgekommen.«

Katharina schaute auf das Uhrwerk, das er Stück für Stück und Rädchen für Rädchen zusammensetzte.

»Hier gibt's keine Diamanten. Es haben mal welche gesucht, aber wieder aufgegeben.«

»Aber Sie haben eine Diamantenmine fotografiert. Ich habe die Fotos doch gesehen. Die Arbeitshäuser, die Schächte.«

»Ich habe für den Höller Fotos vom Eisenerzabbau gemacht. Das war weiter im Süden. Vielleicht verwechseln Sie das.« Igel drehte das letzte Schräubchen ein. Dann drehte er vorsichtig an dem Stellrädchen, horchte an der Uhr und zog sie schließlich ganz auf.

»Eisenerz?«

»Hier gibt's nichts Besseres. Wenn Sie Diamanten suchen, gehen Sie nach Deutsch-Südwest. Na ja, ist ja leider nicht mehr deutsch. Die haben schon vor fast einem Jahr kapitulieren müssen.«

Katharina betrachtete das Foto. Langsam wurde ihr alles klar. Die Fotos, die Landkarten, die Pläne – alles gefälscht! Das Ganze war ein riesiger Betrug! Es hatte nie eine Mine gegeben und würde nie eine geben. Richard, Heinrich und die anderen hatten sich den Bau einer Mine fördern lassen, hatten eigene Investitionen durch falsche Fotos und Dokumente vorgetäuscht und das Geld dann beiseitegeschafft.

Auf einmal sprang Katharina auf und lief den Weg zurück.

»Hallo! Wo wollen Sie denn so plötzlich hin?«, rief Igel ihr hinterher.

Katharina lief bis zu dem Offizierszelt, wo sie Richard eben gesehen hatte. Einer der Offiziere saß noch rauchend auf einem Fass, ein Boy schenkte ihm Tee ein.

»Wo ist Oberst von Strahlberg?«

»Tja ...«

»Es ist wichtig!«

»Tut mir leid, Schwester, Oberst von Strahlberg ist gerade mit einer Patrouille abgerückt.«

»Wann kommen sie zurück?«

»In ein paar Wochen vielleicht.«

Katharina schaute in die Richtung, in die der Offizier wies, und atmete tief durch.

18

Sie waren schon wieder fast eine Woche auf Wanderschaft. Katharina hatte sich die ungefähre Gegend sagen lassen, in die Richard gezogen war. Zunächst hatten sie sich stur gestellt – Kriegsgeheimnis! –, doch schließlich hatten sie nachgegeben, weil sie ja immerhin Richards Ehefrau war. Bevor sie aufgebrochen waren, hatte der Stabsarzt sie mit den notwendigsten Medikamenten versorgt.

Noah ging voraus und sang ein Lied vor sich hin. Am späten Nachmittag ließ sich Katharina auf einen umgestürzten Baumstamm sinken und zog die Schuhe von ihren schmerzenden Füßen. Sie betrachtete die Schuhe: durchlöchert, zerschlissen und zerfetzt. Die Schnürsenkel waren so oft zusammengeknotet, dass sie nur noch die untersten Ösen zusammenhielten.

»Nicht weit ist ein guter Platz zum Lagern«, verkündete Noah. Also raffte sich Katharina noch einmal auf und trottete weiter.

Es war tatsächlich ein herrlicher Platz. Die Zeltplane und das Moskitonetz hatte Noah unter einem großen Baum aufgespannt, gleich daneben hatte sich ein Bach einen kleinen Canyon gegraben, der etwa so tief war, dass man gerade noch herausschauen konnte, wenn man darin stand.

»Hinter den Hügeln ist ein Dorf. Ich werde etwas zu essen besorgen.«

»Wir haben nichts zum Tauschen.«

»Ich werde auch so etwas bekommen.« Er lächelte zuversichtlich. Sie wusste, dass es ihm gelingen würde. Sie hatte oft genug erlebt, wie er stundenlang mit irgendwelchen Dorfältesten verhandelt und so lange gemeinsame Bekannte und Verwandte hervorgekramt hatte, bis er Essen bekam.

Als sie alleine war, untersuchte Katharina noch einmal ihre Schuhe und warf sie resigniert neben das Feuer. Sie brühte sich eine Kanne Tee auf, und während sie wartete, schloss sie erschöpft die brennenden Augen. Inzwischen fühlte sie sich in der Savanne und im Busch so sehr zu Hause, dass sie es als Wohltat empfand, alleine zu sein. Als sie die Augen wieder öffnete, fiel ihr Blick auf den Bach. Sie schaute sich nach allen Seiten um: niemand und nichts zu sehen.

Eine Weile später stand sie in dem kleinen Canyon, zog sich aus und fing an, sich zu waschen. Es war herrlich zu spüren, wie das kalte Wasser die Füße umspülte. Doch plötzlich sah sie etwas über den Rand der kleinen Schlucht hinweg. Einen Mann. Er war noch weit entfernt und kam zu Fuß näher. Genau auf sie zu. Eilig zog sie sich wieder an. Inzwischen war zu erkennen, dass er einen Rucksack und ein Gewehr trug. Katharina stieg die Böschung hinauf und schaute in die Richtung, in die Noah verschwunden war. Doch er war längst nicht mehr zu sehen und würde auch vor morgen Mittag nicht wiederkommen. Sie wandte sich wieder dem Mann zu.

Und dann erkannte sie ihn: Victor March!

Sie ging ihm ein Stück entgegen, bis sie schließlich vor ihm stand. »Mr March! Wo kommen Sie denn her?«

»Von dort.« Er korrigierte die Richtung, in die er zeigte, ein wenig. »Nein, eher von da.« Er hatte immer noch dieses ironische Lächeln, mit dem er sich den Rest der Welt vom Leib hielt, doch in seinen Augen stand die Freude darüber, Katharina wiederzusehen. Sofort herrschte zwischen ihnen wieder diese Spannung.

»Ich bin überrascht, Sie zu sehen«, sagte Katharina.

»Ich habe Sie gesucht.«

»Sie haben mich gesucht? Warum?« Es war ein Spiel mit der Ironie, und Katharina beherrschte es ebenso wie er.

»Befehl. Sie haben mich hier in die Wildnis geschickt, um nach Deutschen Ausschau zu halten. Sie sind doch Deutsche.«

»Ja, wir sind jetzt wohl Feinde ...«

»Oskar Wilde sagt, man kann bei der Wahl seiner Feinde nicht sorgfältig genug sein.«

»Ich hoffe, ich genüge Ihren Ansprüchen.«

»Scheitert man nicht viel eher an den eigenen Ansprüchen?«, fragte er mit einem entwaffnenden Lächeln. Er wusste natürlich, dass er das Spiel gerade überreizte.

»Das hätte Oskar Wilde aber schöner formuliert.«

»Dafür hätte Oskar Wilde Sie hier draußen niemals gefunden.« Katharina lachte. »Wie haben Sie mich denn gefunden?«

»Nun ... Die Eingeborenen erzählten mir von einer Frau. *Mama mganga.*«

Katharina sah ihn erstaunt an. »Sie haben davon gehört?«

Er lächelte nur.

Es war kaum zu glauben, aber sein Lächeln machte sie tatsächlich verlegen. »Darf ich Ihnen eine Tasse Tee anbieten, Mr March?«

»Ich hatte gehofft, dass Sie mich das fragen würden.« Er legte seinen Rucksack ab und sie setzten sich ans Feuer. Während sie den Tee einschenkte, beobachtete er sie. »Sie sehen krank aus.«

»Ach, es geht schon. Ein bisschen Malaria.«

»Soll ich Sie zu einem deutschen Lazarett bringen?«

Sie spielte seinen Vorschlag mit einem Lachen herunter. »Lazarett? Nein, ich ruhe mich ein paar Tage aus.«

Diesmal ging er nicht auf ihr Lachen ein. Einen Moment lang herrschte Schweigen. »Ich habe gehört, was mit Ihrem Sohn passiert ist. Es tut mir sehr leid.«

Katharina schaute ihn irritiert an. »Sie wissen davon?«

Er zuckte die Schultern, nickte. »Es hat mich sehr getroffen, von seinem Tod zu hören. Ich hatte gehofft, Sie früher zu finden.« Wieder herrschte Schweigen, das ihm nicht unangenehm zu sein schien. Er schaute sie offen an, doch Katharina verlor ihren Blick in der Ferne.

»Was werden Sie tun?«, fragte er.

»Wie meinen Sie das?«

»Sie wissen schon, wie ich das meine.«

»Was kann man noch tun? Nichts macht die Toten lebendig.«

»Manch einer hält die Verstorbenen fest. Durch das Verlangen nach Vergeltung, durch die Suche nach dem Schuldigen. Indem er seinen Blick nur noch auf die Vergangenheit richtet.«

Katharina erwiderte nichts.

»Ein gefährlicher Weg. Er fordert Opfer, auf beiden Seiten.«

»Sie scheinen wieder einmal eine Menge zu wissen.«

»Nein. Ich bemühe mich nur, genau hinzusehen. Vielleicht ist es dieses Licht hier draußen. Man sieht sehr viel klarer.«

Katharina, die immer noch barfuß ging, nahm ihre zerfetzten Schuhe, setzte sich ein Stück weiter und zog sie an.

»Katharina, ich kenne Sie noch nicht lange. Aber eins kann auch ich sehen: Sie sind entschlossen, nie wieder zu scheitern. Eher würden Sie zugrunde gehen. Das macht mir Angst.«

Wieder antwortete Katharina nicht, diesmal sah sie ihn nicht einmal an. Stattdessen war sie sehr damit beschäftigt, ihre Schuhe zu schnüren. Er spürte, dass er auf direktem Wege nicht weiterkam. »Sie würden ja nicht mal etwas essen. Wenn ich nicht wäre …«

Da war es wieder, dieses Lächeln, so distanziert und doch so vertraut.

Er hatte Essen mitgebracht. Hirse, Mais und britisches Dosenfleisch. Er kochte für sie beide, sie aßen und plauderten und zum ersten Mal seit langer Zeit war Katharina für eine Weile zufrieden und glücklich. Sie hätte es nicht wahrhaben wollen, doch das Wunder war, dass allein seine Gegenwart genügte. Er redete, er lächelte sein Lächeln, er erzählte Geschichten und versetzte sie ganz einfach in eine andere Welt. In seine Victor-March-Welt, in die er sie schon einmal, bei ihrem ersten Ausflug in die Wildnis, einen Blick hatte werfen lassen. Es geschah einfach und Katharina ließ es geschehen. Schließlich verkündete er, er habe ein Geschenk für sie. Umständlich schnürte er seinen Rucksack auf und brachte ein Paar neuer Frauenschuhe zum Vorschein. Katharina starrte die Schuhe an wie eine Erscheinung. Ein Paar Schuhe!

Und dann fing sie an zu weinen. Sie lachte, sie weinte; die Erschöpfung, die Anspannung, die Trauer – alles brach aus ihr heraus. Sie hielt die Schuhe an ihre Füße. Sie passten! »Woher wissen Sie, wie groß meine Füße sind?«

»Ich habe mir erlaubt zu messen.«

»Sie haben meine Füße gemessen?«

»Ihren Fußabdruck. Auf der Farm von Sebastian Hofmann.«

Hofmann ... Das war schon so lange her. »Wie lange schleppen Sie die schon mit sich herum?«

Er zuckte nur mit den Schultern. »Es gibt Menschen, nach denen muss man länger suchen.«

»Danke.« Sie schauten sich innig an. »Sie hatten schon einmal ein Geschenk für mich.« Sie zog den Baobabtrieb aus der Tasche und zeigte ihn Victor.

»Sie haben ihn noch ...«

Katharina nickte. »Sie sind sehr plötzlich verschwunden, damals bei Hofmann.«

Er ging nicht darauf ein. Er schaute sie nur ruhig an. »Ich muss auch jetzt wieder gehen, ich habe noch einen weiten Fußmarsch bis zu meinen Leuten.«

Sie nickte. »Ach ja, Sie sind ja der Feind ...« Doch immerhin glaubte sie in seinen Augen zu sehen, dass es ihm schwerfiel zu gehen. Er packte seinen Rucksack, schulterte ihn, dann standen sie sich verlegen gegenüber.

»Passen Sie auf sich auf, Katharina.«

»Und Sie auf sich, Victor.«

Beide zögerten. Der rechte Moment für ihn, sich umzudrehen und zu gehen, verstrich. Sie ließen die Augen nicht voneinander.

Und schließlich küssten sie sich. Unendlich weit entfernt von allem, von ihren Kriegen, von ihren Vergangenheiten und ihren Zukünften, standen sie beieinander, alleine in dieser menschenleeren Wildnis, und küssten sich. Katharina nahm seine Hand und führte ihn zu ihrem Lager. Hob die Moskitonetze und führte ihn hinein. Sie zog seine Uniformjacke aus, knöpfte ihr Kleid auf und sie küssten sich erneut. Doch als er ihr Kleid abstreifen wollte, hielt sie plötzlich seine Hand fest.

Richard hatte das mit ihr getan! Und plötzlich war alles wieder da: Richard, Martha, Georg, die Wut, die Trauer, die Ohnmacht und der blinde Hass. Sie war nicht darauf gefasst gewesen, doch sie ertrug keine Berührung. »Es tut mir leid, Victor.«

Sie verbrachten die Nacht beieinander liegend und schauten ins Feuer, anstatt zu schlafen.

Als Noah am nächsten Vormittag zurückkehrte, wanderten sie zu dritt weiter. Es wurde nicht wirklich ausgesprochen, ob sie tatsächlich den gleichen Weg hatten oder ob sie die Trennung nur noch ein wenig aufschieben wollten. Unterwegs sahen sie ein Flugzeug, ein gelber Flieger dröhnte direkt über sie hinweg. Alle drei sahen sie der kleiner werdenden Maschine nach. Wie schön musste es sein, da oben über alles hinwegzuschweben. Doch plötzlich fiel etwas aus dem Bauch des Flugzeuges heraus. Längliche Gegenstände. Sie näherten sich dem Boden und dann gab es mehrere Explosionen. Katharina zuckte erschrocken zusammen. »Was war das?«

Eine wilde Schießerei antwortete den Bomben. Der Flieger drehte ab und flog in einer weiten Schleife zurück.

»Unsere Truppen setzen jetzt Flugzeuge ein, um aus der Luft Bomben abzuwerfen.«

Katharina brauchte einen Moment, um die Tragweite dieser Information zu begreifen. »Ich muss dahin. Vielleicht brauchen sie Hilfe.«

»Dorthin kann ich nicht mitgehen. Da sind eure Truppen.«

Katharina schaute ihn ernst an. Sie hatten einen Tag gehabt, doch jetzt war er vorüber. Sie konnten sich nicht länger von der Wirklichkeit fernhalten.

Er legte seine Hände um ihre Schultern und hielt sie noch ein letztes Mal fest. Sie schaute zu ihm auf. Ein verlegenes Schweigen. Schon wollte sie sich abwenden, um zu gehen, als er sie noch einmal an sich zog und küsste. Sie umarmten sich, als wollten sie den gemeinsamen Tag nie wieder loslassen. Doch schließlich riss sich Katharina los und eilte davon.

Victor sah ihr nach, bis sie mit Noah im Busch verschwunden war. »Pass auf dich auf ...«

19

Erst sah Katharina zwischen den Bäumen nur etwas Weißes aufschimmern, dann ein Stück weiter noch etwas, und als sie näher kam, erkannte sie den Tross in seiner ganzen Länge: Deutsche Soldaten, Askaris, und ein nicht endender Zug aus Trägern, schwarzen Frauen und Kindern trotteten in langgezogener Reihe durch den Wald. Einige Askaris trugen kleine Kinder auf den Schultern.

»Was ist passiert? Kann ich helfen?«

»Kaum was passiert. Die üben noch.« Ein Schütze mit einem norddeutschen Akzent ging vorüber. »Vier oder fünf Verletzte. Die Sanitäter kümmern sich darum. Wir ziehen weiter, bevor ihre Bodentruppen nachsetzen.«

Plötzlich sprengten zwei Reiter heran. Katharina sah ihnen überrascht entgegen: Richard und Heinrich! Richard brachte sein Pferd beängstigend nah vor ihr zum Stehen, doch Katharina bemühte sich, nicht zurückzuweichen. Heinrich hielt sich wie immer hinter Richard, der mit seinem strengsten Offiziersgesicht auf Katharina herabsah. »Was machst du schon wieder bei der Truppe? Kümmere dich um die Zivilisten! Verschwinde!«

»Kurt Höller. Leo Heidelberger. Arne Larson!« Katharina schlug ihm die Namen der Ermordeten regelrecht um die Ohren. »Eure ganze schöne Herrenrunde. Gibt es noch mehr oder seid ihr die Letzten, du und dein Bruder? Seid ihr jetzt an der Reihe? Bist du der nächste Tote?«

Richard schwang sich vom Pferd und kam drohend auf sie zu.

»Oder seid ihr beide es, die hier aufräumen? Wollt ihr all das Geld für euch alleine? Ihr habt doch Geld gestohlen, oder? Mit eurer Mine, die nicht existiert!«

»Ich weiß nicht, wovon du redest.«

»Habt ihr die Reichstagsabgeordneten bestochen, damit sie das Geld für eure Mine bewilligen? Damals in unserer Wohnung?«

»Halt's Maul!«

Katharina sah, wie ihn kalte, gefährliche Wut packte, aber jetzt endlich hatte sie ihm etwas zu sagen. Endlich war sie nahe dran. »Ich werde nicht aufhören zu fragen. Sag mir: Wer wird der Nächste sein?«

Er holte kurz aus und versetzte ihr eine Ohrfeige, die sie von den Füßen riss. Einige Soldaten wurden aufmerksam und schauten herüber. Heinrich beugte sich beschwörend von seinem Pferd herab. »Richard!«

Katharina funkelte Richard hasserfüllt an, während sie sich erhob. Ihre Augen lagen dunkel und tief in ihren Höhlen wie zwei Tiere, die sich zum Sprung duckten. Die Ringe unter ihren Augen und der durchsichtige Glanz ihrer Haut zeugten von der Krankheit, die sie jederzeit in sich trug. Doch auch Richard sah krank aus. Seit er in Afrika war, wühlte es in seinen Eingeweiden, und es demütigte ihn Tag für Tag, dass er, dem alle gehorchten, sich selbst nicht in den Griff bekam. Deshalb gingen ihm immer wieder Unbeherrschtheiten durch, die er sofort bereute – und die ihn dann noch wütender machten.

Katharina stand jetzt wieder aufrecht vor ihm. »Wenn du unseren Sohn für deine Geldgeschäfte geopfert hast, dann gnade dir Gott.«

Plötzlich bemerkte sie ein Stück weit hinter sich einen lauter werdenden Streit zwischen Noah und einigen Askaris. Sie hielten ihn fest, er zerrte sich los und wollte weglaufen. Sofort waren die scharfen Klingen der Seitengewehre auf ihn gerichtet. Sie packten ihn und wollten ihn wegschleppen. Katharina wandte sich zu ihnen um. »Noah!«

Er starrte panisch um sich. Einer der Askaris machte Richard formell Meldung in Kisuaheli: »Dieser Mann ist ein Deserteur! Er ist in Tanga davongelaufen!«

»Seid ihr euch sicher?« Auch Richard sprach inzwischen, wie fast alle deutschen Soldaten und Offiziere, leidlich Suaheli. Zwar gehörte er zu denen, die der Meinung waren, die Schwarzen sollten gefälligst Deutsch lernen, doch auch er hatte begriffen, dass er sich durch den Gebrauch ihrer Sprache einer treuen Gefolgschaft versicherte. Er wandte sich Katharina zu. Jetzt hatte er sich wieder vollkommen im Griff. »Du treibst dich mit einem Deserteur herum?«

»Lasst ihn los, er ist mein Boy!«

»Weißt du, was wir hier mit Deserteuren machen? Mit Kollaborateuren? Mit Spionen?« Er sagte den Männern, die Noah gepackt hielten, nur ein Wort in Kisuaheli: »Hängen!«

Die Askaris zögerten: Dies war kein dahergelaufener Träger, wie sie zu Hunderten zur Arbeit gezwungen wurden, auch kein Hirte aus einem namenlosen Dorf, der den Briten eine Stellung verraten hatte. Das war ein Askari ... Richard schlug den Askari, der ihm Meldung gemacht hatte, mit der Reitpeitsche ins Gesicht. »Hängt den Mann auf!«

Von irgendwo tauchte ein Seil auf, in das man eine Schlinge knüpfte.

»Nein! Hört auf! Er gehört zu mir!« Katharina rannte zu Noah, doch auf einen kurzen Befehl Richards hin hielten die schwarzen Kämpfer sie fest und bedrohten sie mit der aufgepflanzten Klinge des Seitengewehrs. Noah wehrte sich heftig, in seinen Augen stand die nackte Angst. »Bibi! Bibi Katharina, hilf mir!«

Die Askaris warfen die Schlinge über einen Ast und legten sie Noah um den Hals.

»Noah! Nein!«

Und dann zogen sie ihn hoch. Entsetzt sah Katharina seine aufgerissenen Augen, sein Zucken, seine strampelnden Beine. Sie schrie aus vollem Halse. »Nein!«

Stille. Es war getan. Katharina sank auf die Knie. Richard stieg ruhig auf sein Pferd und schaute von hoch oben kalt auf sie herab. »Hier herrscht Krieg. Hast du das endlich begriffen?« Richard und Heinrich zogen ihre Pferde herum und ritten gemächlich ab. Heinrich beugte sich im Reiten zu Richard hinüber. Mit seiner klanglosen Stimme, die niemals etwas über seine Gefühle verriet, raunte er ihm zu: »Sie wird gefährlich. Solange Krieg ist, kann sie keinen Schaden anrichten. Aber sobald es vorbei ist, findet sie Leute, die ihr zuhören.«

Richard schwieg.

»Eine gute Idee von dir, ihren Boy zu hängen, Richard. Alleine hat sie hier draußen keine Chance.«

Und während er zufrieden weiterritt, drehte sich Richard noch einmal zu Katharina um. Sie hockte in der Ferne, gebrochen, vornübergesunken, vor dem erhängten, sanft ausschaukelnden Noah.

Längst hatte sich die Dunkelheit zwischen die Bäume gelegt, als Katharina endlich die Kraft fand, zu dem Baum zu kriechen. Sie setzte das Messer, mit dem Noah so oft geschnitzt hatte, ans Seil und begann zu schneiden. Mit ihren schwarzen Augen und den eingefallenen Wangen sah sie nach diesem Schlag endgültig aus wie ein Gespenst. Als

Noahs Körper dumpf auf dem Waldboden aufschlug, zuckte sie zusammen. Das Geräusch war kaum zu ertragen. Und als die Dunkelheit sie endgültig einhüllte, kniete sie noch lange reglos auf dem Boden, den toten Noah auf dem Schoß.

In derselben undurchdringlich schwarzen Dunkelheit, nur wenige Kilometer entfernt, hockte Richard und starrte ins Feuer. Obwohl er der ranghöchste Offizier war, hatte er es sich zur Gewohnheit gemacht, sein Zelt am Rande des Lagers aufzuschlagen. Vom Lager her tauchte Heinrich aus der Finsternis auf und setzte sich zu ihm. Er schaute seinen Bruder besorgt an. »Du schläfst zu wenig. Jede Nacht starrst du ins Feuer.«

»Sie hat recht. Wir sind die Einzigen, die noch leben. Es gibt nur noch uns beide.«

»Hör zu, wir müssen jetzt endlich nach Nairobi. Dieser unselige Krieg kann sich noch ewig hinziehen. Wir müssen herausfinden, wer damals ein Konto oder ein Schließfach eröffnet hat. Natürlich können wir da bei den Briten nicht einfach reinmarschieren. Immerhin knallen wir jeden Tag welche von ihnen ab. Ich habe lange über diesen Punkt nachgedacht. Und ich weiß jetzt, wen wir dazu bringen, für uns zu gehen.«

Doch Richard schien gar nicht zugehört zu haben. »Einer von uns wird der Nächste sein.«

»Hast du Angst? Du bist doch der tapfere Soldat!«

»Ich hatte noch nie Angst zu kämpfen.« Er schaute Heinrich durchdringend an. »Aber von hinten einen Dolch in den Rücken zu kriegen, das ist erbärmlich.«

Heinrich erkannte die Drohung im Blick seines Bruders. Und daran, dass Heinrich den Blick hart und unbeugsam erwiderte, erkannte Richard, dass sein Bruder die Drohung verstand. Das Misstrauen war zwischen die Brüder gekrochen.

»Verstehst du? Erbärmlich!«

»Richard, du schläfst zu wenig.«

Richards Augen brannten in ihren Höhlen, als er Heinrich anschaute. War der andere noch sein Bruder? Oder war er längst sein Feind?

Nachdem Katharina Noah begraben hatte – mit bloßen Händen und einem starken Ast, mit dem sie die Erde aufgewühlt hatte –, war sie weitermarschiert. Weiter! Das war das Einzige, was es in ihrem Kopf noch gab. Weiter! Wenn es das nicht mehr gab, gab es nichts mehr. Ohne das wäre sie dort in dem Wald sitzen geblieben, vor dem Steinhaufen, unter dem Noah begraben lag. Sie fragte sich nicht, wohin, sie ging einfach. Inzwischen stolperte sie über freie Savanne. Zebras, Antilopen, Gnus grasten in einiger Entfernung, blickten nur kurz auf, als sie ihre Witterung aufnahmen, und grasten dann weiter. Irgendwann ließ Katharina ihren Rucksack fallen und versuchte zu Atem zu kommen. Dann machte sie sich über den Rucksack her und weidete ihn aus. Sie warf alles fort, was man nicht essen oder trinken konnte, und schulterte den Rest.

Weiter …

Plötzlich stutzte sie: Da vorne, hinter dem mannshohen Elefantengras, tauchte da nicht etwas Weißes auf? Eine Rotkreuzfahne! Im nächsten Moment verschwand sie wieder. Katharina wurde von Panik befallen. Eine Rotkreuzfahne, die wieder verschwand! Doch dann sah sie sie weiter zwischen den Bäumen schwanken. Katharina lief los, stolperte auf die Fahne zu. Ein Fetzen Hoffnung …

Schließlich stand sie vor einem elenden Haufen deutscher Soldaten. Ein Verwundetenzug. Etwa dreißig Verwundete, dazu schwarze Träger, ein Arzt. Der Arzt starrte sie aus matten Augen ungläubig an. Sie sah so grauenhaft aus, dass er ihre Erscheinung einen Moment lang nicht einordnen konnte. »Eine Schwester! Sie schickt der Himmel! Obwohl sie aussehen, als ob die Hölle Sie schickt.«

Schwester. Katharina nickte. Sie erinnerte sich. Ja, sie war Schwester. Natürlich. Etwas, woran man sich festhalten konnte. »Sie sind der einzige Arzt?«

»Wir sind zwei.« Er wies auf einen der Männer in den Tragen – eine Art Hängematte an stabilen Bambusstangen –, der sich in Krämpfen wand.

»Wir versuchen das Hospital von Logo-Loge zu erreichen.«

»Ich komme mit.«

Er rief den Trägern den Befehl zum Absetzen zu. Katharina bekam etwas zu trinken und half dann, den Verletzten etwas zu geben.

Plötzlich ein Schrei.

Einer der Träger hatte einen Speer in der Brust stecken.

Einen schmalen langen Massai-Speer.

Er staunte ihn ungläubig an. Alle anderen starrten entsetzt auf den Stab, der aus seiner Brust ragte. Und dann stürmten Massai aus dem Busch. Speere wurden gestoßen, Messer geschwungen.

»Nein! Rotes Kreuz!«

Die Träger versuchten in die Büsche zu fliehen und wurden niedergestochen. Der Arzt hob die Rotkreuzfahne auf, die im Gras lag, und schrie in Kisuaheli: »Aufhören, hört auf! Rotes Kreuz!« Er schrie einen Massai an, der direkt vor ihm stand, und wedelte schreiend mit der Fahne. Der Massai schlug ihm mit einem Hieb die Kehle durch.

Katharina taumelte durch das Gemetzel. Keiner der Angreifer rührte sie an. Wenn sie versuchte, den Kriegern mit den Buschmessern in den Arm zu fallen, entzogen sie sich blitzschnell und verschwanden. Überall sah Katharina hoch erhobene Klingen, die zwischen die hohen Gräser niederfuhren. Völlig von Sinnen irrte sie wie unsichtbar umher. Niemand würdigte sie auch nur eines Blickes. Nicht einer der Massai hob die Hand gegen die weiße Frau. Und dann verschwanden sie ebenso schnell, wie sie aufgetaucht waren.

Katharina stolperte alleine zwischen den Toten umher und suchte Überlebende.

Es fand sich nicht einer.

Sie wankte hierhin und dorthin, ohne Sinn und Ziel, manchmal stolperte sie, weil ihre Augen versagten und sie minutenlang nichts sehen konnte.

Sie merkte, dass sie weggelaufen war, und kehrte um, bis sie wieder bei den zerschnittenen Männern stand. Was sollte sie tun? Was macht man mit all diesen Toten? Begraben... ja ... Aber alleine? All diese Körper, die zwischen den Büschen und dem hohen Gras lagen, alleine?

Hinter sich hörte sie ein meckerndes Geräusch und fuhr herum: Die ersten Hyänen tauchten auf.

Katharina erblickte sie und begriff, was passieren würde. »Weg! Haut ab! Verschwindet!«

Sie hob einen Stein auf und warf ihn nach den Aasfressern. Er plumpste irgendwo ins Gras. Die Hyänen ließen sich nur kurz verunsichern, liefen ein paar nervöse Schritte weg, blieben stehen, nahmen noch einmal die Witterung des Blutes und des Fleisches auf und kamen noch näher.

Katharina zerrte an ihrer Armbinde und hielt sie den Hyänen hin, damit sie es auch alle sahen: »Rotes Kreuz! Seht ihr nicht? Ich bin tabu.«

Katharina sank erschöpft auf die Knie.

»Rotes Kreuz ...«

Sie hatte keine Kraft mehr.

Es war vorbei.

Plötzlich ein dröhnendes Motorengeräusch. Die Hyänen tänzelten aufgeregt, protestierten mit spitzen Schreien und stoben auseinander. Mit unglaublichem Lärm rumpelte ein britischer Panzerwagen heran und hielt direkt vor Katharina. Die Luke wurde aufgestoßen und britische Soldaten kletterten heraus.

Katharina schaute nicht einmal mehr auf. Die Haare hingen ihr wirr ums Gesicht und verbargen ihre teilnahmslosen schwarzen Augen. Zwei kranke Tiere, die sich zum Sterben zurückgezogen hatten.

Dann kippte Katharina einfach zur Seite um.

20

Sebastians Hof wimmelte von deutschen Soldaten. Sie hatten nachgesucht, auf seinem Grund lagern zu dürfen, und er hatte sie natürlich eingeladen. So wie er gleich zu Beginn des Krieges eingewilligt hatte, als sie sein Automobil beschlagnahmen wollten – das der Stabsfahrer zwei Wochen später bei einer Karambolage mit einem gereizten Nashorn zu Schrott fuhr.

Etwas abseits vom Haus standen in Reih und Glied Zelte. Die Deutschen feierten die Siege der letzten Monate. Sie feierten, dass es den Briten nicht gelungen war, sie zu überrennen, zu umgehen, zu erdrücken oder gefangen zu nehmen. Hinter den Zelten der weißen Offiziere lagerten die Askaris, die die kleine Ruhepause offenbar genossen. Die Boys und die Frauen der Askaris kochten und Sebastian Hofmann versorgte die Soldaten mit Getränken. Es brach ihm das Herz, seine geliebten und gehegten Vorräte in all die Männerhälse fließen zu sehen, aber schließlich waren sie Gäste.

Als er mit einem Arm voller Ginflaschen auf die Veranda trat, begrüßte ihn der Jubel der Soldaten. Er ging herum und die Männer nahmen ihm die Flaschen bereitwillig aus seinen schmalen Händen. Thomas stand innen am Fenster und beobachtete schweigend, wie Sebastian freundlich zu ihnen sprach, scherzte und die letzte Flasche unter dem Gelächter aller zu einer Art Versteigerung hochhielt. Thomas zeigte keine Regung.

Im Hof scharten sich eine Menge Soldaten um einen Mann mit schmalem Schnurrbart und starken Wangenknochen, die von der Sonne rot gebrannt waren, und der begeistert, das Glas in der Hand, Heldentaten zum Besten gab. Man hatte die Geschichten schon hundertmal gehört, aber man wollte sie immer wieder hören. »Wir hatten nichts mehr. Nichts! Keinen Schuss Munition, nichts zu essen. Also schleichen wir uns nachts an die Briten ran. Das ganze Lager schläft. Wir warten auf das Zeichen, dass die Wachen nieder sind. Und dann geht's los. Alles rennt. Wie der Teufel rein ins Lager, Waffen gegriffen, Essen gegriffen, Stiefel – Tietgen, der Hund, greift sich mit ein paar Askaris ein ganzes Geschütz mit zwei Kisten Munition! Überall stolpern Briten aus den Zelten, auf Strümpfen! Knöpfen die Hosen zu und glotzen, was los ist. Wir rennen einfach weiter, an ihnen vorbei und auf der anderen Seite wieder raus aus dem Lager. Kein Schuss, keine Verluste. Aber Munition und Verpflegung für zwei Wochen! Wenn die anfangen zu schießen, sind wir längst über alle Berge.«

Wie immer quittierte man die Geschichte mit großem Jubel. Hüte und Tropenhelme flogen in die Luft, Gläser wurden geleert.

Über den Mannschaften, auf der Veranda, standen die höheren Dienstgrade. Bei ihnen Richard und Heinrich. Die Herren hatten ebenfalls zugehört und lächelten väterlich.

Richard hob sein Glas einem Hauptmann entgegen. »Gratuliere, von Gellhorn. Das hat ja dann wohl Schule gemacht.«

»Danke, Herr Oberst.« Und mit einem zurückhaltenden Lächeln fügte er hinzu: »Ich wüsste nicht, was wir ohne den Feind machen würden.«

Die anderen lachten und tranken.

Ein Offizier warf mit rheinischem Akzent ein: »Läuft ja wohl alles prächtig. Der Feind lässt Federn ohne Ende, und unsere Verluste ...« Statt den Satz zu beenden, tat er die

Verluste mit einer wegwerfenden Handbewegung als Bagatelle ab.

»Spielen Sie das nicht herunter!« Mit ruhiger Stimme mischte sich zum ersten Mal Lettow-Vorbeck ein, der etwas abseits gestanden hatte. Er trat in die Runde, die Offiziere wichen respektvoll einen Schritt zur Seite. So fand er genug Platz, sich in aller Bescheidenheit zur Geltung zu bringen. »Jeder einzelne Gefallene hinterlässt hier eine Lücke, die nicht mehr zu schließen ist.«

»Selbstverständlich, Herr Oberst.«

»Wir sind nach wie vor eingeschlossen. Morgen wird es nicht einmal mehr Gin geben. Vielleicht wären die Herren so freundlich, mir eines der letzten Gläser ...«

Diensteifrig wurde ein Glas eingeschenkt und dem Oberst gereicht.

Richard nutzte die Pause, um sich wieder einmal bei Lettow in Erinnerung zu bringen. Der Oberbefehlshaber war inzwischen zum Oberst befördert worden und hatte also jetzt denselben Dienstgrad wie Richard, der seine Chancen auf die Übernahme des Oberbefehls mit jedem Tag sinken sah. Vor allem im Hinblick auf die herausragenden militärischen Erfolge Lettows. »Deshalb möchte ich noch einmal in aller Dringlichkeit auf die Notwendigkeit rassisch getrennter Kompanien hinweisen«, sagte Richard. »Eingeborene sind durchaus ersetzbar.«

Lettow-Vorbeck wandte sich ihm in aller Ruhe zu. »Kanonenfutter, meinen Sie.«

»Diese Kompanien könnten dann mit mehr Nachdruck riskantere Einsätze durchführen.«

»Zu Ihrer Information, Oberst von Strahlberg: Ich habe Befehl gegeben, den Namen jedes einzelnen Gefallenen aufs Kriegerdenkmal in Daressalam zu meißeln. Jedes einzelnen – Sie verstehen.«

»Gewiss. Nur vergessen Sie in Ihrem noblen Gerechtigkeitssinn die Weißen nicht. Es ist vielen ein Dorn im Auge, dass sich die Truppe nach der Zeiteinteilung der Eingeborenen richtet. Dass auf jeden Neger gehört wird, der die Feindbewegungen aus dem Flug von Vögeln herausliest. Da werden doch einige bald frech werden.«

»Es reicht, von Strahlberg! Wem ist es ein Dorn im Auge? Wem außer Ihnen? Den Briten laufen ihre eingeborenen Kämpfer scharenweise davon. Uns nicht. Und das liegt einzig daran, dass wir ihre Fähigkeiten ernst nehmen und von ihnen lernen. – Dass Sie diesen Deserteur haben hängen lassen, mag angehen. Aber schlagen Sie nie wieder – hören Sie: nie wieder! – einen unserer Askaris mit der Peitsche! Verstanden?«

»Und ich hätte gedacht, die Nilpferdpeitsche sei bei unserer Truppe in regem Gebrauch.«

»Jawohl. Als offizielle Strafe im Rahmen der Militärdisziplin. Das macht wohl einen entscheidenden Unterschied.«

Heinrich hielt sich im Hintergrund. Statt sich einzumischen, beobachtete er nur schweigend.

Richard lächelte zynisch. »So einen Unterschied wie vor zehn Jahren, als Sie den Maji-Maji-Aufstand blutig niedergeschlagen haben? Mit weit über hunderttausend Toten, wenn ich recht informiert bin …«

Lettow funkelte ihn wütend an. »Vor zehn Jahren. Ganz recht. Inzwischen haben sich die Zeiten geändert. Wir können nur *mit* den Eingeborenen durchhalten, niemals gegen sie.«

Richard blickte stur und arrogant zurück.

»Falls Ihre ewigen Ränke noch immer das Ziel verfolgen, meine Stellung anzuzweifeln, so nehmen Sie bitte zur Kenntnis: Ich verliere lieber einen tüchtigen Offizier als all unsere Askaris.«

Richard wartete einen angemessenen Moment, dann stellte er sein Glas auf den Tisch und ging.

In der Tür stieß er regelrecht mit Sebastian Hofmann zusammen.

»Nun, Herr Oberst? Strategische Differenzen?«

Richard wollte schon vorbei, nutzte dann aber lieber die Gelegenheit, Dampf abzulassen: »Halten Sie sich bloß zurück, Hofmann. Als Zivilist haben Sie gar nichts zu melden, wenn Militär sich streitet.«

»Ja, ich bin Zivilist. Und darauf bin ich stolz. Ich bin nicht nach Afrika gekommen, um gegen Europäer Krieg zu führen.«

»Selbst der Geringste unter uns dient dem Vaterland noch mehr als jemand mit ihrer zersetzenden pazifistischen Gesinnung!« Richard stapfte weiter ins Haus. Hofmann schaute ihm nach. Sein Blick begegnete dem von Thomas, der immer noch am Fenster stand und dem Treiben draußen zuschaute.

Plötzlich wurden auf dem Hof Rufe laut. »Engländer! Herr Oberst! Ein Zug Briten!« Alles strömte zusammen.

Aus der Richtung des Kilimandscharo kam ein kleiner Zug Reiter mit einer weißen Fahne vorweg.

»Was wollen die denn?«

»Die wollen ihre Waffen zurück!«

Grölendes Gelächter. Die Stimmung war prächtig.

»Trauen sich nur mit weißer Fahne so nah ran!«

Unter dem Gelächter der Deutschen kam der Zug langsam näher.

Zwischen den Reitern ein schwerer Ochsenkarren.

Offiziere, Mannschaften und Askaris bildeten einen weiten Kreis, in den der Zug hineinritt. Dann wurde es still. Jeder, der einen Blick auf den Wagen geworfen hatte, verstummte: Auf der Ladefläche lagen die Körper niedergemetzelter Männer aufgestapelt, in einem Brustkorb steckte noch ein Massai-Speer. Alle starrten voller Entsetzen auf die zerschnittenen und zerstochenen Gliedmaßen.

Betroffenes Schweigen. Mit einem Schlag war die pfadfinderromantische Kriegsbegeisterung zerstört. Der Führer des Zuges stieg ab, stellte sich vor Lettow-Vorbeck und machte militärisch Meldung.

»Sie wurden zwei Stunden östlich von hier gefunden. Kein überlebender Soldat. Eine deutsche Krankenschwester wurde in ein britisches Lazarett gebracht.«

Richard stand auf der Veranda im Schatten und registrierte die Information.

Auch Lettow-Vorbeck grüßte militärisch. »Ich danke Ihnen.«

Er ging an dem Briten vorbei und schaute scheinbar ruhig auf den Wagen. Einige der Gesichter konnte er noch erkennen.

Er nahm seinen Hut ab.

In bedrückender Stille nahmen sämtliche Männer ihre Hüte, Tropenhelme, Mützen und Tarbusche ab.

Die effektvolle Beleuchtung in Sebastians Schlafzimmer brachte die edlen Stoffe der Vorhänge und des Bettes aufs Angenehmste zur Wirkung, die Teppiche strahlten in orientalischen Farben. Das Bett mit dem Moskitonetz darüber war gefällig aufgeschlagen. Thomas saß schon seit einer Weile angezogen auf der hohen Bettkante und starrte vor sich hin.

Hofmann kam in Pyjama und seidenem Morgenmantel aus dem Ankleidezimmer herein. Er ging zum Toilettentisch und kämmte sich. »Kommst du nicht schlafen?«

Thomas schwieg. Hofmann sah ihn geknickt dasitzen, ging zu ihm und legte ihm tröstlich die Hand in den Nacken. »Denk nicht mehr daran. Dieser Krieg ist eine Schweinerei. Ich bin froh, wenn sie endlich wieder weg sind. Sollen sie sich irgendwo anders die Köpfe einschlagen. Nur weit weg.«

»Ich werde mit ihnen gehen.«

Hofmann ließ die Hand sinken. Er ging zum Spiegel, kämmte sich weiter. Schließlich lachte er. »So ein Unsinn!«

»Ich melde mich freiwillig.«

»Thomas!«

»Dies ist unsere Heimat. Wir werden nie dazugehören, wenn wir uns jetzt verweigern.«

»Wir werden auch so nie dazugehören. Sie dulden uns, solange wir Glück haben. Sobald sich das Blatt wendet, werden sie über uns herfallen wie Hyänen! Mach dir nichts vor!« Er zeigte nach draußen. »Das da geht uns nichts an. Wir sind hier, weil wir vor alldem geflohen sind.«

»Es war ein Irrtum. Man kann in dieser Welt nicht fliehen. Nicht mehr.«

Hofmann hockte sich vor Thomas auf den Boden und nahm seine Hände. »Thomas, bitte!«

»Ich bin fest entschlossen.«

Thomas entzog seinem Freund die Hände, machte eine hilflose Geste, als ob er noch irgendetwas sagen wollte, um sich zu erklären, aber dann schwieg er doch. Er stand auf und ging zur Tür. »Es tut mir leid, Sebastian.«

Sebastian blieb alleine zurück, starrte fassungslos vor sich hin.

Am nächsten Morgen waren die Zelte schon früh abgebaut, die Soldaten zogen schweigend in geordneten Reihen ab. Thomas ging bei einem Zug Freiwilliger. Hofmann stand oben auf der Veranda und schaute verbittert zu ihm hinab.

Nachdem Thomas ihm einen letzten Blick zugeworfen hatte, marschierte er davon.

21

Katharina lag auf einem sauberen weißen Kissen. Wie aufgebahrt. Sie schlug die Augen auf. Fühlte sich orientierungslos. Dann kamen die Erinnerung und das Entsetzen zurück. Sie schloss die Augen wieder.

Eine Hand legte sich warm auf ihre Stirn. »Katharina.«

Sie atmete tief durch. »Victor.« Sie klang unendlich erleichtert, als sie seinen Namen aussprach. Sie wandte ihm das Gesicht zu. Er saß auf einem Stuhl an ihrem Bett.

»Du bist hier.«

Er lächelte ernst. »Ich wollte doch bei dir sein, wenn du aufwachst.«

»Ich wollte gar nicht aufwachen …«

Er strich mit der Hand über ihre Wange. Sie griff nach seiner Hand, hielt sie fest und küsste sie. Doch in diesem Moment presste ihr die Erinnerung Tränen aus den Augen.

Sie drehte den Kopf zur Seite und starrte ins Leere. Irgendwann schlief sie wieder ein.

Er blieb noch lange bei ihr sitzen und betrachtete sie.

Die Straßen von Nairobi boten ein völlig anderes Bild als die deutschen Städtchen im Süden: Hier fuhren Automobile und Krafträder, Lastwagen und neuerdings auch Panzerwagen. Es gab einen Flugplatz und sogar einige Flugzeuge, die man aus London geschickt hatte, um den Krieg zu entscheiden. Die Häuser waren mondäner, imposanter und zahlreicher. Und seit über zwei Jahren wimmelte es von Soldaten. Gegen diese Stadt waren die deutschen Siedlungen Provinznester im Dornröschenschlaf.

Die Restaurants und Kaffeehäuser waren weitläufig genug, dass man sich darin verabreden konnte, ohne der halben Stadt aufzufallen. In einem der mondänen Cafés von Nairobi, an einem Tisch am äußersten Rand der Terrasse, über den Automobilen, Rikschas, Reitern, Radfahrern und Fuhrwerken, saß Emilia Larson in Begleitung eines würdigen älteren Herrn. Emilia nahm eine Schatulle aus ihrer Tasche, legte sie auf den Tisch und schob sie dem Herrn hinüber.

»Sie gehörten meinem Mann. Ich bin sicher, er wäre glücklich, wenn Sie sie tragen würden, Mr Keats.«

Der Mann klappte die Schachtel auf: Darin lagen in Mulden aus Samt drei goldene Uhren.

»Vor allem diese ist sehr wertvoll. Eine Piguet.« Sie sah ihn innig an. »Ein Geschenk in alter Freundschaft. Wir kennen uns jetzt schon so lange, mein Mann hat so viele seiner Geschäfte über Ihre britische Bank abgewickelt ...«

»Ich denke oft an Ihren Mann. Und an unseren gemeinsamen Freund, den Bankier Heidelberger aus Tanga. Es ist ein Jammer, dass die Gräben zwischen unseren Nationen so tief geworden sind. So viele von unseren Besten werden diesem Wahnsinn geopfert!«

Beiläufig steckte er die Schachtel mit den Uhren ein.

»Ich hoffe, Sie missverstehen nicht, dass ich Sie um diesen kleinen Gefallen gebeten habe, aber ich bin verzweifelt. Ich stehe vor dem Nichts. Mein Mann hat unser gesamtes Geld kurz vor seinem tragischen Verschwinden bei Ihnen deponiert. Unter einem falschen Namen. Aus Angst, dass es im Kriegsfalle konfisziert würde.«

Unter Tränen redete sie weiter. »Aber es ist doch das Geld unserer Familie! Was soll ich nur tun?«

Mr Keats beschwichtigte sie mit einer jovialen Geste. »Beruhigen Sie sich, meine Liebe. Ich habe das von einem Angestellten prüfen lassen.« Er zog einen Zettel aus seinem weißen Jackett. »In den betreffenden Tagen wurde bei uns nur ein einziges Schließfach angelegt. Auf den Namen Victor McGulloch. Ich habe Erkundigungen eingeholt, es gibt hier keinen Victor McGulloch. Deshalb dachte ich, Ihr Mann hätte tatsächlich ...« Er nickte Emilia zu. »Ich habe mir also erlaubt, die Unterschriften zu vergleichen, aber es ist nicht die Schrift Ihres Mannes.«

»Victor McGulloch ...«

»Kennen Sie den Namen?«

Emilia schüttelte den Kopf. Sie kannte den Namen nicht, aber sie wiederholte ihn noch einmal, um ihn sich einzuprägen.

Katharina war nie zuvor in Nairobi gewesen, sie kannte die Stadt nicht. Aber durch die Geräusche, die tagsüber durch die offenen Fenster hereinströmten, bekam sie eine Vorstellung von dem Leben hier. Es ängstigte sie. Seit dem Überfall verursachte ihr jedes laute Geräusch Angst. So war es der Straßenlärm Nairobis, wegen dem Katharina tagsüber nicht das Bett verließ. Doch seit einigen Tagen stand sie zumindest nachts auf. Sie fühlte sich sicherer, wenn es still war.

Dann ging sie durch das Lazarett. Sehr langsam, denn sie war noch schwach auf den Beinen. Durch die offenen Türen der Zimmer und Säle sah sie die Reihen von Betten, in denen Männer lagen. Viele schliefen unruhig, andere wie tot, hier und da lag einer wach und blickte ihr ausdruckslos hinterher.

Ein junger Mann erwachte mit einem quälenden Husten. Er war fast noch ein Junge – ungefähr in Georgs Alter. Sie ging zu ihm, nahm das Glas auf seinem Nachttisch, stützte seinen Kopf und gab ihm zu trinken. Vorsichtig ließ sie ihn wieder aufs Kissen hinab. Er zitterte im Fieber. Sie strich beruhigend über seinen Kopf und deckte ihn sorgfältig zu.

Plötzlich erstarrte sie: Im Nebenbett lag ein Mann mit einem grauen Bart und schlief. Arne Larson! Er sah alt aus, geradezu verwittert, wie in der Sonne getrocknetes Strandgut. Seine grauen Augenbrauen standen struppig über faltigen Augenhöhlen, und sein Gesicht war übersät mit braunen Flecken und Narben. Doch es war zweifelsfrei Arne Larson.

Katharina lief aufgeregt zu ihm. »Herr Larson!«

Larson fuhr aus dem Schlaf hoch. Seine Augen rasten wirr hin und her, sein Gesicht zuckte. Er starrte Katharina an, konnte offenbar nicht einordnen, was er sah.

»Meine Kinder! Wo sind meine lieben schwarzen Kinder?«

»Erkennen Sie mich nicht? Katharina von Strahlberg! Sie waren in Berlin bei mir zu Gast. Sie haben mir geholfen und mich nach Afrika eingeladen. Sie leben. Man hat Sie überall gesucht.«

Eine britische Schwester wurde aufmerksam und kam herein. »Sie wissen, wer der Mann ist?«

»Ja, sein Name ist Arne Larson. Was ist mit ihm?«

»Eine unserer Patrouillen hat ihn gefunden, mitten im Busch bei einem Eingeborenenstamm. Ohne jeden Verstand. Er begreift nichts. Sie haben ihn zu irgendeiner Art heiligem Mann gemacht und für ihn gesorgt.«

»Aber was ist mit ihm?«

»Arsen. Der Doktor war auf die Symptome aufmerksam geworden und hat auf Arsen getestet: Er hatte so viel davon in sich, dass es an ein Wunder grenzt, dass er überhaupt noch lebt.«

»Heißt das, jemand hat versucht, ihn zu vergiften?«

»Wer weiß.«

Katharina fasste Larsons Schultern und sprach ihn intensiv an. »Herr Larson, erkennen Sie mich nicht? Katharina von Strahlberg. Schauen Sie mich an, Sie müssen mich doch erkennen.«

Er fing an, vor Angst zu wimmern, und zog sich weinend wie ein kleines Kind in sein Bett zurück. Die Schwester legte ihr die Hand auf die Schulter. »Es ist zwecklos«, sagte sie.

Katharina schaute entsetzt auf den weinenden Mann hinab.

Am nächsten Tag begann Katharina mit anzufassen. Ein Arzt untersuchte einen Patienten in seinem Bett. »Schwester, helfen Sie mir bitte mal, den Patienten umzudrehen.«

Die Schwester kam und sie drehten den Patienten mit geübten Handgriffen um. Als sie fertig waren, stutzte der Arzt. Es war keine seiner britischen Schwestern, es war Katharina. In ihrer abgetragenen, notdürftig ausgebesserten deutschen Schwesterntracht mit der Rotkreuzbinde.

»Sie?« Er schaute an ihr herab. »Wo ist die Schwester?«

»Ich bin Schwester.«

»Sie sind Patientin! Sie sind Deutsche!«

Als die britische Schwester mit Bettwäsche und Verbandspäckchen beladen aus dem Nebensaal kam, schaute der Arzt sie ungehalten an.

»Sie hilft schon den ganzen Tag. Ich wüsste nicht, was ich ohne sie gemacht hätte!« Sie wies auf die Patienten. »Es sind so viele.«

Der Arzt wusste nicht, was er sagen sollte, also schaute er nur von einer zur anderen. Schließlich sagte er: »Lassen Sie sich eine britische Schwesterntracht geben.« Er wandte sich wieder dem Patienten zu und Katharina half ihm.

Katharina erholte sich trotz, vielleicht auch gerade wegen der anstrengenden Arbeit. Die Angst, die sie zu Anfang überall belauert und immer wieder plötzlich angefallen hatte, war von ihr gewichen und in einen erträglichen Abstand gerückt.

Katharina hatte es sich zur Angewohnheit gemacht, in ihren Arbeitspausen auf einer schattigen Bank im Park zu sitzen. Die Geräusche der Stadt – jenseits der Mauer und der Hecken war sie immer noch nicht gewesen – sprachen freundlicher zu ihr und weckten beinahe schon ihre Neugier. Eine der Schwestern hatte Katharina ein Buch gegeben. Katharina hatte es mit nach draußen gebracht und las gerade darin, als Victor den Weg unter den Bäumen entlangkam. Als er Katharina auf ihrer Bank sitzen sah, blieb er stehen und betrachtete sie. Nach einer kleinen Weile schaute sie von ihrem Buch auf, sah ihn und lächelte.

Er kam die letzten Schritte zu ihr. »Du liest …«

Sie wog das Buch in ihrer Hand. »Ein Buch. Wie lange ist das her …« Sie legte es auf ihren Schoß. »Und? Was bringst du für Neuigkeiten?«

Victor zögerte. »Ich bin gekommen, um mich zu verabschieden. Ich muss wieder los.«

Die Enttäuschung war ihr deutlich anzusehen. Er setzte sich neben sie und einen Moment lang herrschte betroffenes Schweigen.

Drei junge Schwestern gingen an ihnen vorbei. »Guten Tag, Mr March!« Victor grüßte abwesend zurück und die Schwestern gingen tuschelnd weiter. Eine drehte sich noch einmal zu Victor und Katharina um.

»Du bist ein beliebtes Gesprächsthema bei den Schwestern. Sie sagen, du hättest längst Karriere machen können, wenn du dich nicht mit jedem anlegen würdest. Sie sagen, du treibst es immer so weit, bis sie dich in die Wüste schicken.«

Victor lächelte in sich hinein. »Sagen sie das?«

»Legst du dich mit jedem an?«

Er überlegte. »Sie kommen hierher, um Krieg zu führen, aber von Afrika wollen sie nichts wissen. Sie glauben, sie könnten das Land ignorieren. Diese verdammte Arroganz kostet Menschenleben!«

»Und das hast du ihnen gesagt.«

Victor nickte. »Sie haben mir freundlicherweise erlaubt, mit einem kleinen Trupp über die Grenze zu gehen. Möglichst weit weg.«

»Damit du in der Wildnis wehrlose deutsche Frauen suchst?«

Sein Lächeln verriet, dass er gerne an ihr gemeinsames Lager am Bach dachte.

»Die Deutschen sind in ihren riesigen Gebieten nahezu unsichtbar, weil sie sich perfekt auskennen. Also lerne ich ihr Gebiet kennen, schaue mich um, rede mit den ansässigen Stämmen. Ich weiß, wo ihre Depots sind. Manchmal weiß ich schon vorher, welchen Haken sie schlagen werden. Trotzdem kommen die Einsätze meist zu spät …«

Er schwieg einen Moment. Das alles ging ihm nahe.

»Wir konnten nicht verhindern, dass dieser Krieg ausbricht. Jetzt können wir nur noch helfen, dass er schnell zu Ende geht.«

Eine Weile blickten sie sich tief in die Augen. Schließlich gab er sich einen Ruck und stand auf.

Sie stellte sich vor ihn. »Wie weit müssen andere Menschen entfernt sein, um dich glücklich zu machen?«

Als Antwort kam er ihr näher.

Katharina fragte: »Wann musst du los?«

»Bei Sonnenaufgang.«

Victor hatte bei einem Freund eine Flasche Wein organisiert und zwei Gläser eingeschenkt, aber sie rührten ihn nicht an. Wenn sie Durst bekam, trank Katharina Wasser. Sie wollte nichts als schlichtes Wasser, und wenn sie trank, genoss sie jeden Schluck. Victor schaute ihr beim Trinken zu und strich mit den Fingern über ihren Hals.

Als Katharina und Victor längst reglos und still beieinanderlagen, drehte sich noch der Ventilator über ihnen. Beide lagen wach, aber sie sprachen nicht. Sie wussten auch so alles übereinander, was sie wissen mussten. In dieser Nacht fanden beide eine innere Ruhe, die sie seit Jahren nicht mehr gekannt und in dieser Tiefe vielleicht nie zuvor empfunden hatten. Sie brauchten nicht zu sprechen, denn ein wesentlicher Teil dieser Ruhe bestand darin, dass jeder vom anderen wusste, dass er dasselbe fühlte.

Manchmal, wenn sie doch kurz vorm Einschlafen war, hatte Katharina das Gefühl, die Zeit selbst sei zur Ruhe gekommen und stehen geblieben. Nur das unermüdliche Drehen des Ventilators über ihnen zeigte an, dass die Zeit sich nicht um sie scherte, sondern friedlos voranschritt.

Und schließlich dämmerte der Morgen. Katharina sah zu, wie Victor aufstand, sich wusch und seine Uniform anzog.

Als er sein Hemd zuknöpfte, streifte sich Katharina ihr

Unterkleid über und ging zu ihm. Sie küssten sich zum Abschied.

»Pass auf dich auf, Katharina.«

»Pass auf dich auf, Victor …«

Sie nahm seine Uniformjacke vom Stuhl, um sie ihm zu geben, dabei fiel etwas Kleines, Silbernes zu Boden.

Katharina bückte sich und hob es für ihn auf: Auf ihrer Hand lag ein silbernes Amulett, das sich beim Fallen geöffnet hatte. Darin steckten die Fotos einer schönen jungen Frau und eines kleinen Jungen.

Katharina sah Victor fragend an.

Er nahm es ihr sanft aus der Hand, erwiderte ihren Blick ebenso ernst wie entschieden und steckte das Amulett ein.

Er kämpfte mit sich. Er rang um Worte, die nicht kommen wollten. Andererseits fiel es ihm schwer, einfach so zu gehen. Er schaute Katharina ernst und aufrichtig an, bevor er schließlich ging und die Tür hinter sich schloss.

Katharina blieb alleine zurück und starrte auf die geschlossene Tür. Über ihr drehte sich der Ventilator. Die Zeit verging. Eben war Victor noch bei ihr gewesen, jetzt konnte sie nicht fassen, wie weit er plötzlich weg war. Durch die halb geschlossenen Jalousien sah sie Victor über den Hof gehen. Drüben an der anderen Hauswand schlief ein Hund. Er hob nicht einmal den Kopf, als Victor vorüberging und zur Straße hin verschwand.

Larsons Bett war leer. Mit stramm gezogenem Laken wartete es auf den Nächsten, dem der Krieg die Flügel ausgerissen hatte. Katharina und eine Schwester gingen mit einem Wagen herum, auf dem, abgedeckt mit einem sauberen Tuch, Medikamente und Spritzen lagen. Die Männer schliefen. Plötzlich bemerkte Katharina das leere Bett.

»Wo ist Herr Larson?«

»Der Doktor hat ihn entlassen.«

»In seinem Zustand?«

»Wir können nichts mehr für ihn tun. Sie haben ihn in das Internierungslager für Deutsche gebracht. Da kümmert man sich um ihn.«

Während die Schwester den Raum mit gebrauchten Spritzen verließ, schaute Katharina noch einmal auf das leere Bett. Sie fühlte sich Larson gegenüber verantwortlich, wusste jedoch nicht, was sie für ihn tun konnte.

Dann nahm sie eine Spritze, prüfte sie und ging zu einem der Männer. Sie reinigte seinen Arm mit ein wenig Alkohol, setzte die Spritze an und schob die Nadel hinein. Plötzlich packte er mit der anderen Hand ihr Handgelenk und hielt es eisern umklammert. »Du verfluchtes deutsches Weib!«

Als Katharina ihre Hand wegziehen wollte, packte er auch mit der anderen zu, sodass die Spritze auf dem Boden zersplitterte. »Ihr verfluchten Deutschen!«

Er nahm eine Hand von ihrem Arm und schlug seine Decke zurück: Er hatte nur noch ein Bein. »Ja, schau! Schau genau hin! Ihr Deutschen habt mein Bein!« Er wollte ihr Gesicht auf seinen Beinstumpf pressen, aber sie wehrte sich.

»Hilfe!«

Er stürzte sich auf sie, rang sie zu Boden, fiel aus seinem Bett und lag auf ihr. Dabei kippte der Wagen um, noch mehr Spritzen zersplitterten auf dem Boden und Tabletten rollten in alle Richtungen davon. Er hatte ihren Kopf gepackt und knallte ihn wieder und wieder auf den Boden.

»Deutsche! Deutsche! Deutsche! Deutsche!«

Sie bekam keine Luft mehr. Sah nur noch das hassverzerrte Gesicht über ihr. Irgendwoher kamen Rufe und Schritte, Menschen eilten herbei, ein Patient, zwei Wachmänner, eine Schwester – sie zerrten den Einbeinigen von ihr herunter. Drückten ihn zurück ins Bett.

Die Schwester half Katharina auf und führte sie weg. Katharina schaute sich – verwirrt und trotz allem besorgt – nach dem Mann um.

»Verflucht seid ihr! Ich hasse euch!«, schrie er, während

sie ihn hielten und der Arzt eine Spritze in seinen Arm presste.

Später stand Katharina mit der Schwester und dem Arzt im Schwesternzimmer. Mit verschränkten Armen und zerrissenem Kragen starrte sie aus dem Fenster ins Dunkle. Die Schwester stand besorgt neben ihr, der Arzt rauchte eine Zigarette und blickte sie betroffen und mitleidig an.

Als sie mit ihren Augen eine Frage an ihn richtete, mied er ihren Blick. Ihnen war klar, dass sie nicht mehr weitermachen konnten. Man hatte Katharina stillschweigend geduldet, weil sie jede Hilfe gebrauchen konnten, aber nun würden die Behörden sie ins Internierungslager bringen, wo sie wie alle Deutschen das Ende des Krieges abwarten musste. Es sei denn, sie ging fort. Der Arzt und die Schwestern würden sie nicht aufhalten.

Katharina schaute wieder in die Dunkelheit, doch sie sah nur ihr Spiegelbild in der Scheibe.

Einige Tage später kam Victor zurück.

Er hatte nächtelang ins Lagerfeuer gestarrt, die Faust um das silberne Amulett geschlossen. Dann hatte er es nicht länger ertragen. Er musste zu Katharina. Sie hatte ein Recht darauf, dass er mit ihr sprach. Er selbst hatte ihr dieses Recht gegeben. Trotzdem hatte er Angst davor.

Die Schwestern brachten den Kranken gerade Essen, als Victor hereinkam. »Wo finde ich Schwester Katharina?«

»Die deutsche Schwester?«

»Ich muss sie dringend sprechen.«

»Wir mussten sie wegschicken.«

Er kam zu spät.

22

Regen.

Nichts als Regen.

Katharina watete völlig durchnässt durch den Schlamm, mit einem langen Militärregenmantel über ihrer alten deutschen Schwesterntracht und der alten Rotkreuzbinde um den Arm. Plötzlich sank sie bis weit über die Knie ein und musste schwer kämpfen, um ihre Füße wieder herauszuziehen und auf festeren Grund zu kriechen.

Erschöpft blieb sie an einem Baum sitzen. Seit Tagen waren ihre Kleider nicht mehr richtig trocken gewesen. Manchmal musste sie an die saubere weiße Bettwäsche im Hospital von Nairobi denken. Fast ein Jahr war das jetzt her. Seither gab es nichts Sauberes, Reines mehr in ihrem Leben. Vor zwei Monaten war ihr ein Leopard begegnet. Er hatte auf einem Ast gelegen und sie beobachtet. Er hatte nichts Schmutziges an sich gehabt, nicht einmal den ewigen Staub dieses Landes. Fast schien es ihr sogar, als habe er sich nach dort oben begeben, um nicht mit all dem Staub und Schlamm in Berührung zu kommen.

Seit Wochen hatte Katharina keinen Menschen gesehen. Sie suchte die Nähe der Menschen nicht. Wenn sogar der eine, der Einzige, dem sie nah sein wollte, etwas zu verbergen hatte! Wie hatte Hofmann einmal gesagt? Neuigkeiten lassen dieses Land auf ein erträgliches Maß schrumpfen. Für Katharina wurde das Land mit jedem Tag weiter und uferloser. Ihrer Arbeit als Schwester konnte sie kaum noch nachgehen, weil weder Verbandszeug noch Medikamente verfügbar waren. Wenn sie an eine Station kam, hörte sie immer wieder, das Militär habe schon alles genommen. So hatte sie es sich zur Gewohnheit gemacht, das zu nutzen, was sie von Noah gelernt hatte. Sie wusste, welche Kräuter eine Entbindung vereinfachten, welche Wurzeln sie auskochen musste, um Entzündungen zu stoppen, und wie man mit Hilfe von Bambus und Elefantengras einen gebrochenen Arm schiente. Gelegentlich bekam sie in einem der Depots eine Kürbisflasche mit »Lettow-Schnaps«, einem abscheulich riechenden gärenden Absud aus Chininrinde, den sie Malariakranken verabreichen konnte. Katharina versorgte sich selbst, indem sie grüne Bananen in Feuerlöchern mit Erde bedeckte und so innerhalb von Stunden genießbar machte, oder indem sie Mhogo ausgrub: stärkehaltige Wurzeln, die sie roh essen konnte. Und sie wusste auch, dass sie nicht zu viel davon verzehren durfte, weil man sonst unweigerlich Kopfschmerzen bekam.

Wenn Katharina zu einem Dorf kam, dann gab man ihr etwas zu essen – auch wenn sie oft nicht helfen konnte. Und sie hörte, wie die Menschen hinter vorgehaltener Hand »*mama mganga*« sagten – doch niemand sprach sie mehr direkt bei diesem Namen an. Ihre mitleidigen Blicke zeigten deutlich genug, was sie dachten: Was ist aus *mama mganga* geworden?

Als Katharinas Fuß wieder im Schlamm feststeckte, schaffte sie es kaum noch, ihn herauszuziehen. An einem kargen Busch fand sie Beeren. Sie waren noch unreif, aber Katharina verschlang sie regelrecht.

Plötzlich ein Schuss.

Katharina schreckte auf, versuchte, die Richtung abzuschätzen. Dann packte sie eilig ihre Sachen zusammen und stolperte los. Auf einer Lichtung stieß sie auf einen Trupp deutscher Soldaten bei einem mickrigen erlegten Bock. Blitzschnell waren vier Gewehre auf sie gerichtet. Als die Männer sahen, dass es nur eine Schwester war, ließen sie die Waffen sinken.

Doch einer starrte Katharina aus seinem dreckigen, nassen Gesicht an wie ein Wunder. Sie musterte ihn, erkannte ihn zunächst aber nicht.

»Frau von Strahlberg.«

»Thomas!«

Er drückte ihr überschwänglich die Hand.

Später saßen sie alle zusammen. Die Männer hatten eine Plane zwischen Bäume und Büsche gespannt, die den Regen ein wenig abhielt. Neben dem Feuer zerteilten sie den gebratenen Bock und aßen ihn mit den Fingern.

»Wir sind los, um Medikamente zu erbeuten. Aber was wir den Briten abnehmen konnten, ist erbärmlich.«

»Was habt ihr?«, fragte Katharina.

Thomas wies auf zwei Kisten. Katharina legte ihr Fleisch hin, ging zu den Kisten, öffnete sie und verschaffte sich einen Überblick über die Flaschen und Päckchen.

»Kein Chinin?«

»Zumindest Morphium. Dr. Lukas wird nicht glücklich sein. Er hat *nichts* mehr. Nicht einmal Verband.«

Katharina horchte auf. »Franz?«

»Ja, Franz. Er ist unser Stabsarzt.«

Katharina konnte ihr Glück kaum fassen, als sie den Namen hörte. Ein freundlicher Klang aus alten Zeiten.

»Wie geht es ihm?«

Thomas zuckte mit den Schultern.

»Und wie geht es Sebastian?«

Das Thema war Thomas unangenehm. Er litt offenbar immer noch unter dem Abschied im Streit. »Ich weiß es nicht. Ich habe so lange nichts mehr von ihm gehört.«

Mit Tränen in den Augen blickte er in die Ferne. Katharina drückte seine schmutzigen Hände.

Ein britischer Soldat plagte sich ebenfalls durch das Wetter. Er hatte einen Umweg genommen, weil er wusste, dass der höhere Weg gangbarer war. Dafür gab es hier Äste und Zweige, die sich einem in den Weg streckten, weshalb er von seinem Pferd gestiegen war und zu Fuß ging. Er humpelte, aber das störte ihn nicht weiter. Die Kapuze seines

Reitmantels tief über das schmale Gesicht gezogen, führte er sein triefendes Pferd an der Hand. »Komm weiter, Kleiner. Es muss hier irgendwo sein.«

Pferde waren inzwischen fast gar nicht mehr zu bekommen, aber William McKea pflegte gute Beziehungen zu allen Truppenteilen, seit die Deutschen ihm an der Front das Knie zerschossen hatten und er nach dem Lazarett einen Job in der Verwaltung bekommen hatte.

McKea sah im Gehölz ein Lagerfeuer und musste lächeln. Mitten ins Schwarze! Scheinbar hatte er in der Amtsstube nicht alles verlernt. Er ging auf das Feuer zu. Unter einem Baum fand er, leidlich trocken, ein kleines Lager: Feuer, Vorräte, Zeltplane. Doch es war niemand zu sehen. Plötzlich zielte von hinten ein Gewehrlauf auf seine Kapuze.

McKea hob die Hände und sagte: »Das ist das lausigste, elendste, miserabelste Lager, das ich je gesehen habe!«

»Du kannst ja gehen, wenn es dir nicht passt.« Damit ließ Victor das Gewehr sinken.

McKea drehte sich um und die beiden grinsten sich freundschaftlich an. »Ich habe Kaffee mitgebracht.«

»Das ist gut. Dann darfst du die Hände wieder runternehmen.«

Während McKea das Pferd versorgte, kochte Victor Kaffee.

Sie setzten sich ans Feuer, wo Victor den Kaffee einschenkte. McKea streckte sein Bein aus und massierte sein Knie.

»Seit wann kannst du mit dem kaputten Knie wieder reiten?«

»Kann ich nicht. Aber wenn ich schon mal erfahre, wo du steckst! Wir haben lange nichts von dir gehört, Victor. Ich habe mir Sorgen um dich gemacht.«

»Tut mir leid.«

Sie tranken schweigend ihren Kaffee.

»Victor, du hast nicht mehr viele Freunde in Nairobi. Es

ist offensichtlich, dass du dich nicht mehr sehr für unseren Krieg interessierst. Warum hast du dich so lange nicht gemeldet? Was ist los mit dir, Victor?«

Victor antwortete nicht.

»Bist du immer noch auf der Suche nach der Frau?«

Immer noch Schweigen.

McKea schaute seinen Freund betroffen an. Victor gefiel ihm nicht; er hatte ihn schon einmal in diesem Zustand erlebt. Victor ging dann Risiken ein, die er nicht einmal wahrnehmen wollte.

»Also, was hast du für mich?«, wechselte Victor das Thema.

»Wir schicken eine Ordonnanz zu Lettow-Vorbeck. Du sollst ihnen zeigen, wo er steckt.«

»Warum? Handelt ihr einen Deal aus?«

»Er hat einen Orden bekommen. Pour le Merite. Der höchste, den sie haben.«

»Und?«

»Wir haben ihn von der Außenwelt abgeschnitten. Er hat also keine Chance, es zu erfahren.«

»Und wir teilen es ihm mit?«

»Das ist nur fair.«

»Fair?«

»Eine Frage der Ehre.«

Victor sah ihn nur mit tiefem Befremden an. McKea hatte wohl recht: Es verband ihn nicht mehr viel mit Nairobi.

Die vier Soldaten trugen die beiden erbeuteten Kisten, Katharina marschierte hinter ihnen her. Irgendwann hörten sie Rufe, Geklapper, einen Pfiff.

Hinter den Bäumen, im Wald halb unsichtbar, zog der Tross einer deutschen Abteilung. Sie hielten darauf zu und bald hatten sie ihn erreicht: Durchnässte Soldaten mit eingezogenen Köpfen zertraten den Schlamm, die Träger schleppten zerlegte Geschütze mit unmenschlicher Anstrengung durch den Morast. Verletzte und Kranke wurden getragen. Es war ein Bild des Elends.

Katharina sah einen Mann, der seinen Stiefel im Schlamm verlor, er konnte ihn nicht wieder herauszerren und fing vor Erschöpfung an zu weinen. Und dann sah Katharina noch etwas: Franz Lukas kniete am Wegrand über einem Verwundeten. Bei ihm zwei Träger, die den Soldaten eben abgelegt hatten. Katharina ging auf ihn zu und blieb hinter ihm stehen.

»Nun haltet ihm doch etwas übers Gesicht!«, schimpfte Franz. Er stand auf, brach ein großes Bananenblatt ab und legte es dem Verwundeten vorsichtig übers Gesicht. Er versuchte weiter, mit dem alten Verband am Arm des Mannes klarzukommen. »Verfluchte Fetzen! Das hält doch nicht.«

Katharina überlegte kurz, dann nahm sie ihre Rotkreuzbinde vom Arm und reichte sie ihm.

»Danke.« Er nahm sie, ohne sich umzudrehen. Als er sah, was er bekommen hatte, zögerte er kurz, fand die Idee gut und behalf sich damit. Schließlich drehte er sich um. Und erkannte Katharina. Er konnte es kaum glauben. Während er noch überlegte, ob er ihr die Hand geben sollte, umarmte sie ihn schon, schließlich legte auch er seine Arme um sie.

In tiefer Freundschaft schauten sie einander in die Augen.

»Mama mganga«, sagte er.

Katharina lachte.

»Katharina, ich habe mich so oft gefragt, wie es Ihnen geht.«

»Ob ich noch lebe, meinen Sie. Ich würde doch niemals gehen, ohne mich von Ihnen zu verabschieden!«

Beide lächelten unter ihren Regenkapuzen hervor.

Als im Nachtlager alle Kranken und Verwundeten versorgt waren, kehrte Ruhe ein. Alle nutzten die viel zu kurzen Stunden bis zum Weitermarsch zum Schlafen. Der Regen prasselte auf das Sanitätszelt, während auf dem Boden, halbwegs trocken, einige Verwundete schliefen. Nur Katharina und Franz saßen noch beieinander. Neben dem Zelteingang tranken sie im Schein einer Laterne Tee und erzählten sich gegenseitig, wie es ihnen ergangen war. Schließlich stellte Franz die Frage, die ihm auf dem Herzen lag: »Suchen Sie immer noch den Mann, der Ihren Sohn erschossen hat?«

Er sah, wie Katharina sich zurückzog, wie sie sofort verschlossen, beinahe trotzig wurde.

»Sie haben also nicht aufgegeben ...«

Katharina schwieg.

»Katharina. Hat das denn noch einen Sinn?«

»Für mich ist das der einzige Sinn. Bei jedem Schritt durch den Schlamm, bei jedem Malariaanfall. Wenn ich vor Hunger nicht einschlafen oder vor Erschöpfung nicht aufstehen kann – dann gibt mir nur noch das Kraft. Das Wissen, die absolute Gewissheit, dass ich ihm irgendwann in die Augen blicken werde.«

»Der Hass hält Sie am Leben?«

Katharina sah ihn fest an. Dann wandte sie sich ab und nahm etwas aus ihrer Rocktasche: den verdreckten und abgegriffenen Zweig des Baobabs. »Den hat Victor mir geschenkt. Damals, nach unserem ersten gemeinsamen Ausflug.«

Franz lächelte. »Victors Baobab.«

»Es sollte ein Symbol für unsere Freundschaft sein. Dann habe ich Georg dort begraben. Der Zweig ist mir ein Symbol für meinen Schmerz geworden. Und für den Hass.«

Mitfühlend und bestürzt sah Franz mit an, wie sich ihre Faust um das kleine Stück Holz zusammenpresste.

23

Katharina schloss sich der Abteilung an, die Befehl hatte, sich im Osten mit anderen Abteilungen, unter anderem mit Lettow-Vorbeck, zu sammeln. Lettow hatte irgendetwas vor, man wusste nicht, was. Unterwegs half Katharina Franz bei der Versorgung der Verwundeten. Es musste Tag für Tag marschiert werden, feindliche Verbände waren in ihrem Rücken gemeldet worden. Also versuchten sie sich so unsichtbar wie möglich zu machen. Es ging durch Wälder, schmale Täler und hohes Elefantengras.

Am Tag zuvor waren sie auf eine zweite Abteilung gestoßen und man marschierte gemeinsam weiter. Es war die Abteilung von Strahlberg unter Richards Befehl, in der auch Heinrich eine Kompanie befehligte. Richard hatte Katharina sofort zur Rede gestellt, ob es wahr sei, dass sie in einem britischen Lazarett gearbeitet habe.

»Bist du verletzt?«, hatte sie nur zurückgefragt.

»Nein.«

»Dann geh, ich habe zu tun.« Und damit hatte sie sich wieder einem Patienten zugewandt, dem Franz das Bein hatte abnehmen müssen und der jetzt regelmäßig Morphium bekam. Solange welches da war.

Bald blieb endlich der tägliche Regen aus. An einem sonnigen Tag folgten sie dem tief in die trockene Landschaft eingeschnittenen Bett eines flachen schmalen Flusses. Vor Tagen war das Wasser noch reißend und unpassierbar gewesen, aber mit dem Ende des Regens hatten sich die Fluten schnell verlaufen. Die Soldaten marschierten unten im flachen Wasser und am steinigen Ufer. In langer Reihe folgten die Träger mit Kisten, Säcken und den beiden in Einzelteile zerlegten Geschützen. Katharina marschierte an Franz' Seite. Sie unterhielten sich leise. Die Gedanken, die Katharina

Tag für Tag im Kopf herumjagten, mussten ausgesprochen werden. Und wem konnte sie sich anvertrauen, wenn nicht Franz? »Ich komme einfach nicht weiter! Ich weiß nur: Jedes Mal wenn einer dieser Männer getötet wurde, waren Richard und Heinrich in der Nähe. Entweder alleine oder mit den Truppen.«

»Wenn sie wirklich Geld unterschlagen haben, das für die Kolonie bestimmt war, dann erklärt das natürlich, warum sie überhaupt aufgetaucht sind. Offenbar ist das Geld hier. Aber warum haben sie es nicht genommen und sind gleich wieder damit verschwunden?«

Oben am Ufer stand Richard. Er hatte das umliegende Gelände beobachtet und schaute jetzt zu den beiden hinab, während sie unten am Wasser an ihm vorübergingen. Er kniff mehrmals die Augen zusammen, um deutlich zu sehen. Seine Augen waren entzündet und ihm stand eine hartnäckige Malaria ins Gesicht geschrieben.

Katharina wartete einen Moment, bevor sie weitersprach.

»Vielleicht haben sie das Geld gar nicht. Vielleicht hat einer von ihnen das Geld für sich behalten. Die Betrüger betrogen.«

»Und dann bringen sie ihn um? So finden sie das Geld ja nie!«

Katharina nickte gedankenverloren. »Aber wenn wirklich einer alle anderen betrogen hat, dann hat er das Geld. Er bringt alle zum Schweigen!«

»Und Georg? Warum dann Ihr Sohn?«

»Vielleicht hat Georg nur den Mörder überrascht. Er ist zufällig dort gewesen und hat alles gesehen.«

»Dann ist es nicht Richard. Ich traue ihm viel zu, aber nicht das!«

»Am Ende stoße ich immer wieder gegen eine Wand. Alles dreht sich im Kreis. Wer war es? Wer?«

Im Flusslauf vor ihnen wartete Thomas und reichte ihnen

seine Wasserflasche. »Hier, ich habe noch etwas abgekochtes Wasser.« Katharina trank einen Schluck, bevor sie gemeinsam weitergingen.

Oben am Rand des Canyons schloss Heinrich auf und brachte sein Pferd neben Richard zum Stehen. Die beiden schauten nach unten, beobachteten Katharina, Franz und Thomas, wie sie mit dem Kriegszug marschierten. »Mit all den Verwundeten und Kranken sind wir viel zu unbeweglich! Lettow kann nicht mehr lange durchhalten. Und das Problem mit deiner Frau hat sich nicht von alleine gelöst.«

Unten drehte sich Katharina noch einmal um, schaute zu den Brüdern herauf.

»Sie ist zäher, als ich gedacht hätte.«

Richard sah ihr schweigend nach.

»Eigentlich müsste man sie dafür bewundern, wie sie sich durchschlägt. Aber es geht nicht länger!« Er schaute Richard an, dessen Augen immer noch an Katharina hingen. Ohne seinem Bruder zu antworten.

»Richard, es muss sein. Sonst sind wir dran. Sie hat sich das selbst eingebrockt. Entweder wir oder sie!«

Schweigen. Richard schloss einen Moment erschöpft die Augen. Es ging ihm nicht gut.

»Richard, hast du mich verstanden? Wir oder sie. Begreifst du denn nicht unsere Lage? Lettow ist am Ende. Und sobald der Krieg aus ist, wird deine Frau Leute finden, die ihr zuhören. Sie wird niemals aufgeben. Sie ist besessen davon, herauszukriegen, wer euren Sohn getötet hat. Sie lässt uns keine Wahl, Richard!«

Richard schüttelte nur schwerfällig den Kopf.

»In Berlin werden Köpfe rollen. Und wir werden den Frieden im Zuchthaus verbringen.«

Es wurde immer deutlicher, dass Heinrich es war, der stillere und jüngere Bruder, der hinter dem charismatischen Richard in Wirklichkeit die Fäden zog und seinen Bruder unter Druck setzte.

»Ich werde diese verfluchte Malaria nicht los!« Richard ritt weiter. In Heinrichs Blick lag etwas Verächtliches, während er seinem älteren Bruder hinterhersah, dem so viel engere Grenzen gesteckt waren als ihm selber.

Irgendwann floss der Fluss an einem Wald entlang. Die Bäume standen bis zum Ufer wie eine Herde trinkender Tiere. Während die Kompanien weiterzogen, ging Katharina in den Wald hinein, um Kräuter zu suchen. Sie wollte später wieder aufschließen. Als sie sich ein Stück weit vom Fluss entfernt hatte, wurde es still. Die Bäume spendeten angenehmen Schatten, Sonnenflecken flimmerten über den Boden, und es herrschte ein grünes, gedämpftes Licht, das Katharina in eine fast traumhafte Stimmung versetzte, während sie ziellos durch den Wald strich und hier und da Kräuter sammelte. Schließlich setzte sie sich in den Schatten eines Baumes und lehnte sich an den Stamm. Die glitzernden Sonnenflecken in dem grünen Halbdunkel gaben ihr eine Ruhe, die sie unmerklich dem Schlaf näher brachte.

Plötzlich horchte sie auf.

Es war still.

Viel zu still. Etwas stimmte nicht.

Sie stand auf und schaute sich um: überall nur der bewegte Halbschatten der Bäume. Sonst nichts.

Doch da – Katharina erstarrte. In einiger Entfernung stand ein Mann im Wald und blickte zu ihr herüber: Victor!

Sie schauten sich lange an. Er stand da wie eine Erscheinung – eine Fata Morgana oder ein Geist.

Katharina sah sich um, ob irgendwer sie beobachtete, wollte zu ihm laufen, doch er winkte mit einer klaren Handbewegung ab. Bedeutete ihr wegzulaufen. Vor was wollte er sie warnen?

In diesem Moment erschien vom Fluss her Richard und entdeckte Katharina und Victor. Sofort verzerrte sich sein Gesicht vor Wut. Offenbar sah er bestätigt, was er schon lange vermutet hatte: dass Katharina den Briten trotz des Krieges regelmäßig traf. Ohne zu zögern nutzte er die Gelegenheit, zog seine Pistole und schoss auf Victor. Doch der war wie vom Erdboden verschluckt.

Richard richtete seine drohenden Augen auf Katharina.

Und in diesem Moment begann unten am Fluss das Schießen. Maschinengewehrfeuer, Explosionen, Schreie – doch zu sehen war von hier aus nichts.

Katharina und Richard duckten sich und rannten los.

Als sie an den Fluss kamen, lagen die Deutschen an den Uferböschungen und wehrten sich aus allen Rohren. Es war ein Massaker: Schüsse von beiden Seiten, es gab keine Deckung. Reihenweise rutschten die Männer tot oder verletzt die Böschung herab, dabei waren die Gegner noch nicht einmal zu sehen. Es wurde einfach nur gestorben.

Heinrich zerrte seine Leute förmlich nach hinten. »Kompanie! Rückzug! Rückzug!«

Katharina rannte und watete geduckt durch den schmalen Flusslauf. Um sie herum pfiffen die Querschläger, das Wasser spritzte von den Kugeln auf.

»Katharina!« Thomas hockte tief geduckt ein Stückchen vor ihr und winkte sie zu sich herüber. Offenbar wollte er ihr Deckung geben.

Plötzlich war Richard da. »Hoch da, Soldat!«

Thomas schaute entsetzt die Böschung hinauf, wo die Schüsse Dreck aufspritzen ließen.

Richard und er starrten sich an.

»Hoch!«

Schließlich gehorchte Thomas.

Katharina sah Richards Gesicht und wusste, dass dies endlich die Vergeltung für seine Niederlagen bei Hofmann war.

»Richard!«, schrie sie, um ihn zur Vernunft zu bringen.

Doch im selben Moment wurde Thomas schon getroffen. Er drehte sich zu Katharina um, in seinem Blick Verwunderung und blankes Entsetzen, dann zerfetzten ihm zwei weitere Schüsse den Rücken. Er kippte nach vorn und blieb im Bach liegen.

Katharina stürzte, rappelte sich auf, rannte zu ihm. Als sie ihn auf den Rücken drehte, um sein Gesicht aus dem Wasser zu bekommen, starrte er sie an. Sie brauchte einen Moment, um zu begreifen, dass er bereits tot war. Die Kräuter, die sie gesammelt hatte, schwammen im Wasser davon, trudelten an toten Soldaten vorbei.

Als Katharina die Hand ausstreckte, um Thomas die Augen zu schließen, packte Richard sie am Arm und schob sie in den Strom der Rennenden.

Er entdeckte Heinrich. »Heinrich, übernimm du die ganze Abteilung! Ich bleibe zurück und decke den Rückzug!«

Sie gelangten an eine Stelle, an der eine doppelte Reihe Schützen hockte. In ihrer Deckung wurden alle Mann aus dem Flusslauf heraus und durch eine Senke in die Savanne geleitet.

Richard lief mit ein paar Männern weiter das Bachbett entlang und verschwand.

Das Schießen hatte aufgehört. Jetzt suchten britische Sanitäter auf den Uferböschungen nach Überlebenden, bargen deutsche wie britische Verwundete.

Ein Captain stand etwas abseits und bekam mit korrektem Gruß eine Meldung überreicht. Während er die maschinengeschriebene Nachricht las, kam Victor aufgebracht zu ihm. Er war durch die Reihen der Verwundeten und Gefallenen gelaufen und hatte sich vergewissert, dass keine Frau darunter war. »Captain, was sollte das? Es war ausgemacht, dass wir sie zwingen, sich zu ergeben.«

»Sie hätten nicht kapituliert.«

»Sie haben ihnen nicht einmal die Chance gegeben!« Victor schüttelte fassungslos den Kopf. »Warum setzen Sie nicht wenigstens nach? Jetzt haben wir sie. Sie sind am

Ende. Ihnen bleibt gar nichts anderes übrig, als sich zu ergeben. Mit etwas Glück können wir es jetzt ohne weiteres Blutvergießen beenden.«

Der Captain reichte ihm wortlos den Zettel. Victor las.

»Europa ...« Victor schaute ungläubig auf.

»Eben angekommen«, sagte der Captain. »Alle Europäer sind an die europäische Front abkommandiert. Hier übernehmen die Südafrikaner. General Smuts ist schon in Nairobi.«

Victor starrte auf den Zettel. Er konnte es nicht fassen. Abkommandiert nach Europa! Zurück ... Mit abwesendem Blick schaute er zu den Hügeln, wo die Deutschen verschwunden waren.

Ein Stück entfernt kroch ein deutscher Soldat in einer Mulde des Flusslaufes zu seinem Gewehr, zog es vorsichtig zu sich und legte an.

Er nahm einen britischen Major ins Visier und drückte ab.

Victors Kopf wurde herumgerissen und der Brite stürzte die Böschung hinab.

Der Captain warf sich auf den Boden, britische Soldaten rannten herbei, der Deutsche schoss noch einmal, verletzte einen Briten am Arm, dann schossen die Briten. Ihre Kugeln zerfetzten dem Deutschen den Hals und er starb.

Captain Blake sah hinunter zu dem getroffenen Major. Victor lag leblos im Uferschlamm, aus seinem Kopf floss rotes Blut im trübe aufgewühlten Wasser davon.

Drittes Buch

24

Deutsche und Briten hatten vereinbart, gemeinsam das Gefechtsfeld nach Verwundeten und Gefallenen abzusuchen. Die Männer hatten ihre Arbeit routiniert erledigt und waren dann mit den Verwundeten abgezogen.

Richard war alleine zurückgeblieben. Er stand in der einsamen Landschaft, konzentriert und aufmerksam. Er schaute sich um, horchte, ging ein Stück weiter und horchte wieder. Außer dem Wind war absolut nichts zu hören.

Er stieg auf einen Termitenhügel und spähte durchs Fernglas. Eine Bewegung in der Ferne erregte seine Aufmerksamkeit.

Die Nachhut der Briten. Sie zogen tatsächlich ab. Warum? Warum setzten sie nicht nach? Richard ließ das Glas in Gedanken sinken und wischte sich Schweiß von der Stirn. Plötzlich fühlte er, wie sich sein Magen zusammenkrampfte. Wann würde das endlich aufhören? Er hatte keine Kraft mehr. Erschöpft stützte er sich auf einen Stein und übergab sich. Bisher hatte er es immer geschafft, sich zurückzuziehen. Der Gedanke, dass seine Mannschaft ihn in diesem Zustand sah, war ihm unerträglich. Er ging ein Stück und kam zu seinem Pferd, das er an einen Busch gebunden hatte. Er hielt sich am Sattel fest. Brauchte eine Weile, bis er aufsteigen konnte. Dann ritt er seiner Abteilung hinterher.

Am Ufer eines Sees machte die Truppe Rast. Die meisten Soldaten hatten sich vor Erschöpfung einfach auf die Erde fallen lassen. Einige schliefen, andere waren im Wasser, wuschen ihre verschwitzten Hemden aus und erfrischten sich.

Katharina ging herum und versuchte zu helfen, wo Hilfe benötigt wurde. Franz hatte sie losgeschickt, damit sie sich umsah. Viele der Männer mit leichten Verletzungen oder Verwundungen hielten es nicht für nötig, im Lazarett zu erscheinen. Doch Franz wusste, wie schnell ein kleines Problem, das in Europa nicht weiter der Beachtung wert gewesen wäre, hier einen tödlichen Verlauf nehmen konnte. Katharina löste einem Soldaten mit einer älteren Handverletzung den Verband und sah, dass die Wunde sich entzündet hatte. Als sie ihn eben ins Lazarett schicken wollte, hörte sie hinter sich Heinrichs Stimme: »Die Frau ist festzunehmen und zu exekutieren.«

Katharina fuhr herum. Dort stand Heinrich mit sechs Askaris und blickte hart auf sie herab.

Langsam erhob sie sich.

»Als derzeitiger Befehlshaber dieser Kompanien klage ich Sie der Spionage an. Sie haben mit dem Feind kooperiert und den Standort der Truppe verraten. Damit haben Sie den Tod deutscher Soldaten verschuldet.«

Der Soldat, dem Katharina die Hand verbunden hatte, protestierte: »Aber, Herr Major!«

»Halten Sie den Mund, Mann, sonst sind Sie der Nächste!«

»Aber Sie können doch nicht einfach … Sie ist eine Frau!«

Andere Soldaten wurden aufmerksam und schauten herüber. Einige standen auf und kamen näher. Überall ablehnende Gesichter. Gemurmel. *Das kann doch nicht wahr sein!* Heinrich wusste um sein Publikum. Er musste jetzt auf ganzer Linie durchhalten. »Ich kann und ich werde. Zu Ihrer Information: Frau von Strahlberg ist unmittelbar vor der Schlacht gesehen worden, wie sie sich heimlich mit einem britischen Major getroffen hat. Ein Major der Aufklärung, mit dem sie – wie wir inzwischen wissen – regelmäßig Kontakt hatte.«

Er wandte sich wieder Katharina zu: »Sie werden das nicht leugnen.«

Katharina schüttelte ungläubig den Kopf. »Das wagst du nicht, Heinrich.«

Er nickte befriedigt: Sie leugnete nicht.

»Sie haben einen Deserteur zu Ihrem Boy gemacht«, fuhr er fort. Und an die anderen gewandt: »Frau von Strahlberg ist vor der Regenzeit mehrere Wochen nach Nairobi verschwunden.« Nach dieser Mitteilung nahm er wieder Katharina ins Visier. »Sie haben für den Feind gearbeitet!«

»Herrgott, ich bin Krankenschwester!«

»Und Spionin. Ich trage die Verantwortung für diese Einheiten. Ich habe die Pflicht – zum Schutz der Truppe und um weitere Kampfhandlungen nicht zu gefährden –, unverzüglich zu handeln. Abführen.«

Die Askaris führten Katharina zu einem Baum. Sie wehrte sich nicht. Sie wusste, es hätte sowieso keinen Sinn.

Die Askaris warfen das Seil über einen Baum, bereiteten eine Schlinge vor und fesselten ihr die Hände auf dem Rücken. Die umstehenden Soldaten schauten ratlos zu.

Plötzlich erschien ein Reiter: Richard. Heinrich wandte sich ihm zu, während der Bruder in aller Ruhe näher ritt.

Schweigend und mit versteinerter Miene betrachtete er das Geschehen. Schließlich brachte er sein Pferd direkt vor Heinrich zum Stehen.

Heinrich sah zu ihm auf.

Ein halbnackter Soldat, nur in Hose, weil er eben noch im See war, kam ein paar Schritte näher. »Herr Oberst! Bereiten Sie dem ein Ende!«

Die Männer schauten Richard erwartungsvoll an. Er saß auf seinem Pferd und blickte auf Heinrich hinab.

»Tja«, sagte Heinrich in aller Unschuld. »Der Herr Oberst kommt im richtigen Moment zurück. Nun liegt der Oberbefehl wieder bei ihm.«

Richard sagte nichts. Stattdessen schaute er Katharina aus seinen dunklen, kranken Augen an.

Franz holte eine Kugel aus dem Arm eines Soldaten. Die kleine Operation musste ohne Betäubungsmittel erledigt werden, aber es war ja ohnehin eine Kleinigkeit. Wenn Franz jede Kugel, die er aus einem Mann geholt hatte, behalten hätte, dann hätte er schwer zu schleppen. Viel wichtiger als die Ausführung der Operation war ohnehin die Hygiene. Wenn man dem Körper die Gelegenheit gab, sich selbst zu heilen, indem man ihn vor Infektionen schützte, wurde er meist von allein wieder gesund. Diejenigen, die nicht durchkamen, starben in der Regel am Wundbrand.

Ein Soldat kam außer Atem ins Sanitätszelt gerannt. »Er hängt sie!«

Franz schaute ihn an. Er war so auf seine Arbeit konzentriert, dass er nicht gleich begriff.

»Er hängt Schwester Katharina!«

Richard saß auf seinem Pferd und blickte respektheischend drein. Er wusste, dass er jetzt eine Entscheidung treffen musste. Schnell. Aber dazu sah er sich nicht in der Lage.

Katharina sah ihm unverwandt ins Gesicht, er hielt ihren Blick, schaute jedoch dabei durch sie hindurch. Er versuchte den Anschein zu wahren, dass er das Sagen hatte, schaffte es aber nicht, das Wort zu ergreifen.

Also handelte Heinrich: Mit einem Wink bedeutete er den Askaris, sie hochzuziehen. Die Männer zogen und Katharina wurde in die Luft gerissen.

»Nein!« Franz war bei ihr, packte sie um die Beine und hob sie hoch. Zwei Soldaten eilten, durch seine Autorität ermutigt, sofort herbei und halfen ihm, das Seil um ihren

Hals zu lockern. »Ich verlange, dass dieser Fall vor Oberst von Lettow-Vorbeck gebracht wird!«

Doch als er das gelockerte Seil über ihren Kopf ziehen wollte, hatte er den Lauf einer Pistole an der Schläfe.

Franz erstarrte mitten in der Bewegung, während Heinrich auf ihn zielte. Und so standen sie da: Die beiden Soldaten hielten Katharina, Franz hielt die Schlinge, Heinrich hielt ihm die Pistole an den Kopf. Richard saß auf seinem Pferd und sah wie gelähmt auf die Szenerie.

Eine Menge Soldaten schaute gebannt herüber, viele waren näher gekommen.

»Oberst von Strahlberg!«, rief Heinrich. »Ihr Befehl!«

Schwankend und aus fiebrigen Augen heftete Richard seinen Blick auf Katharina, die zitternd vor Angst und Schmerzen mit einem Seil um den Hals auf seine Entscheidung wartete.

»Runterlassen!«

Er wendete sein Pferd und trottete davon.

Heinrich stand am Fenster der beschlagnahmten Farm und kochte vor Wut. Er zog ein letztes Mal an einem winzigen Zigarettenstummel, warf ihn auf den Boden und zertrat ihn.

Richard saß auf einem Stuhl, den Arm auf den Tisch gelegt, und starrte vor sich hin. Die Hand auf dem Tisch umklammerte seinen Militärsäbel, als hielte er sich daran fest.

Heinrich ging zu ihm. Er konnte sich nur mühsam beherrschen. »Richard, jetzt haben wir sie! Du hast sie mit dem Briten gesehen, vor dem Überfall! Sie ist für den Tod Dutzender von Männern verantwortlich!«

»Du weißt, das ist nicht wahr.«

»Wer glaubt ihr? Sie ist eine entehrte Frau. Wir sind hier im Feldeinsatz. Handle! Und zwar schnell! In Berlin wird man es nicht hinnehmen, wenn wir die Situation hier nicht bereinigen. Die Liste der Leute, die wir bestochen haben, reicht bis ganz oben. Ich will nach dem Krieg Karriere machen. Du hast es doch gehört: Sie haben Kanzler Bethmann Hollweg gezwungen zurückzutreten. Unsere Leute werden jetzt schon nach oben gespült. Und wir mit ihnen!«

»Alles ist so ... absurd. Endlich pumpt das Reich Millionen in die Kolonien und dann schlägt der Krieg alles kurz und klein. Das Geld haben wir gestohlen, aber wir haben keine Ahnung, wo es ist. Ich kämpfe für die Kolonie, und gleichzeitig muss ich hoffen, dass sie verloren geht. Damit dieser ganze Irrsinn niemals ans Licht kommt. Wir können nicht mal fliehen. Wir sitzen hier in der Falle! Und ich soll die Frau töten, die ich ...« Er sprach den Satz nicht zu Ende.

»Was bist du für ein Soldat?« Heinrich riss Richard seinen Säbel aus der Hand und knallte ihn wütend auf den Tisch. »Wir werden uns diesen dreckigen Briten kaufen, mit dem sie sich herumtreibt. Er wird uns unser Geld zurückgeben, glaub mir. Aber ich werde bestimmt nicht warten, bis deine Frau herausfindet, dass er es war.« Und dann verlor Heinrich so weit die Beherrschung, dass er schrie: »In ihrem verfluchten Rachewahn wird sie einen Erdrutsch auslösen, der uns alle mitreißt!«

Zwischen den Brüdern hatte sich ein tiefer Graben aufgetan. Heinrich beruhigte sich nur mühsam. »Also schön. Hör mir zu. Wir werden es anders machen. Sie wird heute Nacht fliehen. Sie wird verschwinden und niemand wird je wieder etwas von ihr hören. Ich verlange, dass du dafür sorgst. Hast du mich verstanden?«

Richard schaute zu Heinrich hoch, dann erhob er sich. »Wie redest du mit mir?!«

Heinrich antwortete gefährlich ruhig: »Warum, glaubst du, habe ich dich überhaupt in diese Sache mit reingenommen? Warum habe ich dir die Chance gegeben, Hunderttausende zu verdienen? Ohne Kapital! Ohne Beziehungen!«

»Weil wir Brüder sind.«

Heinrich lachte zynisch auf. »Nein, Richard. Nur aus einem einzigen Grund: damit du handelst, wenn es drauf ankommt. Und genau das verlange ich jetzt von dir. Handle!«

Er fixierte Richard mit unnachgiebigem Blick. Richard begriff, wie die Karten in Wirklichkeit verteilt waren, verweigerte sich aber noch immer. Er ließ sich auf seinen Stuhl fallen und schüttelte widerstrebend den Kopf.

Heinrich strich Richard beinahe zärtlich über die Haare. Dann kniete er sich vor ihn hin, nahm seinen Kopf in beide Hände und kam ganz nah an ihn heran. Ebenso leise wie eindringlich sagte er: »Glaubst du wirklich, ich weiß nicht, wer vor dem Krieg in Berlin die Liaison mit meiner Frau hatte? Glaubst du wirklich, ich weiß nicht, von wem Martha schwanger war? Glaubst du wirklich, ich weiß nicht, wer sie in den Tod getrieben hat?«

Die Brüder blickten sich tief in die Augen. Heinrich kalt und hart, Richard von Entsetzen gepackt. »Du hast es die ganze Zeit über gewusst ... Warum hast du nie etwas gesagt?«

»Ich sage es jetzt. Du stehst in meiner Schuld, Richard. Du stehst tief in meiner Schuld.«

Und mit diesen Worten wurde sein Blick noch kälter.

Heinrich ging über den Hof der Farm zu seinem Quartier. Es war eine der reicheren Farmen; sie bestand aus mehreren festen Gebäuden und besaß hier an den Uferhängen des Sees beste Anbaugebiete. Der Farmer war gleich zu Beginn des Krieges als einer der Ersten gefallen, seine Frau war nach Daressalam gezogen und würde wohl nicht zurückkehren.

Die Vorratshütte, die jetzt als Gefängnis diente, würdigte Heinrich keines Blickes. Das Innere der Blockhütte bestand nur aus einem kleinen Raum mit winzigen Fensterluken, durch die ein schmaler Lichtstreifen fiel. Kisten und Fässer mit alten Vorräten standen herum. Katharina hockte in einer Ecke, das Gesicht in den Händen, die Haare hingen darüber herab. Sie rührte sich nicht, hatte sich schon lange nicht mehr gerührt. Sie regte sich auch nicht, als durch die Luke Franz' Stimme zu hören war.

»Ich will zu Frau von Strahlberg.«

»Hier darf niemand rein.«

»Sie wissen, dass ich Arzt bin.«

»Ich habe ausdrücklichen Befehl ...«

»Haben Sie mich nicht verstanden? Frau von Strahlberg hat schwere Hämatome und Schwellungen und womöglich weitere Verletzungen. Ich muss sie untersuchen.«

Die Stimme des Wachmannes klang verzweifelt: »Dr. Lukas, ich ... Oberst von Strahlberg hat befohlen, dass vor allem Sie nicht zu ihr dürfen.«

»Wenn ihr etwas zustößt, werden Sie das verantworten. Ich werde Sie vors Kriegsgericht bringen!«

Einen Moment herrschte Stille. Dann wieder Franz: »Ich werde jetzt durchs Fenster mit ihr reden. Gibt es einen Befehl, der das ausdrücklich verbietet?«

Offenbar schüttelte der Wächter den Kopf, denn Franz erschien an der Fensterluke. »Katharina! Katharina, wie geht es Ihnen?«

Endlich schaute sie auf. Sie kam schwerfällig auf die Beine und ging hinüber zur Luke. Dort ergriff sie seine Hände, die er ihr entgegengestreckt hatte.

»Ich werde Sie hier herausholen, Katharina. Ich habe jemanden zu Lettow-Vorbeck geschickt. Und ich bleibe immer in Ihrer Nähe. Die komplette Mannschaft ist auf unserer Seite. Im Moment wird Ihr Mann nicht wagen, Sie zu hängen. Aber vor allem: Versuchen Sie auf keinen Fall zu fliehen! Geben Sie ihm nicht den geringsten Vorwand!«

Er sah ihr fest in die müden Augen. »Haben Sie das verstanden?«

Als Katharina antwortete, war ihre Stimme brüchig. »Franz ... Diese Schlinge drückt meinen Hals immer noch zu.«

»Ich habe Ihnen eine Salbe mitgebracht. Sie lindert den

Schmerz ein wenig.« Er reichte ihr ein Döschen herein, dann eine Art Flasche aus einer Affenbrotfrucht. »Und hier ist Milch. Versuchen Sie, sie in kleinen Schlucken herunterzukriegen. Es ist Giraffenmilch. Die Askaris haben sie besorgt. Leider haben wir nichts anderes.«

Katharina nahm die Sachen und versuchte ein dankbares Lächeln.

»Ich komme wieder.«

Sie schauten sich noch einmal an, dann verschwand er.

Richard lag in Uniform, oder jedenfalls dem, was vor langer Zeit eine Uniform gewesen war, auf dem Bett und starrte an die Decke. Es war heiß und er schwitzte, obwohl er sein Hemd geöffnet hatte.

Mit einem Ruck setzte er sich auf und rieb sich mit den Handballen die brennenden Augen. Er musste sich endlich Klarheit verschaffen. Wenn er eine Entscheidung wollte, dann konnte nur Katharina sie ihm geben.

Eine Entscheidung …

Irgendwo hinter den Bäumen stieg in der Ferne eine Leuchtrakete auf, als Richard mit einer Laterne über den Hof kam. Die Wache vor der Tür der Blockhütte nahm Haltung an und grüßte militärisch.

»Ich habe mit der Gefangenen zu reden. Lassen Sie uns alleine.«

»Zu Befehl.« Der Soldat schloss auf und ging dann über den Platz zu einer Baumgruppe, wo er außer Hörweite stehen blieb.

Richard ging hinein.

Als Erstes sah Katharina das Licht der Laterne. Sie blickte vom Boden auf, wo sie wieder an die Wand gelehnt saß, und sah Richard hereinkommen. Bei aller Erschöpfung war sie erstaunt: Ihren Mann hätte sie jetzt am wenigsten erwartet. Dass er die Stirn hatte, zu ihr zu kommen!

Richard stellte die Laterne auf eine Kiste und setzte sich

auf eine andere. Weder sah er sie an noch sagte er etwas. Nach längerem Schweigen war es Katharina, die zuerst sprach. Sehr leise, um ihren Hals zu schonen. »Jetzt hast du mich da, wo du mich haben wolltest.«

Richard schien ebenfalls sehr ruhig zu sein. »Wenn es nach mir ginge, wärst du jetzt in Berlin. Würdest dir ein Konzert anhören. Champagner trinken. Nach Hause gehen ...«

»Und wäre genauso in deiner Gewalt wie jetzt. Dort sieht es nur kultivierter aus.«

Richard ging nicht darauf ein. Stattdessen schaute er sie nun schweigend an. Nach einer Weile fragte er: »Wie hat es nur so weit kommen können? Das hat doch niemand gewollt!«

»Was meinst du mit *so weit*? Dass du ein Verhältnis mit Martha hattest? Dass sie schwanger war? Dass Martha sich erschossen hat? Dass ich dich verlassen habe? Dass unser Junge tot ist? Dass du mich erhängen lassen willst? Was genau geht dir zu weit?«

»Hör zu, hör mir jetzt gut zu. Wir lassen alles hinter uns.«

»Wir?«

Er stieg von seiner Kiste und setzte sich zu ihr auf den Boden. »Lass uns gemeinsam weggehen! Auf britisches Gebiet. Ich lasse mich gefangen nehmen und nach dem Krieg fangen wir von vorne an. Gemeinsam.«

Sie schaute ihn nur ungläubig an, schüttelte fassungslos den Kopf. Doch er nahm sogar ihre Hand. »Wir haben uns doch einmal geliebt!«

»Das ist wahr. Und wir haben uns bis aufs Blut gehasst. Aber jetzt sind wir einander nur noch gleichgültig.« Katharina machte sich nicht einmal die Mühe, ihre Hand wegzuziehen. Schmutzig und reglos lag sie in der seinen wie ein toter Vogel.

»Katharina, du bist mir nicht gleichgültig!«

»Fremd und gleichgültig.«

Langsam ließ er ihre Hand los. Er stand auf, schaute auf sie herab. Eine Entscheidung ...

»Ich habe dir die Hand gereicht. Du willst sie nicht nehmen?«

Sie sah müde zu ihm auf. »Ich wünsche dir Glück, Richard.«

Richard zögerte lange. Wenn er jetzt ging, war es eine Entscheidung ...

»Du liebst diesen Briten? Victor March?«

Sie ließ sich Zeit für eine Antwort. »Ja.«

»Dann hör zu: Du hattest recht. Wir haben Geld unterschlagen, viel Geld. Aber es ist uns gestohlen worden.«

»Das ist es? Ihr sucht euer Geld?«

»Wir wissen inzwischen, wer es hat. Er ist Brite. Nur zwei Tage nachdem das Geld verschwunden ist, wurde in Nairobi ein Schließfach angelegt. Auf den Namen Victor McGulloch.«

Katharina versuchte, die Ungeheuerlichkeit seiner Worte zu erfassen. Aber aus Richards Mund mussten es ohnehin Lügen sein.

»Erzähl mir nicht, Ihr wart in Nairobi. Zwei deutsche Offiziere!«

Richard lächelte. »Emilia Larson war dort.«

»Die Frau von Arne Larson?«

»Von uns würde sich kein Brite bestechen lassen, von einer Dame schon. Wir haben ihr gesagt, das Geld würde ihrem Mann gehören und wir wollten ihr helfen, es zurückzubekommen. Heinrich hat ihr erzählt, Larson hätte es beiseitegeschafft, um mit dir durchzubrennen.«

Katharina starrte ihn fassungslos an.

»Victor McGulloch«, wiederholte Richard. »Stell dir vor, einen Victor March hat es in England nie gegeben. Allerdings gab es einmal einen Victor McGulloch, nur ist der vor Jahren verschwunden. Spurlos.«

»Das ist absurd!«

»Victor Wie-auch-immer hat bei eurem Freund Hofmann – auf der paradiesischen Farm! – Kurt Höller kennengelernt. Der Dummkopf hat wahrscheinlich geplaudert. Und als Victor das Geld hatte, hat er einen nach dem anderen von unseren Leuten getötet. Und es unter seinem wahren Namen, den hier niemand kennt, deponiert. Denk nach, Katharina: Er hatte alle Möglichkeiten. Er konnte sich immer frei bewegen – trotz des Krieges. Und er hat sich frei bewegt: Als Larson verschwunden ist, als Heidelberger ermordet wurde, als Höller erschossen wurde …«

»Nein!«

»… und als unser Sohn erschossen wurde.«

Katharina stand langsam auf, sah ihn hasserfüllt an. »Du lügst! Du hast immer gelogen!«

Richard konnte seine Wut nur mit äußerster Disziplin im Zaum halten. »Du wolltest, dass ich herausfinde, wer unseren Sohn getötet hat. Und glaub mir, er wird dafür bezahlen!«

Damit nahm er die Lampe und ging hinaus.

Katharina blieb erschüttert zurück. Sie starrte vor sich hin. Nein … Alles, nur das nicht. Verzweifelt versuchte sie zu glauben, dies sei nichts weiter als Richards letzte Gemeinheit. Sein finaler boshafter Schlag, mit dem er sich Genugtuung verschaffte. Aber sie hatte seine Augen gesehen. Sie wusste, wann er es ernst meinte. Zwanzig Jahre lang hatte sie ihn beobachtet. Aber war das nicht genau das Gefährliche an ihm? Immer wenn sie geglaubt hatte, ihn endlich zu durchschauen, war ihm eine Wendung gelungen, die sie wieder hinters Licht führte. Wie oft hatte sie gedacht, sie würde endlich auf den Grund seines Wesens blicken – um dann doch einen noch bodenloseren Abgrund zu sehen! Warum sollte es diesmal anders sein? Vielleicht hatte sein Abgrund überhaupt keinen Boden! War Victor March ein falscher Name? Plötzlich durchfuhr es Katharina heiß: das Amulett! Die Frau und das Kind! Sie wusste ja längst, dass Victor etwas verbarg. Im Grunde hatte ihr Richard nur bestätigt, was sie längst wusste.

Wahrheit? Oder die Bosheit eines fieberkranken Offiziers, dessen Leib von Parasiten gequält wurde und der sich für all das Leid, das ihm angetan worden war, Satisfaktion verschaffen wollte? Eines hatte er jedenfalls geschafft: Katharina in quälende Zweifel zu stürzen.

Spät in der Nacht saß sie immer noch in ihrer Ecke auf dem Boden. Trank aus der Affenbrotflasche. Winzige schmerzhafte Schlucke.

Plötzlich ein dumpfes Geräusch. Jemand fiel zu Boden.

Katharina horchte auf.

Einen Moment lang herrschte Stille.

Dann der Schlüssel im Schloss. Katharina hob sich auf die Beine. Stellte sich mit dem Rücken zur Wand …

Die Tür ging langsam auf und ein fremder Soldat kam herein, Katharinas alten Rucksack auf dem Rücken. Er schloss die Tür bis auf einen Spalt und spähte vorsichtig hinaus. Als alles still blieb, drehte er sich zu Katharina um. Er flüsterte. »Schnell! Sie haben noch drei Stunden bis Sonnenaufgang. Gehen Sie in Richtung Berge, auf keinen Fall am Seeufer entlang! Am Waldrand stehen zwei Wachtposten. Die Männer gehören zu uns.«

Er hielt Katharina den Rucksack hin. »Ich habe Ihnen Wasser und etwas zu essen eingepackt.«

Katharina sah ihn reglos an.

»Beeilen Sie sich! Bald ist Wachablösung, dann ist es zu spät.«

Katharina schaute auf den Rucksack. Hin- und hergerissen.

»Was ist?«

»Bringen Sie mich zu Dr. Lukas.«

»Sind Sie verrückt? Hören Sie, es gibt Schwierigkeiten. Dr. Lukas steht unter Hausarrest, weil er jemanden zu

Lettow-Vorbeck schicken wollte. Es sieht nicht gut aus. Oberst von Strahlberg ist gezwungen, schnell zu handeln. Jetzt oder nie!«

Er hielt ihr den Rucksack noch einmal hin. »Ich riskiere hier mein Leben für Sie!«

Schließlich rang Katharina sich durch. Sie nahm den Rucksack, schulterte ihn und folgte dem Soldaten nach draußen. Vor der Hütte lag reglos der Wachsoldat. Katharina blieb bei ihm stehen.

»Ich musste ihn niederschlagen.« Der Soldat winkte sie zu sich, zeigte in eine Richtung abseits der anderen Farmgebäude und flüsterte: »Gehen sie da den Hang hinauf. Da stehen unsere Leute.«

Katharina schaute ihn noch einmal an. »Danke.«

Der Soldat nickte. »Ich habe nur meine Pflicht getan.«

Im nächsten Moment lief sie geduckt auf den Wald zu. Er schaute ihr nach, bis sie sich in der Schwärze der Schatten aufgelöst hatte.

25

Katharina eilte auf die Berge zu. Die Sonne stand schon hoch über ihr, aber sie wollte noch keine Pause einlegen. Erst musste sie weiter weg sein. Sie atmete schwer und unter Schmerzen, bekam nicht genug Luft. Also blieb sie stehen und schaute sich um. Nur einen Moment. Einen Schluck trinken, vielleicht etwas essen. Sie nahm den Rucksack ab und setzte sich erschöpft ins Gras. Im Rucksack fand sie eine Feldflasche und trank. Plötzlich ein Geräusch: In einiger Entfernung flatterten zwei Blässhühner auf.

Schnell schraubte sie die Flasche zu und steckte sie weg. Sie nahm den Rucksack und lief geduckt weiter. Weg von der Stelle, wo die Vögel aufgeflogen waren. Sie war noch nicht weit gekommen, als sie abrupt stehen blieb. Sie starrte genau in die Mündung eines Gewehres.

Heinrich!

Er schwieg sie an.

Katharina bemerkte eine Bewegung hinter sich. Als sie sich umdrehte, sah sie Richard näher kommen.

Katharina stand zwischen den Brüdern.

Heinrich ging langsam um sie herum auf Richards Seite. Das Gewehr nahm er erst herunter, als er neben seinem Bruder stand. »Richard.«

Katharina sah ihren Mann an.

»Richard, jetzt!«

Keiner rührte sich.

»Richard, du weißt, was du zu tun hast!«

Langsam nahm Richard das Gewehr hoch. Er wirkte wie ein Hypnotisierter im Varieté, der ohne innere Beteiligung den Befehlen des Illusionisten folgte. Er legte auf Katharina an. Er war vollkommen ruhig, zitterte nicht im Geringsten.

Stille.

Katharina stand mit hoch erhobenem Kopf da. Die Blutergüsse an ihrem Hals waren deutlich zu sehen. »Worauf wartest du? Bei Martha war es dir doch auch gleichgültig.«

Richard ließ das Gewehr wieder sinken. »Nein. Ich bin Soldat, kein Mörder.« Ob er das zu Heinrich sagte oder zu Katharina, war unklar.

Heinrich wurde wütend. »Wir haben keine Wahl!«

»Was ist aus uns geworden, Heinrich?«

Heinrich schrie ihn an: »Tu es, Richard! Sei kein Schwächling!«

»Schwächling? Was weißt du schon? Ich habe meinen Sohn auf dem Gewissen. Damit lebe ich Tag für Tag!«

»Herrgott, du hast mit Georgs Tod nichts zu tun!«

»Es ist meine Verantwortung. Ich hätte mich nie auf deine schmierigen Geschäfte einlassen dürfen.«

»Schmierige Geschäfte?! Verflucht, deine Schulden haben dich erdrückt. Dir Geld zu geben, war ich gut genug. Ich habe dir deinen verdammten Kopf gerettet. Das war offenbar ein Fehler. Geh zum Teufel!«

Im nächsten Moment riss er sein Gewehr hoch und legte auf Katharina an. Dabei zitterte er am ganzen Körper vor Erregung.

Richard reagierte blitzschnell und legte auf Heinrich an. »Nein, Heinrich!«

Augenblicklich riss Heinrich sein Gewehr herum – und schoss auf Richard.

Richard wurde nach hinten geschleudert. Er blieb auf dem Rücken liegen, hob den Kopf und staunte ungläubig das viele Blut an, das aus seinem Bauch strömte.

Heinrich wurde regelrecht von Entsetzen geschüttelt. Er starrte auf den schwer verletzten Richard. »Mein Gott! Oh, mein Gott!« Er stolperte einen Schritt auf Richard zu, blieb stehen, schaute sich panisch um, als ob von irgendwo ein Wunder zu erwarten wäre, dann blieb sein Blick an Katharina hängen. »Du Hexe! Du verfluchte Hexe! Ich habe auf meinen Bruder geschossen! Das ist deine Schuld! Das ist deine verdammte Schuld!«

Wieder riss er sein Gewehr hoch und zielte auf Katharina. Er zitterte immer stärker.

Dann ein Schuss!

Heinrich fuhr herum: Den Hügel herauf kamen in breit verteilter Reihe deutsche Soldaten gelaufen, ihnen voraus Franz Lukas. »Der Mann hat auf Oberst von Strahlberg geschossen. Sofort festnehmen!«

Heinrich erschoss den ersten Soldaten, der auf ihn zukam. Dann rannte er.

Die ganze Schützenreihe begann zu schießen – doch Heinrich war schon zwischen den Büschen. Die Soldaten folgten ihm. Heinrich schaffte es zu der Stelle, wo ihre Pferde standen, sprang auf seines, nahm Richards am Zügel und preschte davon. Die Soldaten brachen aus den Büschen hervor und schossen hinter dem Flüchtenden her, doch Heinrich entkam.

Franz kniete sich zu Richard, der blutend auf dem Boden lag, und untersuchte den Bauchschuss. Er zog seine Jacke aus und presste sie auf die Wunde – mehr konnte er nicht mehr tun. Mit gequältem Gesicht schaute er zu Katharina auf.

Katharina ließ sich auf die Knie sinken und hielt Richards Kopf. Er hechelte hektisch, beruhigte sich nur mit äußerstem Willen und suchte Katharinas Blick. »Sag mir ... Ich bin dir nicht gleichgültig ...«

Katharina schüttelte ernst den Kopf. »Nein, Richard.«

»Warum hast du mich verlassen? Der Brite liebt dich nicht. Aber ich tue es.«

Zum ersten Mal gestand er ihr seine Liebe. Doch Katharina musste etwas anderes wissen. Sie hatten nur noch diesen einen Moment, deshalb musste sie jetzt fragen. »Wer hat Georg getötet?«

Richard zuckte zusammen. Katharina wusste nicht, ob es die Schmerzen waren oder der Gedanke an seinen Sohn. »Ich weiß es nicht ... Es muss der Brite gewesen sein.«

Katharina schnürte es wieder die Kehle zu, sie bekam keine Luft. Trotzdem bemühte sie sich, ruhig zu atmen. »Was du über Victor gesagt hast – ist das die Wahrheit?«

Er schaute sie schweigend an. Schließlich fand er sich sogar damit ab, dass sie in seinen letzten Momenten von Victor sprechen wollte. Er antwortete mit einer Ruhe, wie er sie nur nach einem erschöpfenden Kampf kannte – gleichgültig ob er ihn gewonnen oder verloren hatte. »Es ist die Wahrheit.«

Katharina sah in seinen Augen keine Bösartigkeit mehr. Er hatte seinen Frieden mit ihr gemacht. Er log nicht mehr. »Hörst du, Katharina? Ich habe dich immer geliebt.«

Sie strich mit der Hand beruhigend über seine Wange.

Weit unter ihnen lag die herrliche Fläche des Sees. Richard starb im warmen Licht der späten Nachmittagssonne.

Es war eine große Beerdigung. Irgendwie hatten alle das Gefühl, dass sie besonders militärisch oder feierlich sein musste. Vielleicht spürten sie die Tragik dieses Mannes, der so viel auf die äußere Form gegeben hatte und so kläglich daran gescheitert war. Richards Abteilung war komplett angetreten, es wurde Salut geschossen und zeremoniell geschwiegen.

Katharina und Franz standen am Grab. Katharina trat vor und gab einem der Soldaten, die den Sarg hinabgelassen hatten, Richards Militärsäbel. Er legte ihn der Länge nach auf die roh gezimmerte Kiste. Für die Soldaten sah es nach einer zeremoniellen Geste aus, die den großen Soldaten ehrte – denn das war er gewesen. Trotz aller Vergehen hatte er seine Kompanien mit geringstmöglichen Verlusten von Sieg zu Sieg geführt. Doch für Katharina bedeutete der Säbel mehr. Sie hatte sich mit Richard ausgesöhnt. Sie erkannte jetzt, dass er im Grunde ein Opfer seiner Welt war. Er hatte geglaubt, mit deren Fehlern leben zu können, indem er die Form so sehr verehrte, dass der Inhalt zu vernachlässigen war. Vielleicht war gerade das der Grund, warum er seine Säbel so sehr geliebt hatte: Sie waren anders. Ihr Wesen und ihre Form waren eins. Es gab keinen Bruch. Die Säbel waren ihm immer ein Trost gewesen und vielleicht sogar ein Ideal. Seine Sammlung war zu Hause in Berlin geblieben. Nur diesen einen hatte er immer bei sich getragen. Daher wollte sie ihm diesen einen Säbel mitgeben. Er besaß nichts anderes – hatte vielleicht nie etwas anderes besessen.

Einige Tage später wurden zwei Tragsessel durch die Savanne getragen. Katharina war es recht, dass es nur langsam voranging. Sie brauchte Zeit. Franz, den sie vor sich in der Trage sitzen sah, drehte sich kaum jemals um. Katharina war ihm dankbar dafür, dass er sie in Ruhe ließ. Bisher hatte er sie nicht einmal gefragt, wie sie sich fühlte, und sie hätte ihm auch nichts erwidern können. Was fühlte sie, seit Richard gestorben war? Erleichterung? Manchmal. Trauer? Manchmal. Ja, sie hatte ihn einmal geliebt und sie hatte ihn gehasst. Warum sollte das nach seinem Tod anders sein? Eines jedenfalls stand fest: Er hatte ihr das Leben gerettet.

Victor war nicht wieder zu sich gekommen. Er hatte den Transport durch die Savanne überlebt, was an ein Wunder grenzte, und er hatte die Operation überlebt, in der man ihm die Kugel aus dem Kopf geholt hatte. Seither lag er ohne Bewusstsein in einem der Betten auf der Pflegestation. Der Wundbrand war bisher ausgeblieben. Sein Kopf war verbunden, eine der Schwestern hatte ihn gewaschen und deckte ihn sorgfältig zu.

William McKea trat ans Bett, auf seinen Stock gestützt, seine Mütze in der Hand. Betroffen sah er auf Victor hinab. »Immer noch nicht aufgewacht?«

Die Schwester räumte die Waschschüssel und das Handtuch beiseite.

»Wird er es schaffen?«, fragte McKea.

Die Schwester drehte sich ernst zu ihm um. »Selbst von denen, die erst überleben – mit Kopfschüssen bringen wir nicht ein Prozent durch. Der Wundbrand ...«

Die Schwester legte bedauernd den Kopf zur Seite. Sie nahm die Wasserschüssel und das Handtuch und ging.

McKea nahm einen Stuhl und setzte sich neben Victor. Eine Weile sah er ihn an, dann sagte er: »Ein Prozent. Also schön. Du hast dich ja noch nie um die breite Masse geschert. Jetzt zeig mir, was du draufhast.«

Und er blieb lange bei Victor sitzen.

Als die kleine Karawane im Hof vor dem Farmhaus hielt, kam Sebastian Hofmann die Treppe herunter. Er sah elend aus, unrasiert und zum ersten Mal nachlässig gekleidet. Die Veranda war ungefegt, die Sofas in Unordnung, neben Büchern lagen Arbeitsgeräte, die repariert werden mussten, und auf einem Fensterbrett standen leere Ginflaschen. Am entfernten Ende der Veranda saß ein Schwarzer im Schatten und schälte Mais. Er sah nicht aus wie ein gewöhnlicher Erntehelfer, mehr wie ein junger Krieger, kräftig und voller Spannung. Aufmerksam beobachtete er das Geschehen.

Sebastian breitete seine Arme aus und umarmte Katharina brüderlich. »Willkommen zu Hause!«

»Danke, Sebastian.«

Er versuchte ein Lächeln, aber es misslang. »Sebastian, es tut mir so leid um Thomas.«

Franz nickte. »Es ist für uns alle furchtbar.«

Sebastian schüttelte fassungslos den Kopf. »Er war so stolz, dazuzugehören …« Er musste für einen Moment wegschauen. »All das hier – was bedeutet das jetzt noch? Wir hatten geglaubt, hier könnten wir glücklich sein. Thomas war opiumsüchtig, wussten Sie das? Damals in Deutschland. Hier nicht mehr! Ich habe ihn hierhergebracht. Damit er lebt …«

Katharina umarmte ihn. Er weinte an ihrer Schulter.

Später saßen sie zu dritt im Schatten der Veranda auf den tiefen, bequemen Sesseln, vor sich kühle Getränke. Doch das ehemals Paradiesische des Ortes war einer beklemmenden Trostlosigkeit gewichen.

Statt wie früher gemütlich zurückgelehnt, saßen die drei vorgebeugt auf der Kante, wie zur Flucht bereit. Vor allem Sebastian schien nervös. Mit wachsendem Unmut hörte er sich an, was Katharina über Victor erzählte. Und so sehr Katharina Angst davor hatte, dass es die Wahrheit war, so wenig mochte Hofmann daran glauben. »Und selbst wenn es stimmt, Katharina. Selbst wenn Victor March nicht sein richtiger Name ist, was macht das für einen Unterschied? Von seinem ersten Tag in Afrika an hat er diesen Namen getragen. Mehr wissen wir nicht. Und mehr brauchen wir auch nicht zu wissen. Was vorher war, geht uns nichts an. Er ist unser Freund. Wir haben nicht den geringsten Grund, daran zu zweifeln.«

»Aber warum besitzt er ein Depot auf seinen anderen Namen, wenn er kein Betrüger ist? Wenn er nicht ...« Sie sprach nicht weiter.

»Es ist nicht gesagt, dass er dieses Depot überhaupt eingerichtet hat.«

»Aber das kann doch alles kein Zufall sein!«, rief Katharina verzweifelt. Es riss sie förmlich von ihrem Sessel hoch. Mit verschränkten Armen stellte sie sich an den Rand der Veranda und schaute in die Savanne.

Später, als die Dunkelheit sich über die Farm legte, war Katharina verschwunden. Man hatte sich für eine Ruhestunde in die Zimmer zurückgezogen, und als es Zeit zum Abendessen wurde, war sie nicht mehr da. Franz und Sebastian suchten alles ab.

»Katharina!« Franz kam erregt den Gang zu den Gästezimmern entlang und schaute zur hinteren Veranda hinaus. »Katharina!« Dann ging er auf die große Veranda, wo ihm Sebastian von den Ställen her entgegenkam. »Und?«

»Die Pferde sind noch da, sie muss zu Fuß losgegangen sein!«

»Ihr Rucksack ist auch weg.«

Franz schaute tief besorgt in die Dunkelheit.

Katharina hatte nur ein notdürftiges Lager aufgeschlagen. Ein kleines Feuer entfacht, über zwei Stöcken ein Moskitonetz gespannt, darunter ihre Decken gelegt. Sie hätte das Netz und die Decken nicht gebraucht, denn sie blieb die ganze Nacht über am Grab ihres Sohnes sitzen. Sie wollte nicht schlafen. Als es hell wurde – erst unmerklich, dann immer strahlender –, hockte sie immer noch dort.

Unter Tränen schaute sie zum Baobab hoch.

Victors Baobab.

Langsam stand sie auf, ihre Beine schmerzten vom Sitzen.

Zögernd ging sie bis zum Stamm.

Sie legte ihre Hände beinahe zärtlich auf die glatte graue Rinde und strich ruhig darüber. Fast schien es, als wollte sie den Baum umrunden.

Doch dann fing ihre Hand an zu zittern. Sie boxte mit aller Kraft gegen den Stamm. Wieder und wieder schlug sie wie von Sinnen auf den Baum ein. Boxte sich besessen ihre Knöchel blutig und verschmierte ihr Blut auf der hellen Rinde.

Schließlich verlor sie die Kraft und heulte gegen den Baobab gelehnt, während ihre schmerzenden, zerrissenen Hände ihn scheinbar zu umfassen versuchten, doch der Stamm war zu breit. Katharina sank auf den Boden, ihre Hände rutschen ab. Plötzlich schrie sie auf und starrte ihren Handrücken an, wo sich zwei kleine Punkte tiefrot färbten.

Im Staub wand sich eine schwarze Schlange eilig davon.

Eine Schwester rannte durch den Krankensaal. »Doktor! Mr March wacht auf!«

Der Doktor kam angerannt, lief zusammen mit der Schwester zu Victors Bett.

Victor saß aufrecht, rieb sich mit den Handballen die Augen, schlug sie mehrmals krampfhaft auf und zu, riss sie dann weit auf und starrte vor sich hin.

»Mr March, Sie sind im Lazarett in Nairobi.«

»Was ist mit meinen Augen?«

Der Arzt setzte sich zu ihm. »Sie ... Sie haben einen Kopfschuss erlitten. Wir müssen noch weitere Untersuchungen machen.«

Victor saß wie erstarrt da. Er hielt seine Hand ein Stück vors Gesicht, die Pupillen flogen hin und her, fanden nichts. »Meine Hand! Ich sehe meine Hand nicht!«

»Wir sind sehr glücklich, dass wir Sie durchgekriegt haben. Wir haben hier einen neuen Arzt, der Sie operiert hat. Sie verdanken ihm Ihr Leben!«

»Was ist passiert?«

»Ihr Sehnerv ist verletzt.«

Victor suchte immer noch seine Hand. Es war doch so selbstverständlich, dass man seine Hand sah, wenn man sie sich vor die Augen hielt!

»Hier können wir nicht viel für Sie tun, deshalb werden wir Sie so schnell wie möglich nach England verlegen.«

Victor zuckte zusammen, als sei das die schlechte Nachricht. Der Arzt schwieg einen Moment, um Victor Zeit zu lassen.

Doch plötzlich stand Victor auf. »Ich muss hier raus!« Er drängte sich am Doktor vorbei, schlug ihm aus Versehen mit dem Handrücken ins Gesicht, stolperte, schlug der Länge nach hin. Der Doktor und die Schwester waren sofort bei ihm, halfen ihm auf, er zog seinen Arm weg. »Ich muss hier raus.«

»Mr March, bitte beruhigen Sie sich!«

Der Arzt hielt Victor fest, aber Victor riss sich heftig los, stürzte über einen Wagen mit Medikamenten und Geschirr, rappelte sich auf, seine Hand griff in die Scherben, er blutete, ein Pfleger kam angelaufen.

»Ich muss hier raus!« Victors Stimme wurde immer panischer. Er kämpft sich hoch, wurde von zwei Pflegern und der Schwester gehalten, ein unwürdiger Kampf. Der Doktor rannte und holte eine Spritze, zusammen rangen sie Victor nieder, hielten ihn am Boden. Er riss die Augen auf und versuchte verzweifelt, etwas zu sehen. »Ich muss hier raus ...«

Der Doktor zog eine Ampulle auf die Spritze, setzte sie

Victor in den Arm, der wurde ruhig und gelöst und sank mit der Wange in das verschüttete Wasser.

26

Katharina lag auf einem weichen Bett. Das war das Erste, was sie spürte, als sie erwachte. Sie hatte kaum die Kraft, sich aufzusetzen. Es duftete nach würzigem Rauch. Ein fremdartiges Aroma, das sie nie zuvor gerochen hatte. Doch vor ihren Augen verschwamm alles, nur langsam sah sie klarer: ein orientalisches Zimmer mit geschnitzten Fenstergittern, die dem Sonnenlicht eine warme Farbe verliehen. Auf ihrem Bett lagen Kissen aus feinen Stoffen, die Vorhänge um ihr Bett schimmerten im Halbdunkel, auf einem Tischchen mit Einlegearbeiten stand eine Wasserpfeife. Auch die Tür, die uralt zu sein schien, war mit vielfältigen Mustern beschnitzt. Katharina hatte keine Idee, wo sie hingeraten sein könnte. In ein Märchen aus Tausendundeiner Nacht? War dies noch Afrika?

Draußen vor dem Fenstergitter hockte ein kleiner Junge, der sie neugierig beobachtete. Als er sah, dass Katharina ihn bemerkt hatte, huschte er kichernd davon.

Katharina erinnerte sich an ihren Zusammenbruch und den Schlangenbiss und schaute ihre Hand an: Sie war sauber verbunden.

Als sie aufstand, bemerkte sie, dass sie anstatt ihrer Kleider eine Art langes weißes Nachthemd trug, aus dem nur ihre Füße herausschauten.

»Ich habe Ihnen doch gesagt, wir sehen uns wieder.«

Katharina blickte auf: Der Araber mit dem gelben Turban, dem sie nach der Schlacht von Tanga in der Kirche begegnet war! Er verbeugte sich so höflich, dass die Geste beinahe ironisch wirkte. »Willkommen im bescheidenen Heim von Sultan Seyid ben Kari – Frau von Strahlberg.«

»Sie kennen meinen Namen?«

»Wer hätte nicht von Ihnen gehört?«

Zwei verschleierte schwarze Frauen stellten Karaffen und Platten mit Essen auf ein Tischchen. Der Sultan schenkte Katharina Wasser ein. »Sie werden durstig sein.«

Er reichte ihr das Glas, wobei er den Arm weit ausstreckte und darauf achtete, einen sittsamen Abstand einzuhalten.

»Sie gestatten?« Er setzte sich ans Fußende ihres Lagers und schaute Katharina beim Trinken zu.

»Sie haben versucht, einen Baobab mit den Fäusten zu besiegen. Die Geister dieser Bäume sind mächtig, sie haben Ihnen die Schlange geschickt. Sie sollten vorsichtiger sein. Ihre Mutter Gottes, zu der Sie beten, kennt die Savanne nicht. Aber wie sollte sie auch? Sie sperren sie in Häuser ein, als wäre sie eine gewöhnliche Ehefrau.«

»Wie komme ich hierher?«

»Wir haben jenseits der Grenze Waren eingetauscht. Wir lagern oft am Baobab. Wir haben Sie für tot gehalten. Aber Allah hat es noch nicht gefallen. Zum Glück hat Sie kein Europäer gefunden. Ihre Ärzte hätten Sie kaum gerettet.«

Er lächelte selbstgefällig. Sultan Seyid mochte es, seine Sicht der Dinge zu äußern. Doch dann wurde er ernst. »Die Ruhestätte da draußen am Baobab. Man sagt mir, dort liegt Ihr Sohn begraben?« Auch wenn Katharina nicht antwortete, sah er ihr an, dass es so war. »Nicht wir entscheiden, wann wir einen geliebten Menschen im Paradies wiedersehen. Allah entscheidet es.« Der Sultan reichte ihr eine Platte mit Essen, doch sie winkte ab. »Sie sind müde. Sie brauchen Zeit, sich zu erholen.« Mit diesen Worten stand er auf, verbeugte sich und ließ sie allein.

Einige Tage später war Katharina wieder kräftig genug, um das Bett zu verlassen. Sie wurde von einer der verschleierten Frauen auf einen Innenhof geleitet, in dem sich weiße Tücher im Wind bauschten. Ein Springbrunnen plätscherte in der Mitte und verbreitete seine erfrischende Kühle. Die Frau verbeugte sich und verschwand irgendwo hinter den Tüchern. Katharina ging zum Brunnen und kühlte sich mit nassen Fingern den Hals.

»Ich freue mich, dass es Ihnen besser geht – *mama mganga.*« Der Sultan stand in einer Türöffnung und neigte respektvoll den Kopf.

Katharina lächelte wehmütig. »Nennt man mich etwa immer noch so?«

»Überall. Sie sind eine Legende. Man spricht mit großer Achtung von Ihnen. Die Leute vertrauen Ihnen.«

»Vertrauen ... Dabei kann ich schon lange nichts mehr für irgendjemanden tun.«

Sultan Seyid hob die Schultern. »Die Menschen vergessen nicht«, sagte er und nickte ihr freundlich zu. Dann wies er ihr den Weg durch eine geschnitzte Tür, die mit fein geschmiedeten eisernen Beschlägen verziert war.

Das Abendessen wurde auf dem Boden eingenommen, man saß auf Kissen und aß mit der Hand aus einfachen, aber eleganten Schüsseln. Die meisten waren aus Holz oder Ton hergestellt, die des Sultans aus Messing und Kupfer. All dies erweckte keinen Eindruck von Reichtum, aber die einzelnen Stücke bestachen durch eine ungewöhnliche Schönheit. Außer Katharina waren nur Männer anwesend. Scheinbar besaß sie eine Art Sonderstellung, die es ihr als Frau erlaubte, mit den Männern zu speisen.

»Mein Vater war früher ein mächtiger und reicher Mann«, erzählte der Sultan. »Dann kamen die Deutschen und haben den Handel mit Sklaven verboten. Ein Jammer.«

»Nicht für die Sklaven.«

»Ach was, erzählen Sie mir nichts! Es störte nur einfach ihre eigenen Geschäfte, dass wir die Schwarzen fortgeschafft haben. Ich mag die Deutschen, aber ich bin nicht blind vor

Liebe! Glauben Sie, ich weiß nichts? Da oben in Europa schießen die Menschen mit Flammenwerfern aufeinander. Sie verbrennen sich bei lebendigem Leibe! Die Deutschen haben ein Gas erfunden, das den Menschen die Haut in Blasen vom Fleisch reißt. Manchmal glaube ich, ich höre die Schreie der Gequälten bis hierher. Es tut mir im Herzen weh, zu wissen, wie viele Eingeborene von den Deutschen nach den großen Aufständen hingerichtet wurden. Welch eine Verschwendung! Mein Vater ist auch nach einem Aufstand hingerichtet worden ... Mir haben die Deutschen wie vielen anderen Arabern einen kleinen Verwaltungsposten gegeben. Dumm sind sie nicht: Sie nutzen unser Wissen. Und wir treiben unseren Handel. Mit den Deutschen, mit den Briten ...«

Katharina horchte auf. »Mit den Briten?«

»Wer weiß, wen Allah gewinnen lässt!«

Katharina schaute ihn nachdenklich an.

Er lächelte. »Warum interessieren Sie die Briten?«

Am nächsten Morgen schickte Sultan Seyid ben Kari einen Mann mit Waren nach Nairobi und erteilte ihm den Auftrag, beim dortigen Geschäftspartner Erkundigungen nach dem Briten Victor March einzuholen. Es wurde verabredet, dass der Mann sich von Nairobi direkt zur Farm von Sebastian Hofmann begeben sollte.

Der Sultan schob die Abreise Katharinas unter fadenscheinigen Begründungen immer wieder hinaus, doch Katharina ertrug das Warten nicht länger. Sie konnte nicht mehr in den schattigen Räumen und den sonnigen Gärten des Anwesens spazieren gehen und »zu Kräften kommen«. Die Sorge des Sultans um ihr Wohlergehen war sehr mitfühlend, aber allmählich gewann sie den Eindruck, dass sie nicht frei von Eigennutz war. Offenbar genoss er die Unterhaltungen mit ihr. Doch schließlich drängte sie so sehr auf die Abreise, dass er alles vorbereiten ließ.

Der Sultan nahm nur wenige Männer mit, als sie sich auf den Weg machten. Pferde hatte er keine mehr – die Deutschen hatten längst alle konfisziert – und so wurde Katharina wieder einmal getragen.

Sebastian Hofmann saß auf seiner Veranda und starrte träumend vor sich hin. Seine Gleichgültigkeit hinterließ inzwischen überall Spuren. Das Paradiesische des Hauses war verschwunden: Wo früher Getränke für Gäste bereitgestanden hatten, warteten jetzt nur noch leere Flaschen, die Fenster waren geschlossen, die Pflanzen waren verdorrt, in den Ecken häuften sich herbeigewehtes Gras und Blätter, und einer der Sessel fehlte.

Schwarze Bedienstete waren nicht zu sehen. Weder im Haus noch auf den Feldern. Lediglich der junge Krieger war noch da. Er saß in dem Sessel, der auf der Veranda fehlte, im Schatten des Pferdestalls und döste. Doch plötzlich hob er den Kopf und schaute zum Horizont, wo nichts zu sehen war.

Sebastian trank ein Glas Gin leer und stellte es achtlos auf den Boden, als in der Ferne etwas seine Aufmerksamkeit erregte. Er schaute genauer hin: Da näherte sich eine kleine Karawane. Vorneweg ein Araber mit gelbem Turban und in einer zweiten Trage – Sebastian konnte es kaum glauben – Katharina!

Sebastian trat von der schattigen Veranda in die Sonne. Als die Träger endlich den Hof erreicht hatten, sprang Katharina aus der Trage und umarmte Sebastian.

»Katharina! Sie waren fünf Wochen verschwunden! Wir hatten schon das Schlimmste befürchtet.«

»Sieht so aus, als ob es Allah noch nicht gefallen hätte.« Sie lächelte, als Sebastian den Sultan fragend anschaute.

Später wollte der Sultan partout nicht mit Katharina und Sebastian auf der Veranda sitzen. Er versteckte seine Haltung hinter übertriebener Bescheidenheit, aber im Grunde wusste er ganz genau, dass ein Araber, der sich zu offen mit den Weißen auf eine Stufe stellte, sehr schnell in Ungnade fallen konnte. Sebastian bestand jedoch darauf. Also saßen sie zu dritt zusammen.

»Wir haben tagelang nach Ihnen gesucht.«

»Es tut mir so leid, Sebastian. Das alles meinetwegen.«

»Ich habe gleich gesagt, Sie werden zurückkommen. Aber Franz wollte einfach nicht aufhören zu suchen. Hat von morgens bis abends Leute da draußen herumgescheucht. Schließlich musste er wieder zur Truppe zurück.«

Katharina schlief in ihrem alten Gästezimmer und der Sultan in seinem Zelt im Lager der Araber, das seine Männer etwas abseits vom Hof aufgeschlagen hatten.

Schon wenige Tage später kehrte Seyids Händler aus Nairobi zurück. Er kam zu Fuß auf die Farm zu. Der Sultan und Hofmann gingen die Stufen der Veranda hinab und redeten mit ihm. Katharina kam aus dem Haus. Sie konnte nicht verstehen, was der Mann berichtete, denn sie sprachen eine ihr unbekannte Sprache oder einen fremden Dialekt. Schließlich kam Sebastian zu ihr und sah sie ernst an. »Ein Victor March ist bei einem Gefecht verletzt worden. Sie haben ihn nach Schottland zurückgeschickt.«

Katharina, äußerlich vollkommen ruhig, fragte nur: »Wie schwer verletzt?«

Sowohl Sebastian als auch der Sultan zögerten.

»Ihm wurde in den Kopf geschossen. Er ist blind.«

Katharina brauchte lange, um diese Ungeheuerlichkeit zu fassen. Selbst der Sultan, der immer etwas zu sagen wusste, schwieg. Später sah er, wie Katharina, nachdem sie sich entschuldigt hatte, sich vom Haus entfernte und sich irgendwo zwischen den Plantagen in den Schatten eines Baumes setzte. Dort blieb sie, bis Sebastian der einsetzenden Dämmerung wegen zu ihr ging. Sie sprachen miteinander, dann kamen sie schweigend, Arm in Arm, zum Haus zurück.

Am nächsten Tag machte sich Sultan Seyid ben Kari auf die Rückreise. Die Träger nahmen ihre Lasten auf, einige Araber standen dazwischen und trieben die Schwarzen an. Der Sultan stand bei Katharina und verabschiedete sich von ihr.

»Vielen Dank«, sagte Katharina. »Sie haben mir das Leben gerettet.«

»Nein, diese Ehre gebührt nicht mir. Wissen Sie ...« Er zögerte einen Moment und überlegte, wie sich das, was er sagen wollte, am besten in Worte kleiden ließ. »Da draußen am Baobab, das ist eigentlich kein guter Lagerplatz. Nicht genug Wasser für die Tiere, kein Schutz vor Angriffen. Trotzdem lasse ich immer dort lagern. Seit Jahren. Der Platz zieht mich immer wieder an. Ich habe nie verstanden, warum.« Er schaute Katharina in die Augen. »Jetzt weiß ich es ...«

Dann verbeugte er sich, stieg in seine Trage und wurde hochgehoben. Als sie ihn davontrugen, drehte er sich nicht noch einmal um.

Sebastian kochte für Katharina. Nachdem sie sich zum Abendessen hingesetzt hatten, wirkten beide sehr verloren an der großen, sonst so gastlichen Tafel. Sie saßen bei Kerzenschein vor ihren unberührten Tellern und hatten keinen Appetit. Schließlich brach Sebastian das Schweigen.

»Sie wollen nach Schottland, nicht wahr?«

Katharina sah ihn ernst an. »Ich werde versuchen, auf ein britisches Schiff zu kommen.« Sie stellte ihren Teller beiseite.

»Ein britisches Schiff! Glauben Sie, die Briten werden Sie mitfahren lassen? Und selbst wenn Sie es schaffen: Das Deutsche Reich greift britische Schiffe immer noch mit U-Booten an.« Jetzt stellte auch er seinen Teller beiseite und nahm über den Tisch hinweg ihre Hände in seine. Er blickte sie intensiv an. »Ich kenne Sie jetzt lange genug, um zu wissen, dass es keinen Sinn hat, es Ihnen auszureden.«

»Sebastian, ich verliere den Verstand, wenn ich hierbleibe. Ich muss zu Victor!«

»Warum? Haben Sie Angst um ihn? Weil sie ihn in seinem Zustand nach Hause schaffen? Von wo er offenbar geflohen ist?« Sebastian schaute sie lange prüfend an. »Oder haben Sie Angst, dass er der Mann ist, hinter dem Sie seit drei Jahren her sind?«

Katharina ließ seine Hände los. Sie antwortete nicht.

»Müssen Sie zu ihm, weil Sie ihn lieben oder weil Sie ihn hassen?«

Katharina schwieg.

»Katharina, wir wissen nicht, wer Ihren Sohn erschossen hat. Zugegeben, im Moment sieht es so aus, als ob Victor hinter alldem steckt. Vieles spricht gegen ihn. Aber reden Sie erst einmal mit ihm! Geben Sie ihm erst eine Chance!«

»Eine Chance? Mein Sohn hatte auch keine Chance.«

Sie stand auf und ging hinaus. Sebastian schaute ihr elend nach.

Victor hätte nicht sagen können, wohin er in den letzten Wochen überall transportiert worden war. Jetzt, da er nicht sehen konnte, merkte er erst, wie unzureichend seine anderen Sinne waren. Er war geführt worden, an den Händen, an den Armen, am Rücken, man hatte ihn in Rollstühlen geschoben, er hatte in Automobilen gesessen, an denen keine Landschaft vorüberfuhr, und mit Menschen gesprochen, die keine Gesichter hatten. Alle waren hilfsbereit und niemand konnte helfen. Die Tage kamen, ohne dass es hell wurde, und gingen, ohne dass es dunkel wurde. Und mit jedem dieser Tage waren seine Verzweiflung und seine Hoffnungslosigkeit gewachsen. Es hatte für ihn nur ein denkbares Leben gegeben und das war nun vorbei.

Von den Beruhigungsmitteln, die man ihm gab, weil niemand seine Wut und seine Verzweiflung in den Griff bekam, wurde er apathisch und teilnahmslos. So blieb in ihm nichts als stille Verbitterung, ein kläglicher Zynismus, mit dem er immer häufiger jene vor den Kopf stieß, die sich um ihn kümmerten.

Bald war das Ende der Reise erreicht. Victor saß hinten in einem Krankenwagen und spürte die Kurven der schmalen Straßen, die ihn dahin zurückführten, wo er einmal zu Hause gewesen war. Er trug eine dunkle Brille und einen Orden an der Uniformjacke, den er nicht die Kraft fand abzureißen. Trotz der Beruhigungsmittel hatte er eine tiefe Angst vor der Ankunft. Solange er geschoben wurde, gefahren, geführt, konnte er einen Rest Hoffnung bewahren, es sei nicht endgültig. Nach seiner Ankunft würde es nur noch Endgültigkeit geben. Man würde ihn vor dem Abgrund abstellen: Bleib da stehen, blinder Mann, oder gehe den letzten Schritt alleine …

Der Wagen hielt vor einer Burg. Ein unbezwingbares Gemäuer aus mächtigen verwitterten Steinen, dem man nicht ansah, ob es in seinem Inneren Räume gab oder ob es undurchdringlich war wie ein Berg. Denn zur Straße hin hatte es keine Fenster, nur schmale Luken, hinter denen dichte Schwärze lauerte.

Während der Fahrer ausstieg und Victor den hinteren Schlag aufhielt, öffnete sich eine schwere hölzerne Pforte und eine junge Frau kam herausgelaufen. »Victor!«

Victor stieg aus. In Afrika hatte er die Sonne auf der Haut gespürt, ohne dass er auch nur die Spur von Helligkeit gesehen hätte, während er in den Krankenwagen, in den Zug oder ins Schiff geschoben wurde. In Schottland spürte er die feuchte Luft auf der Haut.

Die junge Frau lief zu ihm und umarmte ihn herzlich. »Victor …«

Ihre schöne warme Stimme versetzte ihm einen schmerzhaften Stich in die Brust. Und als er ihre Arme spürte, ihren Geruch einatmete – so viele gute alte Zeiten drängten sich mit Lydias Duft in seine Erinnerung –, hätte er sich am liebsten seine nutzlosen Augen aus dem Kopf gerissen. Denn wenn es hier einen Menschen gab, den anzuschauen ihn glücklich gemacht hätte, dann war es seine Schwester.

»Lydia, wie schön, dich zu sehen.«

Er lächelte zynisch. Lydia fuhr erschrocken zurück.

Aus der Pforte kamen zwei Diener und Victors Vater Kenneth McGulloch. Er trug Jackett und Kilt und ging an einem Stock. Er schaute Victor bewegt an. »Mein Junge ... Du bist wieder da.«

»Ja, sie haben mich wieder hergeschafft.«

Der Vater bemühte sich, Victors Sarkasmus zu ignorieren. »Du lebst, das ist die Hauptsache.«

»Ist es das?«

Lydia sah ihren Vater erschrocken an.

»Wenn ihr genug Blicke gewechselt habt, führt mich dann jemand hinein?«

Eilig fasste Lydia ihn unter und versuchte ihren Schmerz wegzulächeln: »Natürlich, komm! Wir haben alles für dich vorbereitet.« Sie führte ihn hinein. »Achtung, Kopf!«

Victor war der Einzige in der Familie, der sich unter der Pforte bücken musste. Eine Bewegung, die ihm ebenso selbstverständlich wie verhasst war.

Als sie hereinkamen, blieb Victor unwillkürlich stehen. Obwohl es Tag war, lag die Halle in kalter Dunkelheit, die Victor förmlich spüren konnte. Das schwarze Holz, die alten Wandteppiche, die nachgedunkelten historischen Gemälde, die bleiverglasten Fenster und die Geweihe – er brauchte nichts davon zu sehen, um sich an jede Kleinigkeit zu erinnern. Und er wusste, dass sich nichts verändert hatte.

Lydia wandte sich ihm zu. »Was ist los?«

»Die Kälte. Immer noch diese Kälte ...«

Er hatte sich hierherbringen lassen, obwohl er wusste, dass es ihn umbringen würde. Aber das machte jetzt keinen Unterschied mehr.

27

Katharina lagerte an einem kleinen Feuer. In der Ferne stieg eine Leuchtrakete auf. Sie saß mit dem Rücken zum Feuer, die Knie mit den Armen umfasst. Gedankenverloren schaute sie in die Dunkelheit und versuchte zu sehen, was sie erwarten würde. Sie war den ganzen Tag gewandert. Der Weg war mühsam und strapaziös, doch solange sie wanderte, war es erträglich. Schlimm wurde es erst, wenn sie still saß. Dann kroch die Unruhe durch ihre Glieder und fraß sie von innen her auf.

Schon vor Sonnenaufgang wanderte Katharina weiter. Sie achtete nicht auf ihre schmerzenden Füße und die quälenden Krämpfe in ihrem Bauch, sie wollte keine Pause machen. Nur nicht still sitzen müssen! Am Nachmittag gelangte sie an eine Bahnlinie, die das Land bis zum Horizont zerschnitt. Die Ugandabahn der Briten. Als Katharina die Schienen betrat, fiel ein Schuss. Vor ihr spritzte Erde auf.

Katharina blickte sich um, eine kleine britische Patrouille kam hinter Büschen hervorgeritten. Vier Soldaten mit einem leicht beladenen Packpferd. Einer der Männer zielte mit dem Gewehr auf sie. »Rucksack runter!«

Katharina nahm langsam den Rucksack ab. Sehr langsam, weil sie immer noch in den Gewehrlauf schaute.

»Ausschütten!«

Katharina öffnete den Rucksack und kippte den Inhalt zwischen die Schienen: etwas Wäsche, Früchte, ein halbes Brot, Feldflasche.

»Sie sind Deutsche?«

»Ja.«

»Wir müssen Sie festnehmen.«

»Wie Sie sehen, habe ich nicht vor, Ihre Bahnlinie zu sprengen.«

»Sie bewegen sich auf britischem Gebiet.«

»Wohin werden Sie mich bringen?«

»Nairobi. Können Sie reiten?«

Katharina lächelte kaum merklich: Nun kam sie also doch noch zu einem Pferd.

Schon am nächsten Tag saß Katharina vor dem Schreibtisch eines britischen Majors. Über ihm hing ein Porträt von König George V. Von draußen hörte sie den Straßenlärm der Stadt, der ihr aus dem Hospital so vertraut war. Automobile, Lastwagen, Motorräder, die harten Beschläge der Fuhrwerke, die Stimmen in den verschiedenen Sprachen – all das drängte sich durch das kleine Fenster herein.

Der Brite beugte sich ernst zu ihr vor. »Damit ich Sie richtig verstehe: Sie sind zu Fuß aus Deutsch-Ostafrika hierhergekommen, um uns zu bitten, auf einem britischen Schiff nach England fahren zu dürfen?«

»Ja.«

»Was glauben Sie, was wir sind? Eine Reederei?« Er lehnte sich zurück, offenbar hatte er nicht vor, etwas für sie zu tun.

»Ich bitte Sie inständig, mir zu helfen. Ein guter Freund von mir ist schwer verletzt worden. Ich muss ihn finden.«

»Ich denke, wir können uns in Großbritannien gut selbst um unsere Verwundeten kümmern.«

»Was haben Sie denn zu verlieren? Ich bin eine Frau. Ich habe als Krankenschwester in einem britischen Lazarett gearbeitet. Man kennt mich doch in Nairobi. Fragen Sie die Menschen, mit denen ich gearbeitet habe. Die Schwestern, die Ärzte! Die werden für mich sprechen.«

»Selbst wenn ich wollte: Sie wurden alle nach Europa verlegt. Hier ist niemand mehr, der Sie kennt. Aber das spielt auch keine Rolle. Ich habe Befehl, jeden Deutschen zu internieren. Jeden.«

Seine Haltung war eindeutig: Die Sache war damit erledigt.

Ohne weitere Umstände wurde Katharina von einem Soldaten abgeführt. Als sie die Treppe hinunterging, erschien über ihr ein junger Soldat, der mit einem Stapel Akten die Empore entlanghumpelte. William McKea. Er blieb erstaunt stehen, als er Katharina sah. Sie bemerkte ihn nicht und folgte ihrem Bewacher aus dem Gebäude.

McKea lief humpelnd zu einem der Fenster. Seinen Stock hatte er in seinem Amtszimmer gelassen. Unten auf der Straße sah er Katharina mit ihrem Rucksack über die Straße gehen.

Das Lager war von einem hohen Stacheldrahtzaun umgeben. Zwischen den Baracken hing Frauenwäsche zum Trocknen, ein paar Kinder spielten Ball. Unter den Vordächern der Hütten saßen Frauen. Alte, junge, weiße, schwarze, reich gekleidete und Farmerinnen. Der Wachtposten am Tor prüfte die Papiere, die Katharinas Begleitsoldat vorzeigte, und ließ die beiden durch eine Pforte ein. Während Katharina mit ihrem Rucksack in der Hand zwischen den Baracken entlangging, schauten die anderen Frauen neugierig und prüfend herüber. Machten einander aufmerksam: Da wird noch eine gebracht.

Die Baracke war fast leer, weil sich die Hitze in den hölzernen Kästen mit den viel zu kleinen Fenstern staute. Nur hier und da döste eine Frau auf ihrem Bett, die meisten sahen elend aus: ausgezehrt, verwahrlost, irgendwo wusch sich eine abgemagerte Alte.

Katharina saß oben auf ihrem Bett, den Rücken gegen die Wand gelehnt. Ihre Augen waren geschlossen. Hier oben war die Hitze unerträglich, aber sie wollte nicht hinaus zu den anderen Frauen, sie wollte alleine sein. Sie kämpfte gegen die innere Unruhe, die jetzt, da ihr Weg in eine Sackgasse geraten war, unerträglich in ihr wühlte.

Victor hatte seit Tagen sein Zimmer nicht verlassen. Er hatte nicht einmal das Bett verlassen. Er aß kaum etwas anderes als die Tabletten, von denen er glaubte, dass sie ihm Kraft gaben, die ihn aber nur umso fester an sein Lager fesselten. Vielleicht war es gut so, denn der Gedanke, irgendetwas zu tun, ließ in ihm sofort Panik aufkommen – etwas zu tun, was nie wiedergutzumachen wäre.

Es klopfte an die Tür und sein Vater kam herein. »Darf ich?«

Victor antwortete nicht. Kenneth McGulloch hätte gern die schweren Vorhänge aufgezogen, die das Zimmer in ein beängstigendes Dunkel hüllten, ließ es aber bleiben. Er hatte Angst, es könnte Victor verletzen. Was er seinem Sohn zu sagen hatte, war auch so schwer genug anzuhören. Aber nachdem er ein par Tage lang unentschlossen vor Victors verschlossener Tür gestanden hatte, hatte er den Entschluss gefasst, ohne Umschweife auszusprechen, was er für richtig hielt. Er nahm den Stuhl von Victors altem Sekretär und setzte sich ans Bett. »Du hast deiner Mutter sehr wehgetan, als du weggegangen bist. Ohne Nachricht. Ohne ein Wort.«

Er hatte keine Antwort erwartet. »Und jetzt sagen sie mir, du hast in Afrika unter einem falschen Namen gelebt. Hast unseren Namen abgelegt. Deine Vergangenheit verleugnet. Deine Familie.«

Hierauf würde er zu gegebener Zeit eine Antwort verlangen. »Wir konnten dir nicht mitteilen, dass dein Bruder gefallen ist. Wir konnten dir nicht sagen, dass deine Mutter gestorben ist. Es tut mir leid, ich dachte, es ist das Beste, ich erzähle es dir gleich.«

Keine Regung von Victor.

»Möchtest du hören, was passiert ist?«

Als Victor immer noch nicht reagierte, stand er auf, blieb einen Moment unschlüssig stehen und ging hinaus.

Victor blieb auf seinem Bett liegen, starrte ins Leere. Sein Bruder. Der kleine Alex. Tot? Dann hatte er also noch gelebt? Beides erschien ihm in seinem Zustand gleichermaßen erstaunlich. Er wusste, dass die Nachricht von Alex' Tod etwas in ihm auslösen sollte. Aber er kam nicht darauf, was es war. Und die Mutter ... Ja, der Vater hatte auch sie erwähnt. Warum hatte er erzählt, dass sie gestorben ist? War sie nicht schon lange tot? Victor versuchte sich zu erinnern. Schon lange ...

Lydia brachte ihm sein Essen aufs Zimmer, und sie war es auch, die es später wieder hinaustrug. Auch sie versuchte Victor zu erreichen. »In Glasgow gibt es einen Spezialisten.«

Schweigen.

»Er hat schon so vielen Leuten geholfen. Er benutzt die neueste Technik. Er macht Bilder vom Inneren des Kopfes mit X-Strahlen!«

Keine Antwort.

»Es ist doch einen Versuch wert, Victor.«

Doch er reagierte immer noch nicht und Lydia fing an zu weinen.

Schließlich ertrug Katharina es doch nicht länger, oben auf ihrem Bett zu hocken, und schlenderte zwischen den Baracken hervor zum Zaun. Sie schaute sich alles genau an. Ging ein Stück weiter, näher zum Stacheldraht.

»Weg vom Zaun!«

Sie blickte sich um: Ein Soldat patrouillierte auf dem freien Streifen zwischen Zaun und Baracken und machte eine Geste, dass sie zurückgehen sollte. Katharina wollte sich schon zurückziehen, als sie auf etwas aufmerksam wurde.

Am Tor wartete eine Kutsche.

Und den Hauptweg zwischen den Baracken entlang kam eine kleine Prozession: In einem Rollstuhl, der von einer Pflegerin geschoben wurde, saß Arne Larson. Sein Gesicht zuckte und er sprach mit sich selber. Hinter ihm ging seine Frau Emilia Larson. Mit ihrem feinen Kleid und dem großen Hut war sie krampfhaft um Würde bemüht.

Während die Pflegerin Larson half, in die Kutsche zu steigen, was er auch brav mitmachte, entdeckte Emilia Larson Katharina – und erstarrte regelrecht. Da war er wieder, dachte Katharina, der kalte Blick, der sie so sehr an die ausgestopften Tiere in der Eingangshalle der Larsons in Tanga erinnerte. Katharina ging ein Stückchen näher.

»Wie geht es Ihrem Mann?«

Emilia Larson antwortete nicht.

»Es tut mir leid, was mit ihm passiert ist.«

Wortlos stieg Emilia Larson in die Kutsche und setzte sich zu ihrem Mann, der zusammengesunken auf seinem Sitz hockte. Das Tor ging auf und die Kutsche rollte davon. Katharina schaute ihnen hinterher.

Nur eine Stunde später saß Emilia Larson dem gleichen Major gegenüber wie Katharina einen Tag zuvor.

»Sie ist eine Spionin. Sie arbeitet mit einem britischen Offizier zusammen. Die beiden sehen sich trotz des Krieges regelmäßig.«

»Das sind schwere Anschuldigungen.«

»Es ist erwiesen. Sie sollte von unseren Truppen wegen Spionage hingerichtet werden und konnte fliehen. Das können Sie überprüfen. Niemand weiß, warum sie überhaupt nach Afrika gekommen ist. Sie hat keinen Beruf, hat kein Land gekauft.«

»Wie ich höre, ist sie Krankenschwester.«

»Reiseschwester. So konnte sie überall im Land unterwegs sein. Üblicherweise wurden Schwestern vor dem Krieg aus Deutschland geschickt. Aber sie ist einfach aufgetaucht. Hat sich irgendwie ihre Einstellung erschlichen. Ach ja: Bei ihrem ersten Einsatz in der Schlacht um Tanga hat sie sich zuerst um britische Soldaten gekümmert.«

»Demnach scheint sie ja für uns zu arbeiten!« Der Major lachte. Doch er wurde gleich wieder ernst, als Emilia Larson ihm einen strafenden Blick zuwarf.

»Für beide Seiten! Es …« Sie zögerte theatralisch. »Es fällt mir nicht leicht, meinen Gatten in diese Sache mit hineinzuziehen, aber es muss sein: Sie hat zusammen mit meinem Mann hier in Nairobi ein Depot angelegt, in dem viel Geld liegt. Geld, das – wie ich weiß – von einem Ministerium des Deutschen Reichs überwiesen wurde. Wofür?, frage ich Sie.«

Nach dieser Neuigkeit legte sie eine wirkungsvolle Kunstpause ein.

Der Major verstand sich ebenso auf Theatralik. Mit einem tiefen Blick schaute er ihr in die Seele. »Sie wissen, Spionage ist ein schwerer Vorwurf. Wenn er der Wahrheit entspricht, werden wir die Frau zum Tode verurteilen müssen.«

Emilia nickte undurchdringlich. Sie war sich dessen bewusst und bereit, ihre Anschuldigungen jederzeit zu wiederholen.

Der Major lehnte sich zurück. Also gut. Dann rief er: »McKea?« Einen Moment später öffnete sich die Verbindungstür zum Nebenraum und William McKea erschien. »McKea, ich brauche einen Überstellungsbefehl vom Internierungslager ins Untersuchungsgefängnis. Der Name ist von Strahlberg. Katharina.«

28

McKea humpelte, auf seinen Spazierstock gestützt, hektisch durch die Straßen. Ausgerechnet jetzt fand sich keine Rikscha! Er verfluchte sein steifes Bein. Wie befohlen hatte er das Formular des Überstellungsbefehls ausgestellt. Das weitere Vorgehen war ihm genauestens bekannt: Das Papier nahm gerade seinen Weg durch die Behörde, wurde dabei zweimal abgestempelt, bis es die Tasche eines Militärpolizisten erreichte. In etwa einer Viertelstunde würden sie – wahrscheinlich drei Mann – in einen Mannschaftswagen steigen, in einem weiten Bogen über den Vorplatz wenden und die Straße hinab in Richtung Lager fahren. Sein Vorsprung war hauchdünn. Und dann dieses verfluchte Bein!

Als er, schon verschwitzt, das Tor erreichte, zeigte er ein anderes Formular, das er zugleich mit dem Überstellungsbefehl geschrieben hatte, zeigte es dann in der Kommandantur noch einmal und wurde schließlich in einen Verhörraum geschickt, um zu warten. Dort humpelte er ungeduldig auf und ab. Warum dauerte das so lange? War die Militärpolizei schon da und hatte sie abgefangen?

Endlich wurde Katharina von einem Wachsoldaten hereingeführt. Katharina erkannte McKea nicht, sie sah nicht einmal genau hin.

McKea wandte sich an den Wachmann. »Ist gut, danke.«

Erst jetzt, als sie seine Stimme hörte, hob sie den Blick – und erkannte ihn sofort. Doch sie war klug genug, es nicht zu zeigen. Der Soldat grüßte McKea und ging hinaus.

»Erinnern Sie sich an mich?«

»Mein Held vom Schiff! Sie haben meinen Mann niedergeschlagen. Wie lange das her ist ...«

»Sie müssen hier verschwinden, und zwar schnell.«

Sie zögerte. Tausend Fragen schossen ihr durch den Kopf.

»Ich bin ein Freund von Victor. Ich bringe Sie hier raus.«

»Aber wie?«

»Ich habe einen Entlassungsbefehl.«

»Ich hole meine Sachen.«

»Keine Sachen, wir müssen sofort weg!«

Damit ging er zur Tür und öffnete. »Wache! Zum Tor.«

Der Soldat geleitete Katharina auf dem Hauptweg bis zur Torwache, McKea humpelte mit seinem Stock hinterher.

Einer der Posten trat ihnen entgegen. McKea und der Posten grüßten sich militärisch, McKea holte wieder das gefaltete Papier aus seiner Uniformjacke und gab es dem Posten. Dieser hier las sehr viel gründlicher als der Wächter beim Hereinkommen, aber das hatte McKea erwartet. Schließlich hatte er jetzt eine Gefangene dabei. McKea vermied es, zum Tor hinüberzusehen, obwohl er wusste, dass jetzt jeden Moment der Mannschaftswagen kommen musste.

Endlich gab der Posten McKea das Schriftstück zurück, trat beiseite und salutierte. Katharina folgte McKea auf die Straße. Im selben Moment, als McKea den Weg am Zaun entlang einschlug, sah er die Militärpolizisten kommen. Der Wagen hielt beim Posten, es wurden ein paar Worte gewechselt, dann fuhr der Wagen ins Lager.

McKea zog Katharina weiter und humpelte mit seinem Stock, so schnell er konnte. Immer wieder blickte er sich nervös um. Erst als er Katharina in eine Nebenstraße zog, wurde er ruhiger.

»Was ist los? Wovor haben Sie Angst?«

»Man wollte Sie in Einzelhaft überstellen.«

»Warum?«

»Spionage. Todesstrafe.«

Katharina sah ihn schockiert an. »Warum tun Sie das für mich? Sie bringen sich selbst in Gefahr.«

»Victor hat mir von Ihnen erzählt. Na ja, er hat nicht wirklich viel erzählt. Aber Sie hätten ihn dabei sehen müssen ...«

»Haben Sie etwas von Victor gehört?«

»Nicht seit er weg ist. Sie wissen, was ihm passiert ist?«

Sie nickte.

»Schlimme Sache, aber er lebt.« Er sah sich noch einmal um: Der Militärwagen folgte ihnen nicht.

»Was ist mit Ihrem Bein?«

»Schuss durchs Knie. Ist schon zwei Jahre her.«

»Das tut mir leid. Wo Sie doch das Fußballspielen so geliebt haben.«

»Was soll's! Ich spiele jetzt Billard«, sagte er und lächelte. »Außerdem kann ich hierbleiben. Sie haben mir einen Posten in der Verwaltung gegeben. Da vorne ist es.«

Sie gingen auf ein schlichtes Kolonialhaus zu, das Katharina schon kannte. Dort war auch Victors Zimmer gewesen.

McKeas Zimmer hatte den gleichen Blick aus dem Fenster auf den sauberen Innenhof. Katharina erinnerte sich, dass damals, als sie mit Victor hier war, drüben an der Hauswand ein Hund geschlafen hatte. Jetzt war er nicht zu sehen. Katharina schaute sich um. An der Wand hing Victors Dudelsack. Katharinas Blick blieb darauf liegen. Sie musste daran denken, wie sie Victor damals zum ersten Mal begegnet war. Wie er mitten in der Savanne den Massai-Kriegern vorgespielt hatte.

McKea kam mit einer Kanne Tee herein. »Tut mir leid, dass ich Sie in mein Zimmer bringe, aber ich weiß nicht, wohin sonst mit Ihnen. Heute Nacht schlafe ich natürlich woanders.«

Er schenkte ihr Tee ein. Sie betrachtete ihn. Es war erst drei Jahre her, dass sie ihm zum ersten Mal begegnet war, aber er sah so viel älter aus.

»Warum benutzt Victor McGulloch einen falschen Namen?«, fragte Katharina unvermittelt.

»McGulloch? Ist das sein richtiger Name?«

»Sie wussten, dass er nicht March heißt?«

McKea zögerte einen Moment. Wo sollte er beginnen? »Ich habe ihn vor ein paar Jahren in London aus der Gosse gezogen. Er hatte sich mit drei Matrosen angelegt. Die haben ihn halb totgeprügelt. Allein der Alkohol in ihm hätte ihn umbringen müssen. So wie er aussah, ging das schon eine ganze Weile so.«

»Warum?«

»Ich habe ihn einmal gefragt, aber er hat es mir nie erzählt. Ich habe ihn in ein Krankenhaus geschleppt. Und als sie ihn wieder zusammengeflickt hatten, dachte ich ... na ja, ich fühlte mich irgendwie verantwortlich für ihn. Ich wollte damals nach Afrika. Also habe ich ihm vorgeschlagen, mit mir zu kommen.« Er schaute eine Weile in seinen Tee. Dann blickte er Katharina ernst an. »Ich habe Angst um ihn. Holen Sie ihn wieder her!«

Als Katharina und McKea am nächsten Morgen den Bahnsteig betraten, sahen sie aus wie eins der gewöhnlichen Paare, die immer wieder an die Ufer des Krieges gespült wurden. Eine erschöpft aussehende Frau in einer britischen Schwesterntracht mit neuen Schuhen und einem kleinen Koffer am Arm eines verwundeten Mannes.

»Da vorn ist Ihr Zug. Hier, ein Marschbefehl.« Er gab ihr ein gefaltetes Papier. »Verlieren Sie ihn nicht! Der befiehlt Ihre Versetzung nach London. Damit haben Sie einen Platz auf dem Schiff. Es wird Sie niemand aufhalten. Sprechen Sie einfach nicht zu viel. Ihr Englisch ist gut, aber nicht perfekt.«

Katharina schaute auf das Papier. »Wo haben Sie den her?«

McKea lächelte: »Ich schreibe sie selber, das ist mein Posten.«

Sie blieben stehen. Zeit für den Abschied.

»Ich weiß nicht, wie ich Ihnen danken soll.«

»Kümmern Sie sich um Victor.«

Er drückte ihr die Hand.

»Ich werde Sie jetzt küssen, das sieht unauffälliger aus.« Sie küsste ihn auf die Wange, dann eilte sie zum Zug. Er schaute ihr nach, bis sie im Wagen verschwunden war.

Kenneth McGulloch, Lydia und Victor saßen zu Tisch. Die Tafel war feierlich gedeckt mit Kristall und Silber für mehrere Gänge, doch die Stimmung war gedrückt und finster. Victor hatte schließlich Lydias Drängen nachgegeben, zum

Essen zu kommen, doch als ein Diener ihm helfen musste, sich anzukleiden – vor allem die Schleife selbst zu binden erwies sich als unmöglich –, war Victor entschlossen, auf seinem Zimmer zu bleiben. Erst als er merkte, wie viel es Lydia bedeutete, ließ er sich von ihr zum Speisezimmer führen. Aber er bereute es bereits jetzt, denn sein Vater fühlte sich gemüßigt, von Alex zu sprechen.

»Alexander ist in den Schützengräben gefallen. In Belgien. Es muss grauenhaft sein dort. Unvorstellbar. Er ist bei einem Giftgasangriff ums Leben gekommen.« Er machte eine Geste, die seine Fassungslosigkeit ausdrückte. Für Victor entstand nur eine unangenehme Pause, die er nicht deuten konnte.

»Bei einem *britischen* Giftgasangriff! Der Wind hatte sich ungünstig gedreht.« Er schüttelte den Kopf. »Deine Mutter ist nur vier Wochen später gestorben. Sie starb im Glauben, dass sie beide Söhne verloren hatte. Wir haben nichts von dir gehört, du warst wie vom Erdboden verschluckt. Ich habe sogar Anzeigen veröffentlichen lassen. In allen Zeitungen. Ich habe Belohnungen ausgesetzt für Hinweise, aber niemand hatte von dir gehört. Niemand hat dich gesehen. Als sie dann die Nachricht gebracht haben, dass Alexander gefallen ist …«

Ein Diener stellte Teller vor sie hin. Anders als die anderen machte Victor ihm nicht Platz, damit er den Teller besser abstellen konnte. Stattdessen sagte er, kaum dass er die Nähe des Dieners spürte: »Nein, danke.«

Doch jetzt verlor der Vater die Geduld: »Victor! Du hockst jetzt seit über zwei Wochen in deinem Zimmer. Du musst essen!«

»Bitte nehmen Sie das wieder weg.«

Der Diener, der die Hand schon am Teller hatte, wurde von einer Geste des Vaters gebremst.

Victor, der die Geste des Vaters nicht gesehen hatte, fragte: »Warum nehmen Sie das nicht weg?«

Der Diener war hin- und hergerissen, immerhin war der Vater sein eigentlicher Herr.

Schließlich nahm Victor ungeduldig den Teller und stellte ihn selbst beiseite. Dabei fielen Gläser um. Victor kümmerte sich nicht darum und schob den Teller ärgerlich noch weiter weg. Während er sich entnervt zurücklehnte, sammelte der Diener eilig die Gläser und Scherben ein.

Danach herrschte Schweigen.

Lydia versuchte, die Situation zu überspielen. »Was hast du gemacht in Afrika?«

Der Alte dachte an die ungeklärte Frage, wie Victor es hatte übers Herz bringen können, seinen Namen zu verleugnen, und brummte nur: »Und wieso ausgerechnet Afrika?«

»Weil es weit weg ist«, sagte Victor in kämpferischem Ton. »Weil ich dort etwas gefunden habe, was mir das Leben gerettet hat – Frieden! Inneren Frieden. Mächtige, großartige Einsamkeit. Leben! Eine ganze Welt voller Leben. Eine Welt, in der es nicht nach Moder und Verwesung stinkt. Eine Welt, in der ich den Tod vergessen kann!«

»Du meinst Marys und Ians. Warum sprichst du es nicht aus? Warum willst du vor der Vergangenheit fliehen?«

»Weil es mich zerreißt!«, schrie Victor. Lydia sah, dass seine Grenze erreicht war. Doch Mr McGulloch redete in aller Ruhe weiter. »Ich habe draußen an der Klippe zwei Kreuze aufstellen lassen, nachdem du weg warst. Eins für deine Frau und eins für deinen Sohn.«

»Vater, bitte!« Lydia schaute Victor ängstlich an. Doch Victor schwieg.

Der Vater trank von seinem Wein. Er besann sich und beließ es für den Moment dabei. »Wir hatten viel Unglück zu ertragen, das ist wahr. Aber das ist vorbei. Du bist wieder da, Victor. Wir packen neu an. Du übernimmst jetzt hier. Der Krieg kann nicht mehr lange dauern, dann kommen unsere Arbeiter von der Front zurück.«

»Vater, hör auf, dich selbst zu belügen. Die Männer kommen nicht zurück. Und die zurückkommen, sind Krüppel. Menschliche Wracks. So wie ich. Ich kann gar nichts übernehmen. Ich bin blind! Blind, verstehst du?« Victor stand wütend auf.

»Du lebst!«

Victor wollte etwas erwidern, doch er wandte sich nur ab.

»Warte, Victor, ich helfe dir.« Lydia nahm seinen Arm.

»Nein danke, Lydia.«

»Ich begleite dich.«

»Nein danke, Lydia!«

Betroffen blieb sie stehen.

Victor ging unsicher durch den großen Saal, verlor die Richtung, wusste nicht, wie weit er schon war, blieb stehen, ging weiter und berührte die Wand. Er tastete nach der Tür, doch sie war zu weit weg.

Lydia presste sich die Hand vor den Mund und weinte.

Endlich ertastete Victor die Tür und konnte hinausgehen.

Franz Lukas wusch sich an einem Bach. Das Lager der Deutschen lag in tiefer Ruhe. Alles schien zu schlafen, und wie so häufig war Franz der Erste, der auf den Beinen war. Er schlief immer weniger. Nachdem er sich gewaschen hatte, zog er sein Hemd wieder an und ging zurück zum Lazarettzelt. Er schlug die Plane auseinander – und erstarrte: Jemand in völlig abgerissener deutscher Uniform durchwühlte eine der Medikamentenkisten. Eine andere war schon durchwühlt und teilweise ausgeräumt. Der Mann fuhr hektisch herum und richtete zitternd eine Pistole auf Franz. Ein Gespenst starrte Franz an: Heinrich von Strahlberg!

Nie zuvor hatte Franz einen elenderen Menschen gesehen: die Augen blutig und gelb, Bartfransen, eingefallene Wangen, blasige Lippen, mehrere Zähne fehlten, der ganze Körper abgemagert und verdreckt wie ein tollwütiger Hund.

Und das Schlimmste: Sein Hals und Nacken waren übersät mit grauen, ekelhaften Zecken.

»Mein Gott, von Strahlberg!«

»Ganz ruhig.«

Franz hob beschwichtigend die Hände.

»Wo ist Morphium?« Heinrich zuckte mit dem Kopf und verzog vor Schmerzen das Gesicht.

»Sie brauchen Hilfe!«

»Ich brauche Morphium!«

»Sie sind voller Zecken. Sie haben Rückfallfieber. Wir müssen einen Bluttest machen. Sie brauchen eine Behandlung mit Salvasan. Seien Sie vernünftig. Sie müssen doch unglaubliche Schmerzen haben. Ich habe Männer erlebt, die wochenlang nur noch geschrien haben.«

Heinrich machte einen wütenden Schritt auf Franz zu und schlug ihn mit der Pistole ins Gesicht. Doch er selbst war es, der durch die heftige Bewegung rasende Schmerzen erlitt. Ein grausiger Laut entfuhr ihm, dabei presste er sich mit beiden Händen gegen den Kopf. »Morphium! Morphium ...« Er drückte Franz die Pistole an den Hals und schob ihn förmlich zu den Kisten.

Franz tat, was von ihm verlangt wurde. Langsam öffnete er eine dritte Kiste, holte Pappschachteln heraus. Heinrich griff danach und presste sie an sich. Er ließ sie auf den OP-Tisch fallen und stopfte sich alle Taschen damit voll.

Er riss ein weißes Tuch von einem Tablett mit medizinischen Geräten. Er nahm sich ein paar Spritzen und ein Glas voller Injektionsnadeln. Dann schnappte er sich die restlichen Morphiumpäckchen und richtete noch einmal die Pistole auf Franz.

Er begann hektisch zu hecheln, offenbar überfiel ihn wieder ein Schmerzschub. Plötzlich fuhr er herum und stapfte aus dem Zelt.

Franz blieb betroffen stehen. Das Grauen war ihm deutlich anzusehen. Er wusste, was der Mann durchmachte.

29

Victor kam aus dem Tor, regelrecht gezogen von zwei Jagdhunden, die endlich Frischluft witterten und ausgelassen lossprangen. Die Hunde zerrten an den Leinen und zogen Victor vom Weg ab auf die Wiese. Als Victor ihnen folgte, stolperte er und stürzte. Doch damit hatte er gerechnet. Das nahm er in Kauf. Er musste es alleine schaffen. Dieses Mal konnte er sich nicht helfen lassen. Nicht auf diesem Weg. Er musste ihn alleine gehen.

Er rappelte sich sofort auf und ging weiter. Sie liefen querfeldein. Wieder stolperte Victor, fing sich aber. Er lenkte die Hunde zur Steilküste, wo er das Tosen des Meeres hörte. Sie führten ihn an den steilen Felsen entlang. Victor hörte die Wellen unter sich brechen. Plötzlich sprangen die Hunde über irgendetwas hinweg – Victor fühlte das Heben der Leine in seiner Hand –, als er auch schon erneut stürzte. Er fiel hart gegen die Kante einer schmalen Spalte, an der zwei Klippen auseinandergerissen waren, und schlug sich schmerzhaft das Knie auf. Weiter! *Vor allem nicht die Hunde loslassen!*

Bald hatte er die Stelle erreicht, die er suchte: Er konzentrierte sich auf die Hunde – wo sie neugierig wurden und schnüffelten –, dann tastete er selber. Plötzlich berührte er es. Erschrocken zog er die Hand zurück. Dann tastete er sich weiter: Da war das andere. Am Rand der Klippe standen zwei Kreuze aus Holz, ein etwas größeres und ein kleineres.

Er leinte die Hunde los und warf die Leinen auf die Wiese.

»Verschwindet! Lauft zurück!«

Victor hörte, wie sich das Gebell entfernte, während die Hunde in wilden Sprüngen davonrannten.

Er tastete nach den Kreuzen. Das Holz war vom Wetter rau und rissig geworden. Er versuchte, die Namen zu ertasten, aber unter seinen Fingern fanden sich nur sinnlose Rillen und Kanten. Victor ließ sich auf die Knie sinken. Seine Hände lagen auf den Kreuzen, und je länger er hockte und das Holz fühlte, desto sinnloser erschienen ihm diese nichtssagenden hölzernen Gebilde, die nicht im geringsten Verhältnis zu dem standen, an was sie eigentlich erinnern sollten. Es war eine Botschaft, die niemanden erreichte. Ein Licht, das nicht gesehen werden konnte.

Plötzlich stieß er einen kläglichen Schmerzensschrei aus, sprang auf und trat mit dem Fuß gegen das kleinere Kreuz, bis es abbrach. Das Kreuz flog in die Tiefe, zersplitterte auf einem Vorsprung der Klippe und landete zerbrochen unten auf dem Strand. Victor trat mit aller Wut gegen das Schicksal an, bis auch das zweite Kreuz abbrach. Während es ebenfalls in die Tiefe segelte, kauerte Victor am Boden und vergrub das Gesicht in den Händen.

Ein Zug fuhr über nass glänzende Schienen durch eine moosige, dunkle Heidelandschaft. Langsam rollte er in einen kleinen alten Provinzbahnhof ein und hielt. Niemand stieg ein. Nur eine Frau stieg aus, auf die niemand wartete.

Katharina ging mit ihrem Koffer durch die leere Bahnhofshalle auf die Straße. Dabei kam sie an einer Wand mit Propagandaplakaten vorbei, auf denen die Deutschen als blutrünstige Bestien mit Pickelhauben dargestellt waren. Auf dem Platz vor dem Bahnhof schaute sie sich um: nur nasses Kopfsteinpflaster, kein Mensch weit und breit. Sie machte sich auf den Weg die Landstraße entlang.

Die Überfahrt von Mombasa nach England war ruhig verlaufen. Katharina hatte sich an McKeas Rat gehalten und so wenig wie möglich gesprochen. Das war ihr nicht schwergefallen, der Umgang mit Menschen war ihr im Moment unerträglich. Stundenlang hatte sie an einer abgelegenen Stelle bei der Ankerkettenwinde an Deck gestanden und über die aufgewühlte See hinweggeblickt, als könnte sie durch ihre pure Energie das Schiff beschleunigen. Dann London, die Suche nach dem richtigen Bahnhof, und schließlich die Fahrt hier heraus in den Norden. Katharina war in den letzten Jahren so viel zu Fuß gegangen, dass es ihr inzwischen schwerfiel, sich all diesen Verkehrsmitteln anzuvertrauen. Während der langen Stunden in den Wartesälen hatte sie ständig das Gefühl, zu Fuß schneller ankommen zu können, und musste den Impuls bekämpfen, einfach aufzustehen und loszumarschieren.

Das letzte Stück also wanderte sie durch die einsame düstere Landschaft. In der Nähe der Straße duckten sich ein paar Häuser, Nebel hing in den Senken, alles schien vergessen und verlassen.

Irgendwann hörte sie das Rumoren der Küste. Es wurde immer lauter, bis sie von der Straße aus die Klippen der Steilküste sah und dahinter das Meer. Sie verließ die Straße und schaute in den Abgrund: Hoch aufwogende Wellen zerbarsten donnernd an den rauen Felsen. Gischt zerspritzte, die Wellen zogen sich mit mächtigem Sog zurück – und rollten aufs Neue gegen die steil aufragenden Klippen an. Möwen ließen sich kreischend vom Wind umherwerfen. Katharina ging weiter.

Schließlich tauchte sie im Dunst der düsteren Landschaft vor ihr auf: die Burg. Abweisend, trotzig, verschlossen. Ein unwirklicher Schatten, der sich irgendwie gegen den Wind stemmte. Dort drin war Victor. Das Ziel ihrer Reise. Seit Wochen drängte alles in ihr zu ihm, war sie voller Ungeduld, nie konnte es ihr schnell genug gehen. Jetzt zum ersten Mal zögerte sie. Sie hatte Angst. Davor, dass nach dieser Begegnung nichts mehr so sein würde, wie es einmal gewesen war. Nichts mehr so, wie sie es sich wünschte. Katharina holte tief Luft und ging auf die Burg zu.

Doch plötzlich sah sie etwas und blieb wieder stehen.

Drüben an der Steilküste, unmittelbar am Abgrund, kauerte eine Gestalt. Katharina stellte ihren Koffer ab.

Victor hockte auf dem Boden, an einen Fels gelehnt, und bereute bitter, die beiden Kreuze in den Abgrund gestürzt zu haben. Ihre Namen standen darauf. Ihre Namen! Wie hatte er das tun können? Auch wenn die Kreuze ein jämmerlicher Versuch waren, irgendetwas von den beiden zu bewahren, so hielten sie doch zumindest ihre Namen fest. Plötzlich hörte er ein Knacken. Jemand stand vor ihm. Er horchte. »Lydia?«

Keine Antwort.

»Wer ist da?«

Dann eine Stimme, die ihm Angst machte. Eine Stimme, die er so gut kannte, nach der er sich so sehr gesehnt hatte – und die jetzt in ihn eindrang wie ein Messerstich. »Ich habe vier Jahre lang nur ein Ziel vor Augen gehabt.«

»Katharina!«

»Es hat mich in den schlimmsten Tagen am Leben erhalten: der Wille, dem Mann in die Augen zu sehen, der meinen Jungen ermordet hat.«

Victor horchte schockiert auf. »Katharina! Wovon redest du?«

»Du bist also blind. Sie haben dich blindgeschossen. Ich wünschte, du wärest verblutet!«

»Katharina, was ist los mit dir? Was ist passiert?« Victor stand auf, tastete nach ihr, doch sie stieß ihn nur mit aller Kraft vor die Brust, dass er rückwärts umkippte.

»Fass mich nicht an! Und sag mir die Wahrheit! Jetzt! Ich will jetzt endlich die Wahrheit hören.«

»Ich kenne die Wahrheit nicht! Ich weiß von alldem nur, was du mir erzählt hast. Wie kommst du darauf, dass ich etwas damit zu tun habe?!«

»Weil du immer in der Nähe warst, wenn etwas passiert ist. Weil du dich hinter einem falschen Namen versteckt hast. Weil du mich belogen hast. Und vor allem: Das Geld, das den Betrügern gestohlen wurde – es liegt in Nairobi in einem Depot. Ein Depot auf deinen wahren Namen. Victor McGulloch!«

»Was?«

»Warum liegt das Geld unter deinem Namen auf der Bank?«

»Ich weiß es nicht!«

»Warum liegt das Geld unter deinem Namen auf der Bank?« Diesmal schrie sie ihn an.

»Niemand in Afrika kennt meinen richtigen Namen.«

Katharina schwieg. Genau das ging ihr wieder und wieder im Kopf herum.

»Katharina! Du glaubst doch nicht wirklich, ich hätte deinen Sohn ... Katharina!«

»Dann sag mir endlich, warum du deinen wahren Namen verschweigst!« Verzweifelt starrte sie ihn an. Er rang mit sich, sagte aber nichts.

Sein Schweigen war für sie die Antwort, auf die sie gewartet hatte. Vor der sie Angst gehabt hatte. »Ich hasse dich! Ich hasse dich, Victor McGulloch!« Sie spuckte ihm seinen Namen vor die Füße. Sie starrte auf den blinden Mann hinab, der vor ihr auf dem Boden kauerte. So lange hatte sie auf den Augenblick hingelebt, dem Menschen in die Augen zu blicken, der ihren Sohn getötet hatte. Und jetzt war er blind und in seinen Augen war nichts zu lesen außer Hilflosigkeit. Alles war so entsetzlich falsch. Sie spürte es am ganzen Köper. Sie versuchte, diese Empfindung zu ignorieren, aber sie ließ sich nicht verleugnen. Sie war da. Und bei alldem hatte sie das Gefühl, als ob sie die Blinde wäre.

»Katharina ...«

Plötzlich rannte sie davon.

»Katharina!«

Er wollte ihr hinterherlaufen, aber er konnte nicht. Nie

zuvor hatte Victor sich so hilflos, so blind gefühlt wie in diesem Moment. Wieso war sie hier? Wohin war sie gerannt? Er stand verzweifelt in seiner Dunkelheit und hörte nur das Tosen des Meeres.

Plötzlich hatte er das Gefühl, dass sie nicht weit gelaufen war. Er spürte sie. Sie war erreichbar. Langsam ging er los. Wenn er an einen Fels stieß, tastete er sich daran entlang. Orientierte sich am Tosen des Meeres, das er immer unter sich hörte.

»Katharina!«

Er stolperte weiter.

Katharina saß zusammengekauert auf einem Stein und blickte in die Tiefe.

Victor tastete sich langsam näher. »Katharina?«

Sie antwortete nicht.

»Katharina, ich weiß, dass du da bist.«

Er horchte.

»Ich bin hier.« Katharina stand auf und schaute ihm entgegen. Als er bei ihr war, nahm er etwas aus seiner Jackentasche und hielt es ihr hin: das Amulett, das sie in Afrika schon einmal gesehen hatte. Er öffnete es: die Fotos der jungen Frau und des kleinen Jungen.

Eine Weile war nur das Rauschen der Wellen zu hören. Victor zögerte, es fiel ihm schwer. Er hatte die Erinnerungen tief in sich vergraben, aber er wusste, jetzt mussten sie heraus. Er fing an zu erzählen: »Es ist hier passiert. Ian war vier Jahre alt. Er ist weggelaufen, ohne dass es jemand bemerkte. Wir hatten ihn einem Kindermädchen anvertraut ...« Unwillkürlich schüttelte Victor den Kopf: Wie konnten sie nur einen solchen Fehler machen? »Er ist hierhergelaufen. Hat hier gespielt.« Er deutete auf den Boden. »Wir haben ihn überall gesucht. Überall. Mary war völlig außer sich vor Angst. Dann war sie es, die ihn gesehen hat. So nah am Abgrund! Sie rannte los und rief ihn. Sie rief, er solle sitzen bleiben. Durch ihre Rufe bin ich aufmerksam geworden und hinter ihr hergelaufen. Doch als Ian sie gehört hat ... Er hat gelacht. Er dachte, es wäre ein Spiel. Ein Spiel, bei dem sie hinter ihm herläuft und er muss weglaufen. Er ist lachend aufgesprungen und losgerannt. Vor ihren Augen. Vor ihren Augen ist er in den Abgrund gestürzt.«

Victor schwieg lange. Katharina hatte Tränen in den Augen, doch sie sagte nichts.

»Ich habe ihn selbst hochgeholt. Er lag unten am Strand. Ich wollte nicht, dass jemand anders ihn anfasst. Er war so leicht ... so ... viel zu leicht ... und ...« Er konnte nicht weiterreden.

»Mein Gott, Victor!«

»Mary war ... Ich habe niemals zuvor oder danach einen Menschen so erlebt. Nachdem wir Ian begraben hatten, ist sie in der ersten Nacht heimlich zum Grab und hat versucht, ihn mit ihren bloßen Händen wieder auszugraben. Es war grauenhaft ... Nach ein paar Wochen schien es ihr etwas besser zu gehen. Ich dachte schon, ich habe sie im Griff. Sie wäre über das Schlimmste hinweg. Ich habe nur einen Moment nicht auf sie Acht gegeben. Es war meine Schuld ...«

Katharina schaute ihn entsetzt an.

»Mary ist gesprungen. An derselben Stelle. Genau hier.«

Sie schwiegen.

Dann griff Katharina ruhig in ihre Tasche und nahm etwas hervor. Sie öffnete seine Hand und legte es hinein: der Zweig des dreitausendjährigen Baobabs. Den er ihr vor langer, langer Zeit geschenkt hatte. Langsam schloss sie seine Hand darum.

30

Bei Lydia stieß Katharina zunächst auf Ablehnung. Die Schwester sorgte sich darum, was Katharinas Auftauchen für Victor – und auch für sie selbst – bedeutete. Wollte sie Victor wegholen, nachdem er gerade erst nach Hause zurückgekehrt war? Wollte sie seine Pflege an sich reißen? Doch schon bald merkte Lydia, dass es Victor auf einmal besser zu gehen schien. Fast sah es so aus, als hätte Katharinas Auftauchen den Knoten, der ihn so zugeschnürt hatte, zerschlagen. Was auch immer zwischen den beiden vorgefallen sein mochte: Victors Erstarrung schien aufzubrechen – wenn er auch noch weit davon entfernt war, mit seiner Blindheit zurechtzukommen.

Katharina ihrerseits hatte genug Verständnis für die Vorbehalte Lydias, um die Gelassenheit aufzubringen, gar nicht erst dagegen anzugehen.

Als sie zu dritt die Halle betraten, stellte sich ihnen der Vater in den Weg. »Victor! Wir haben uns Sorgen gemacht, als die Hunde alleine zurückgekommen sind.«

»Vater, eine Freundin aus Afrika, Katharina von Strahlberg.«

Der Vater musterte Katharina. »Sie ist Deutsche?« Er sprach Katharina nicht direkt an.

Lydia kam Victors Antwort zuvor: »Du hast Victor doch gehört, Vater: Sie ist eine Freundin!«

Mr McGulloch würdigte diese Richtigstellung keiner Antwort. Stattdessen drehte er sich um und ging auf seinen Stock gestützt davon.

Lydia entschuldigte sich später bei Katharina und erzählte ihr von Victors Bruder Alexander. Doch der Vater sprach kein weiteres Wort mehr mit Katharina.

Victor und Katharina saßen in dieser Nacht lange vor dem brennenden Kamin. Sie saßen nah beieinander, als könnten sie nach all der Zeit nicht wirklich glauben, tatsächlich zusammen zu sein, und müssten sich durch die ständige Berührung der Nähe des anderen vergewissern. Sie hatten sich viel zu erzählen.

Und schließlich sprach Victor sie auf Georg an. Katharina entschuldigte sich, dass sie ihn so heftig angegriffen hatte. »Ich schäme mich so, Victor! Dass ich das von dir glauben konnte. Du warst so weit weg von mir. Ich selbst war so weit weg von mir!« Katharina fing an zu weinen.

»Schsch.« Victor nahm sie in den Arm.

Nach einer Weile fragte er: »Aber wer war es dann?«

Katharina schwieg. Dann löste sie sich von ihm. »Nur noch ein Einziger der Betrüger lebt.«

»Heinrich? Aber wieso sollte er meinen Namen benutzen? Vor dem Krieg kannte er mich doch gar nicht.«

»Ich weiß es nicht.« Sie schüttelte verzweifelt den Kopf, schien all diese Fragen abschütteln zu wollen. Schließlich rang sie sich zu einem Entschluss durch: »Und ich will es auch nicht wissen, Victor. Ich kann nicht mehr ... Du hast mich einmal davor gewarnt, dass ich meinem Hass selbst zum Opfer fallen könnte. Genau das ist passiert. Er zerfrisst mich innerlich. Victor, ich will unsere Zukunft nicht der Vergangenheit opfern.«

»Ich hoffe, dafür ist es nicht zu spät.«

Sie nahm seine Hände in ihre. »Lass uns nach Afrika zurückgehen.«

Victor schüttelte den Kopf. »Wie soll das gehen, Katharina? In Afrika? Ohne Augenlicht? Nein.«

»Du wirst lernen. Wir haben Freunde dort. Ich werde für dich sehen. Gemeinsam schaffen wir das. Wir gehen zu Sebastian auf die Farm. Er wartet auf uns, er wird uns helfen!«

Victor konnte noch nicht daran glauben, doch die Vorstellung wühlte ihn sichtlich auf.

Der Chauffeur lud zwei Koffer in den Wagen. Katharina und Victor verabschiedeten sich von Lydia. Mr McGulloch war nicht zum Abschied erschienen. Als Victor ihn in Kenntnis gesetzt hatte, dass er nach Afrika zurückkehren werde, hatte der Alte nur gefragt: »Wann wirst du reisen?«

»Wir reisen gleich morgen früh.«

»Dann werden wir keine Gelegenheit haben, uns zu verabschieden. Ich werde morgen auf der Jagd sein.«

Das war alles.

Bruder und Schwester umarmten sich.

»Danke, Lydia.«

»Leb wohl, Victor. Du wirst es schaffen!«

Katharina und Lydia lächelten sich noch einmal zu. »Schreiben Sie mir, was der Arzt gesagt hat?« Katharina versprach es und Lydia umarmte auch sie. »Alles Gute.« Dann stiegen Victor und Katharina ein und der Wagen fuhr los.

Es war kein weiter Weg bis Glasgow, wo sie ein einfaches Hotel bezogen. Der Spezialist begann seine Untersuchungen sofort. Er durchleuchtete Victors Kopf mit X-Strahlen und fertigte Fotoplatten an, auf denen Victors Schädel zu sehen war. Haarfeine Linien, die Katharina kaum sehen konnte, zeigten ihm die Verletzungen an Victors Sehnerv. Der Arzt betrachtete die Platten lange und konzentriert.

Victor und Katharina saßen vor seinem Tisch. Katharina beobachtete den Arzt gespannt, Victor lauschte auf eine Äußerung.

»Es tut mir leid. Zu einer Operation kann ich Ihnen nicht raten. Ich will offen zu Ihnen sein: Ich kann Ihnen keine Hoffnungen machen.«

Katharina nahm Victors Hand. Doch es sah fast so aus, als wäre sie diejenige, die in diesem Moment Beistand brauchte. Victor war keine Reaktion anzusehen.

Der Arzt setzte sich an den Tisch. »Jedenfalls nicht, was das Sehen mit den Augen anbelangt.«

Victor horchte fragend auf.

Der Arzt nahm ein Buch, dann nahm er Victors Hand und gab ihm das Buch. Victor tastete.

»Schlagen Sie es auf.«

Victor schlug auf und tastete über Blindenschrift.

»Sie werden lernen zu lesen. Zu schreiben. Vor allem werden Sie lernen, Ruhe zu bewahren. Sich zu konzentrieren. Ihre Ohren zu benutzen. Was wissen Sie über diesen Raum?«

»Nichts.«

»Wie groß ist er?«

»Was weiß ich!«

Der Arzt ging im ganzen Raum herum, bis in die Ecken, während er weitersprach. »Sie werden ein räumliches Gefühl über Ihr Gehör entwickeln. Nutzen Sie jede Information. Dass hier ein Teppich liegt, wissen Sie schon vom Reinkommen, weil Sie gestolpert sind. Wenn Sie auf meine Schritte hören, wissen Sie auch, wie groß er ist.« Er hatte seine Runde beendet. »Jetzt haben Sie einen Eindruck. Wo sind die Fenster?«

Victor horchte und zeigte auf die Fenster. »Da.«

»Wie viele Fenster sind es?«

»Keine Ahnung.«

»Bewegen Sie sich, gehen Sie hin!«

Victor stand auf und ging unsicher los. Ein Tisch stand im Weg, er stieß ein Tablett mit Arzneifläschchen an, die klirrend umfielen.

»Macht nichts. Sie werden lernen, den Tisch zu hören. Bevor Sie dagegenstoßen!«

Victor ging weiter. Horchte. »Zwei. Zwei Fenster.«

»Sehr gut, merken Sie, was ich meine? Wo ist die Tür?

In diesem Moment klopfte es. Eine Schwester kam mit Papieren für den Arzt herein.

Victor zeigte auf die Schwester. »Da!«

Katharina lachte.

Eine Woche später waren sie auf dem Schiff nach Mombasa. Schon in Glasgow hatte sich Victor Bücher in Brailleschrift gekauft. Unermüdlich tastete er sich mit den Fingern die Zeilen entlang. Anfangs hatte er nichts erkannt, es wollten sich keine Wörter bilden. Später gelang es ihm, mehr und mehr Buchstaben zu erfühlen, aber es blieben noch immer einzelne Buchstaben. Doch Victor übte mit nahezu erbitterter Ausdauer. Und auf dem Schiff setzte er die Arbeit fort. Er übte lesen, aber vor allem lief er herum. Anfangs ließ er sich von Katharina führen, doch mit der Zeit lernte er das Schiff immer besser kennen. Er wusste, wie viele Schritte es von ihrer Kabinentür bis zur Treppe waren, er wusste, wie viele Stufen er bis zum nächsten Deck steigen musste, und er wusste sogar, wo er aufpassen musste, weil die Kellner seinen Weg kreuzten.

Und vor allem lernte er zu hören: Er sagte Katharina, wie viele Menschen am Nebentisch saßen, er wich den Matrosen aus, wenn er ihre Schritte hörte, und er stand inmitten der Möwen, als sie sich der Küste näherten, und lauschte auf ihre Schreie um sich herum.

Katharina beobachtete voller Glück, wie er lernte und kämpfte. Sie sah ihm an, wie mühselig es war, besonders die Rückschläge waren so frustrierend: Es passierte immer wieder, dass er etwas verschüttete oder zerbrach. Und alles kostete so viel Kraft! Aber er ließ sich jetzt nicht mehr entmutigen. Er hatte sich entschieden, und er wusste, dass er es schaffen musste.

Doch dann merkte sie, dass noch lange nicht alles in Ordnung war. Im Hintergrund lauerte immer noch die Angst. Und es brauchte nicht viel, dass sie zum Vorschein kam. Es war in einer sternklaren Nacht, sie hatten den Sueskanal bereits passiert. Katharina fuhr aus dem Schlaf hoch und schaute sich verwirrt um: Victor! Er war fort. Sie stieg aus der Koje und zog sich hastig an.

Katharina lief das mondbeschienene Deck entlang und

schaute sich überall um: Niemand war zu sehen. Katharina schaute sogar ins Wasser, das schwarz und weißschaumig tief unter ihr vorbeizog. Endlich entdeckte sie an der Steuerbordseite einen Mann. Seine Hände lagen auf der Reling, sein Gesicht hielt er in den Wind. Katharina atmete erleichtert auf und ging zu ihm.

»Victor. Ich hatte Angst um dich …« Sie legte ihre Hand auf seinen Rücken. »Komm schlafen.«

»Scheint der Mond?«

»Ja.«

»Wie sieht er aus?«

»Eine schmale Sichel. Hell und klar. Die Sterne sind ganz nah. Ein afrikanischer Himmel.«

Sie umarmten sich.

Doch am nächsten Tag wirkte die Angst in Katharina immer noch nach. Im Grunde war nichts passiert, aber die Leichtigkeit, mit der Victors Verschwinden ihr in der Nacht den Boden unter den Füßen weggerissen hatte, zeigte ihr, dass noch längst nicht alles ausgestanden war.

Irgendwo in der Savanne ein verrottendes Lager: ein zerrissenes altes Zelttuch, das kaum noch Schatten bot, eine kalte Feuerstelle. Teile von Tierkadavern lagen herum – abgegessene Knochen, aufgebrochene Schädel, trocknende Häute, verwesende Läufe. Es stank erbärmlich. Das Feuer schien schon seit einer Weile nicht mehr angezündet worden zu sein. Die Eingeborenen der Umgebung wussten, dass dort jemand hauste, doch sie hielten sich von dem Platz fern, denn der weiße Mann war von bösen Geistern besessen.

Unterhalb des Lagers bildete ein mäandernder Wasserlauf mit toten Armen und flachen Windungen einen Sumpf. Mitten darin stand er knietief im Morast: Heinrich. Geduckt wie ein Käfer, kaum von seiner Umgebung zu unterscheiden. Die Zecken waren inzwischen verschwunden, doch seine Augen lagen tief in den Höhlen. Man musste kein Arzt sein, um zu sehen, wie in seinem Inneren die Parasiten wühlten und seinen Leib auszehrten.

Heinrich stand absolut still. Ein Spornfrosch schwamm vor ihm durch das brackige Wasser. Plötzlich packte Heinrich mit einer blitzschnellen Bewegung zu und fing den Frosch. Er riss ihm ohne Umstände die Hinterbeine aus, warf den Körper weg und lutschte das Fleisch aus den Beinen.

Plötzlich waren vier Speere auf ihn gerichtet. Vier Krieger standen am Ufer des Tümpels um ihn herum. Heinrich blickte in die Runde: Sie zeigten nicht die geringste Regung, ihre Gesichter waren in Feindseligkeit erstarrt. Gut, dachte Heinrich, ohne irgendetwas dabei zu fühlen, dann ist das wohl das Ende.

Sebastian saß alleine auf seiner Veranda. Neben ihm ein Grammophon, aus dem eine wunderschöne ruhige Arie von Händel erklang. Sebastian liebte Händel. Vor ihm eine Flasche Gin, eine Karaffe Tonicwater und ein halbvolles Glas.

Er beobachtete vier Massai, die näher kamen und eine schwere Last trugen.

Sebastian saß da, völlig mit sich selbst und der Welt im Reinen, und lauschte der Musik. Er hatte sich ein paar Tage zum Ausspannen verdient, denn der Weg nach Nairobi war weit und beschwerlich gewesen, auch wenn er sich hatte tragen lassen. Die Menschen unterschätzen dieses Sitzen in den Tragen doch sehr; ein ermüdendes Geschaukel. Aber Hauptsache war, dass er jetzt endlich das Geld hatte.

In der Bank hatte er in schwungvollen Zügen »Victor McGulloch« in das Unterschriftenbuch des Bankangestellten geschrieben und sich durch den Vergleich mit der hinterlegten Unterschrift als der Depoteigner ausgewiesen. Und das war er ja auch, denn die hinterlegte Unterschrift war seine eigene. Nur der Name nicht. Aber er wurde jedes Mal mehr zu seinem eigenen. Als McGulloch zu unterschreiben, war ihm schon fast selbstverständlich geworden. Dann hatte er die Pfundnoten, die Reichsmarknoten und das Gold in eine schöne neue Reisetasche aus Straußenleder gepackt, die er zuvor in Nairobi gekauft und als sehr passend für den Zweck erachtet hatte.

Nach dem Besuch bei der Bank war er noch ein paar Tage in Nairobi geblieben, denn er genoss es, unter Briten zu sein. Er war ins Café gegangen, hatte endlich wieder einmal englische Zeitungen gelesen, hatte im Restaurant diniert und am letzten Abend sogar das Theater besucht. Man hatte den *Macbeth* gegeben. Erst danach hatte er seine Anzüge eingepackt, Träger gemietet und sich nach Hause tragen lassen. Auch die Platte mit den Opernarien hatte er in Nairobi gekauft. Eine kleine Erinnerung an den Tag, an dem er *alles* bekommen hatte.

Die Krieger erreichten den Hof. An ihrer Tragestange hing Heinrich von Strahlberg. So gut wie tot. Die Massai setzten ihre Last ab, und Sebastian gab ihnen, ohne den Blick von Heinrich zu wenden, einen Wink, zu gehen. Sobald sie davonliefen, zog Sebastian ein Messer und schnitt Heinrich los.

Heinrich starrte ihn fassungslos an. Er hatte Mühe, etwas zu erkennen.

»Sie?« Er versuchte aufzustehen, aber seine Beine versagten.

»Sie!« Heinrich konnte es nicht begreifen. Ausgerechnet dieser schöngeistige Versager mit den schmalen Händen. Wie hatte er ihn nur so fatal unterschätzen können?

»Sie ...«

»Sie werden Durst haben, von Strahlberg. Da steht die Wassertonne.«

Heinrich, der längst keine Würde mehr zu verlieren hatte, setzte sich kriechend in Bewegung. Der Durst war wirklich eine Qual.

Sebastian ging neben ihm her. »Sie haben mir damals als Amtmann schwer zugesetzt. Sie haben mir sogar mal gesagt, dass Sie solche wie mich am liebsten lynchen lassen würden. Ich musste mir das alles gefallen lassen. Wie hätte ich mich wehren sollen? Also dachte ich, es wäre eine gute Idee, Sie zu benutzen.«

Heinrich konnte nicht weiterkriechen. Die Wassertonne schien ihm unerreichbar.

»Weiter, von Strahlberg! Sie werden doch jetzt nicht aufgeben. Sie sind fast am Wasser.«

Heinrich kroch weiter und Sebastian schlenderte wieder neben ihm her.

»Als ich vor dem Krieg zu Ihnen gekommen bin und Ihnen von meiner Idee erzählt habe, den Kolonialausschuss zu betrügen, habe ich Sie benutzt. Ich wusste, dass Sie niemandem erzählen würden, dass jemand hinter Ihnen steckt. Noch dazu jemand wie ich! Und jetzt habe ich alles. Das ganze Geld. Auf Sie wartet nur ein Schluck Wasser.«

Heinrich bemühte sich, einen Rest Feuchtigkeit im Mund zu sammeln, um zu sprechen. Es klang erbärmlich. »Sie haben alle erwischt, was? Ich bin der Letzte.«

»Nein«, erwiderte Sebastian in aller Ruhe. »Victor March und Katharina von Strahlberg sind die Letzten. Wenn sie es schafft, ihn hierher zurückzubringen …«

Heinrich schaute ihn lange an. In diesem Mann hatte er seinen Meister gefunden. »Sie schafft alles. Deshalb hätten Sie ihren Sohn nicht töten dürfen. Das war ein Fehler.«

Hofmann bemühte sich, sein Gesicht zu wahren. Heinrich hatte seinen wunden Punkt getroffen. Genau diesen Fehler bereute er zutiefst.

Heinrich rappelte sich auf und erreichte die Wassertonne. Bei der Tonne stand der junge Krieger.

Heinrich beachtete ihn nicht und zog sich mit aller Kraft hoch, bis er auf zitternden Beinen an der Tonne lehnte. Er trank gierig. Hofmann schaute eine Weile zu, dann packte er Heinrichs Nacken und drückte den Kopf unter Wasser. Heinrich wehrte sich verzweifelt, doch schließlich sackte er zusammen. Der Krieger schaute ungerührt zu.

»Schaff ihn in die Savanne.« Hofmann ging ins Haus. Er war müde. In letzter Zeit wurde er schnell müde.

31

Victor und Katharina traten mit ihren kleinen Koffern aus dem Bahnhof mitten hinein in Sonnenlicht und Straßenlärm. Victor blieb stehen und atmete die Gerüche ein. »Ich brauche es gar nicht zu sehen. Dieser Geruch, er führt mir alles vor Augen. Jede Kleinigkeit.«

Sie lächelte ihn an.

»Sogar dein Lächeln!«

Katharina lachte.

»Zu McKea müssen wir da lang«, sagte er und wies in die richtige Richtung.

»Führst du mich oder führe ich dich?«

Diesmal lachte er.

Sie machten sich zu Fuß auf den Weg zu McKea. Es war kein weiter Weg. Kein Weg war weit in Nairobi. Victor wollte eigentlich alleine gehen, nicht von Katharina geführt, aber es erwies sich als unmöglich: Der Straßenlärm in der jungen Stadt war so verworren, dass Victor völlig durcheinandergeriet. So weit war er wohl doch noch nicht. Als sie die pompösen viktorianischen Gebäude im Zentrum der Stadt passierten, blieb er plötzlich stehen.

»Wir sind vor der Bank, nicht wahr?«

Katharina lachte ungläubig. »Genau vor dem Eingang. Wie machst du das?«

»Hier kommt schon immer ein Zug kühler Luft die Treppen herunter.«

Katharina lächelte. Sie wollte weitergehen, aber er blieb stehen. »Wir können es nicht einfach da liegen lassen.«

Katharina schwieg. Ihre Hand klammerte sich an den Griff des Koffers, als wollte sie sich irgendwo festhalten. Sie war hin- und hergerissen. Einerseits war es ihr sehr ernst damit: Sie wollte von alldem nichts mehr wissen, schon einmal war sie fast daran zerbrochen. Aber sie war vier Jahre lang von dem Gedanken besessen gewesen, den Mörder ihres Sohnes zu finden. Vier Jahre lang war sie wieder und wieder gegen eine Wand gerannt, ohne weiterzukommen. Und jetzt plötzlich: eine Tür in dieser Wand. Sie brauchte nur hindurchzugehen. Vielleicht führte die Tür nirgendwohin. Aber vielleicht …

»Victor, wir haben beschlossen, dass Schluss ist damit. Wir wollen mit diesem Geld nichts zu tun haben. Und noch weniger mit dem, der es hierhergeschafft hat. Wir haben Frieden geschlossen mit der Vergangenheit. Lass uns weitergehen, Victor.«

»Katharina.«

»Victor, bitte!« Katharina hatte Angst, nicht genug Kraft zu haben. Sie dachte an die Nacht auf dem Schiff. Wenn sie jetzt in diese Bank ging, würde sie vielleicht bald wieder von der Suche beherrscht werden.

»In diesem Depot liegt eine riesige Summe Geld. Auf meinen Namen. Gestohlenes Geld. Wir können das nicht einfach da liegen lassen. Es wird uns einholen. Es muss weg!«

Katharina kämpfte mit sich. Sie hatte dieser Sache wirklich den Rücken zugekehrt. Doch vielleicht hatte Victor recht: Geister verschwinden nicht dadurch, dass man sich die Augen zuhält.

Katharina und Victor saßen dem Direktor gegenüber. Mr Keats war das alles sehr unangenehm. Ihm war natürlich klar, dass es nicht gut war, wenn ein Mann in seiner Bank ein Depot auf den Namen eines anderen Mannes eröffnete. Nicht zuletzt deshalb, weil eine der Uhren, die ihm Emilia Larson geschenkt hatte, genau in diesem Moment an einer goldenen Kette in seiner Westentasche steckte. Deshalb bemühte er sich umso mehr, deutlich zu machen, dass von Seiten der Bank alles korrekt abgelaufen war.

Er sah Finch mit dem Unterschriftenbuch die Treppe vom Keller heraufkommen, wo in einem gepanzerten Raum die Depots untergebracht waren.

»Das alles ist mir sehr unangenehm«, wiederholte er, um das Schweigen zu überbrücken und Zeit zu gewinnen. Etwas anderes hatte er im Moment nicht zu sagen. Aber den düsteren Gesichtern von Katharina und Victor konnte er nicht schweigend gegenübersitzen.

»Wann?«, fragte Victor unvermittelt.

»Wie bitte?«

»Wann ist das Depot aufgelöst worden?«

Der Bankier schaute in seinen Unterlagen nach.

»Am Fünfzehnten dieses Monats. Vor vier Tagen. Ah, da kommt das Buch.«

Finch legte ihm mit formvollendeter Zurückhaltung das Unterschriftenbuch vor und schlug es auf der richtigen Seite auf. Mr Keats las, drehte das Buch um und legte es vor Victor. »Sehen Sie?«

Er schaute Victor an und sofort schoss ihm heißes Blut in den Kopf. Eine Entschuldigung stammelnd, schob er das Buch zu Katharina. Er wies auf die beiden Spalten mit der schwungvollen Unterschrift: Victor McGulloch.

»Die Unterschriften gleichen sich perfekt. Das ist keine Fälschung. Der Mann, der das Fach angelegt hat, ist eindeutig derselbe, der es wieder aufgelöst hat. Wir haben uns nichts vorzuwerfen.«

Victor schaute starr geradeaus, Katharina sah ihn an. In ihrem Kopf arbeitete es fieberhaft.

Eine Viertelstunde später saßen Katharina und Victor auf einer Bank gegenüber des schlichten Kolonialhauses, in dem McKea wohnte. Katharina schien die Sache wieder aufzuwühlen. Sie brütete eine Weile, schüttelte den Kopf.

»Es muss Heinrich sein …«

»Zumindest wissen wir jetzt eins mit Sicherheit: Wer auch immer es war – während wir in Schottland waren, hat er sich das Geld geholt. Er hat nicht aufgegeben und er ist nicht tot.«

»Aber er hat sein Geld. Er hat alles, was er will. Es ist vorbei!«

Victor holte tief Luft, mochte aber nicht widersprechen. Es wäre zu schön.

»Da kommt McKea!« Katharina schaute über die Straße.

Auf der anderen Seite humpelte McKea mit seinem Stock heran. Katharina stand auf. McKea sah sie und erstarrte augenblicklich. Er konnte es kaum glauben. Beinahe lachte er vor lauter Freude laut los. Dann kam er, so schnell es sein steifes Bein zuließ, über die Straße. »Katharina! Victor!«

Während er Katharina herzlich umarmte, erhob sich auch Victor. Die beiden Freunde standen sich gegenüber. McKea war sichtlich überwältigt vor Freude. »Victor …«

Sie umarmten sich. Die Umarmung tat Victor gut, sie gab ihm das Gefühl, als ob er nach der langen Reise endlich zu Hause ankäme.

»Ihr seid es wirklich! Ich kann es nicht glauben!«

»Was macht dein Bein?«, fragte Victor.

McKea lachte »Hast du nicht gesehen? Ich brauche keinen Stock mehr. Ich renne wie ein junger Gott.«

Victor lächelte. Es war klar, dass William nicht klagen würde. McKea sah seinen Freund besorgt an: »Und du? Kommst du klar?«

»Natürlich. Ich melde mich zu den Scharfschützen. Ich bin ganz optimistisch.«

McKea lächelte. Es war klar, dass Victor nicht klagen würde. Noch nicht einmal durch einen bitteren Unterton.

Doch kurz darauf, in Williams Zimmer, redeten die beiden offen und ernst miteinander.

»Was wollt ihr da draußen? Da herrscht immer noch Krieg. Und du … blind in der Savanne!«

»Wir bleiben ja nicht draußen. Wir wollen zu Sebastian auf die Farm.«

»Sebastian … Sobald der Krieg vorbei ist, wird er doch ohnehin enteignet. Wie alle Deutschen. Und es wird nicht mehr lange dauern. Drei Viertel der Kolonie sind jetzt schon fest in unserer Hand. Im Grunde treiben wir die Deutschen nur noch, aber Lettow-Vorbeck ist so wendig, dass er uns immer wieder entkommt.«

»Schön. Nehmen wir an, wir bleiben hier. Was dann? Ich fürchte nämlich, bei den Scharfschützen nehmen sie mich nicht.«

»Victor, es gibt doch andere Möglichkeiten. Ich mit meinem Bein habe auch eine Stelle gefunden. Und zwar nicht bei der Rugbymannschaft!«

»William, hilf uns!«

Schweigen. McKea schaute Katharina an, die seinen Blick ruhig erwiderte. Er wandte sich wieder Victor zu und atmete tief durch. »Ach verdammt!«

Schon am nächsten Tag hatte McKea alles organisiert, was sie benötigten, vor allem zwei Pferde. Sie beluden sie gleich vor dem Haus mit Victors und Katharinas Gepäck, das aus verschiedenen Taschen, Bündeln, Kästen und Zeltstangen bestand. Als Victor mit einem Ruck die Sattelgurte prüfte, kam McKea mit einem schmalen Seesack aus dem Haus und streichelte dem Pferd über die Nüstern. »Dieses hier ist taub. Ihr passt also ganz gut zusammen. Sie wollten erst gar keine Pferde rausrücken. Anscheinend planen sie wieder irgendeine Offensive.«

»Wie hast du sie bekommen?«

McKea lächelte. »Ich bin der wichtigste Mann hier. Ich reiche die Urlaubsanträge weiter.«

Doch er wurde schnell wieder ernst: »Seid bitte vorsichtig. Victor, ich … habe hier noch etwas, was dir gehört.«

Er griff in den Seesack und hielt Victor seinen Dudelsack hin. Victor tastete danach und lächelte. McKea band den Seesack zu dem anderen Gepäck auf Victors Pferd. Dann umarmte er Katharina. »Passen Sie auf ihn auf.«

Katharina versprach es mit einem Lächeln.

»Danke für alles, William.« Victor und McKea umarmten sich, dann stieg auch Victor auf. »Nimm es nicht persönlich, wenn ich nicht noch einmal zurückschaue.«

»Nur dass du es weißt: Ich werde trotzdem winken.« McKeas Lächeln geriet etwas wehmütig.

So ritten sie davon. Katharina drehte sich noch einmal um und McKea winkte ihnen hinterher.

32

Victors taubes Pferd trottete brav hinter Katharinas Pferd her. Stunde um Stunde fühlte Victor nichts anderes als die gleichmäßigen Bewegungen des Pferdes unter sich. Er empfand es als bedrückend und quälend, nichts weiter zu spüren. Er hatte keinerlei Kontakt zum Boden, konnte nichts ertasten. Doch wann immer dieses Gefühl der Verlorenheit zu sehr aufwallte, fand er Sicherheit bei einem langjährigen und vertrauten Begleiter: Er atmete tief den Geruch der Savanne ein. Dieser trockene Geruch nach herbem Gras und roter Erde – Victor konnte tatsächlich die Farbe der Erde sehen, wenn er den Geruch einatmete!

Am Nachmittag lief oben auf einem Hügel ein Trupp

Massai-Krieger vorbei. Die Männer trugen keine Speere, sondern ihre langen dünnen Stöcke. Die Massai zogen achtlos weiter, bis einer erstaunt stehen blieb, etwas zu den anderen sagte und zu Victor herabzeigte. Die anderen schauten aufmerksam hin.

Kurz darauf war Victors Pferd umringt von Kriegern. Sie begrüßten ihn alle. Der Anführer lachte. In Kisuaheli fragte er, wo Victor seinen Dudelsack habe.

Victor tastete nach dem Seesack, löste ihn, nahm den Dudelsack heraus, befühlte ihn noch ein letztes Mal und reichte ihn höflich herunter. In Kisuaheli sagte er dem Mann, dass er ihm den Dudelsack zum Geschenk mache.

Der Massai lehnte gestenreich ab, doch Victor bestand darauf. Schließlich nahm der Krieger den Dudelsack unter großem Hallo der anderen an. Er hielt Victor die Hand hin, um sich zu bedanken.

Victor reagierte nicht.

Der Massai reckte seine Hand noch weiter hoch, schaute irritiert von Victor zu Katharina.

»Er hält dir die Hand hin.«

Sofort streckte Victor seine Hand herunter, der Massai nahm sie nachdenklich. »Bist du blind?«

»Ja, ich bin blind.«

»Du kannst hier alleine nicht überleben. Geh zu deinem Stamm zurück.«

Victor wies auf Katharina: »Sie ist mein Stamm!«

Der Massai nickte. Er nahm Victors Hand und gab ihm seinen Stab. »Diese Stäbe können viel. Sie helfen uns immer. Dieser hier wird dich führen.«

Victor presste seine Hand um den Stab und spürte, wie das Holz unter seinen Fingern warm wurde.

Er bedankte sich bei dem Mann, dann gab er seinem Pferd einen Schenkeldruck und sie ritten weiter. Die Massai schauten ihnen hinterher, dann umringten sie lachend den Dudelsack.

Katharina löste als Erstes ihr Versprechen ein: Sie holte Anton in der Missionsstation ab, in die sie ihn nach dem Tod seiner Mutter gebracht hatte. Ihr war natürlich klar, dass ihre eigene Zukunft völlig im Dunkeln lag und dass sie nicht einmal wusste, wie sie die nächste Zeit überstehen sollte. Aber war das nicht inzwischen eine Selbstverständlichkeit? Jeder schlug sich durch diesen Krieg, so gut es ging. Was die Zukunft anbelangte, gab es nicht mehr Wochen, Monate oder gar Jahre. Einen Sinn ergaben nur noch Stunden und Tage. Leben denkt in Jahren, Überleben kennt nur Tage.

Es war ein Umweg, aber Katharina lag daran, Anton sobald wie möglich zu holen. Als sie die Missionsstation erreichten, fiel ihnen zuerst auf, wie still es war. Das Kreuz stand noch imposant auf dem Hof, doch das Dach des Schulzimmers war eingestürzt. Alles schien verlassen.

»Hallo?«, rief Katharina. »Ist hier jemand?«

Nichts rührte sich.

Offenbar kamen sie zu spät.

Doch plötzlich stand zwischen den Häusern ein langhaariger halbwüchsiger Junge. Er war lautlos aufgetaucht und starrte Katharina ungläubig an. Katharina wollte ihn nach den Schwestern fragen, doch die Worte blieben ihr im Hals stecken: Anton! Das war Anton. Er war so groß geworden. Ein völlig anderer Mensch. Er hatte jetzt scharf gezeichnete Wangen, bewegte sich lässig und schlaksig, aber vor allem seine Augen waren es, die Katharina erschütterten: erwachsene Augen im Gesicht eines Kindes, Augen, die viel zu viel gesehen hatten, was nicht zu verstehen war.

»Katharina …« Seine fremde Stimme zitterte.

Katharina stieg ab, er rannte zu ihr und sie umarmten sich lange.

Sie entschieden, die Nacht hier in der Station zu verbringen und am nächsten Morgen weiterzureiten. Anton führte sie zu einer Hütte, die er aus Vorsicht abseits der

Häuser im Wald gebaut hatte. Als sie später am Feuer beisammensaßen, erzählte er, dass im vergangenen Jahr zwei der vier Schwestern gestorben seien. Und obwohl auch einige der Kinder gestorben waren, wurden es doch immer mehr. Mit der Zeit wurde die Versorgung unmöglich, und schließlich hatte die neue britische Verwaltung darauf bestanden, die Station aufzugeben und die Kinder nach Tabora zu bringen. Anton hatte sich geweigert mitzugehen, weil er auf Katharina wartete. Sie hatte doch versprochen zurückzukommen! Natürlich hatten sie ihn nicht alleine dort gelassen, also lief er unterwegs davon, versteckte sich im Busch und kehrte zur Missionsstation zurück. Er hatte Freunde in den umliegenden Dörfern, denn weil er sich am geschicktesten im Umgang mit Kisuaheli anstellte, hatten ihn die Schwestern immer zum Tauschen oder Kaufen von Lebensmitteln in die Dörfer mitgenommen. So schaffte er es, sich sein Leben alleine in der verlassenen Mission einzurichten.

Als sie am nächsten Nachmittag auf Sebastians Hof geritten kamen, saß Anton hinter Katharina auf dem Pferd. Seine Arme waren um sie geschlungen, er hatte sie den ganzen Weg über nicht ein einziges Mal gelöst.

Katharina schaute sich um: Die Farm war völlig verwahrlost. Sie stiegen ab. Katharina nahm Victors Arm, um ihn zu führen. Anton blieb nah bei ihr. »Es sieht nicht gut aus.«

»Wo ist Sebastian?«

»Ich weiß es nicht. Sieht fast so aus, als hätte er die Farm verlassen.«

Doch dann tauchte Sebastian hinter dem Haus auf. Er sah elend aus. Er trug eine Schaufel in der Hand und hatte schmutzige Hände. Wahrscheinlich hatte er im Gemüsebeet gearbeitet. Als er Victor und Katharina sah, konnte er es kaum glauben. Überwältigt von seinen Gefühlen, fing er vor Freude an zu weinen. »Katharina! Victor!«

Katharina führte Victor zu Sebastian, der seine Schaufel fallen ließ und auf sie zulief.

»Wir sind zurück«, sagte Katharina nur.

Sebastian lächelte glücklich. »Sie haben es geschafft! Ich wusste, Sie würden Victor zurückbringen.«

Sie umarmten sich. Dann nahm Sebastian Victors Hände und drückte sie. Schaute Victor lange an.

Auf der anderen Seite des Hauses – in Katharinas und Victors Rücken – erschien der junge Krieger und blickte verschlossen herüber. Anton bemerkte ihn und drängte sich näher an Katharina. Der Blick des Mannes war ihm unheimlich.

Sebastian kochte für sie, und nachdem sie gegessen hatten, saßen sie zusammen auf der Veranda. Fast wie in guten alten Zeiten. Auf dem Sessel neben Katharina schlief Anton.

Die Wiedersehensfreude hatte sich gelegt. Jetzt, in der Abenddämmerung, versuchten sie, sich über die nächsten Schritte klar zu werden. Es gab kaum Anlass zu Hoffnung.

»Wo ist Heinrich? Hast du je wieder etwas von ihm gehört?«

Sebastian schaute Katharina irritiert an. »Wieso Heinrich?«

»Wie es aussieht«, erklärte Victor, »hat er in Nairobi das Geld geholt.«

»Heinrich?«

Katharina nickte. »Er ist der einzige der Betrüger, der noch lebt.«

»Wir wissen nicht, was er vorhat. Wenn er hier auftaucht, könnte er gefährlich werden.«

»Ja …« Sebastian trank von seinem Gin Tonic. »Seit er seinen Bruder erschossen hat, gilt er als verschollen. Vielleicht hat er sich längst mit dem Geld abgesetzt.«

»Das Geld ist gerade erst abgehoben worden«, wandte

Victor ein. »Er muss noch in der Nähe sein. Also ist es besser, wir sind vorsichtig.«

»Hier kann er mit dem Geld aber nichts anfangen. Ich glaube nicht, dass er uns noch Probleme bereitet.« Dann wechselte Sebastian das Thema: »Mir machen eher die britischen Behörden Angst. Sie haben schon angefangen, die Farmen zu registrieren. Wir werden nicht hierbleiben können.«

»Nein. Wir geben nicht auf. Nicht nach all den Strapazen! Noch haben sie die Farm nicht.« Katharina stand aufgebracht auf, ging bis zum Rand der Veranda und schaute in die Dunkelheit. So stand sie lange. Schließlich drehte sie sich wieder zu Victor und Sebastian um. »Sie nehmen den Deutschen ihre Farmen weg, aber sie nehmen keinem Briten die Farm weg ...«

»Natürlich nicht.«

»Was wäre, wenn diese Farm einem Briten gehörte?«

Sebastian schaute sie fragend an. Victor horchte auf.

»Sebastian, was wäre, wenn Sie die Farm Victor überschreiben? Ich meine, wir wissen, es ist Ihre Farm, es wird auch weiter Ihre Farm bleiben. Aber offiziell – würde sie Victor McGulloch gehören. Niemand könnte sie Ihnen wegnehmen!«

Victor schüttelte den Kopf. »Das werden sie nicht mitmachen.«

»Woher willst du das wissen? Wir können es zumindest versuchen!«

Sebastian schaute sie prüfend an. In ihm arbeitete es. Doch was er von Katharinas Idee hielt, war ihm nicht anzusehen!

»Sie ist weg!«, hörte Victor Sebastian rufen. »Sie ist weggeritten.« Victor tastete sich mit seinem Massai-Stock heraus auf die Veranda. Sebastian kam ihm durch die Morgensonne von den Pferdeställen her entgegen. Er klang äußerst erregt. »Wo ist sie, Victor?«

»Ich weiß es nicht. Als ich aufgewacht bin, war sie schon nicht mehr da. Kein Grund, sich aufzuregen, Sebastian. Sie hat sich vier Jahre lang alleine da draußen herumgeschlagen. Sie wird wiederkommen.«

»Aber wo ist sie hin?«

»Ich denke, sie ist in die Stadt geritten. Zur britischen Verwaltung. Wegen ihrer Idee, dass Sie mir die Farm überschreiben.«

Sebastian blickte in die Ferne, nur mit Mühe konnte er seine Wut unterdrücken. Er fluchte leise.

»Sebastian?«

Sebastian funkelte Victor bedrohlich an. Als er sah, dass Anton ihn beobachtete, ging er ins Haus.

Franz Lukas hatte seinen kleinen Tisch aufgestellt, hatte Medikamente und Geräte bereitliegen und untersuchte Kranke in einem Massai-Dorf. Einige alte und junge Frauen standen Schlange. Franz kümmerte sich wieder um die Zivilbevölkerung. Lettow-Vorbeck hatte vor einigen Wochen, als er sah, dass sein Kriegstross durch die vielen Kranken und Verwundeten viel zu langsam war, um den Briten weiterhin zu entkommen, eine Entscheidung getroffen: Nur die Starken und Gesunden marschierten mit ihm weiter, während er auf portugiesisches Gebiet auswich, um von dort aus zu kämpfen. Die Übrigen stellten sich den Briten. Sollten die sich um die Versorgung kümmern! Franz Lukas gehörte zu den Ärzten, die dem »Invalidenzug« zugeteilt waren. Nachdem die Briten Franz zusammen mit den anderen gefangen genommen hatten, wurde er bald wieder auf freien Fuß gesetzt. Da die Briten inzwischen den größten Teil der Kolonie beherrschten, mussten sie für die Bevölkerung sorgen. Also ließen sie die deutschen Ärzte weiterarbeiten, nachdem sie ihnen das Ehrenwort abgenommen hatten, sich nicht mehr aktiv an Kriegshandlungen zu beteiligen. Seither hatte Franz wieder mehr Medikamente, aber immer weniger Hoffnung.

Er kümmerte sich um die Kranken, weiter mochte er nicht denken.

Während er eine eiternde Wunde am Knöchel einer alten Frau reinigte, stutzte Franz: Was er da hörte, war doch ein Dudelsack. Eine abgehackte, stockend gespielte Melodie der Massai. Aber unverwechselbar ein Dudelsack.

Franz ließ alles stehen und liegen und lief los. Die wartenden Patientinnen schauten ihm verwundert hinterher und wechselten Bemerkungen. Am Dorfrand kam Franz zu einer Gruppe Massai, von denen einer den Dudelsack spielte.

Franz sprach ihn in Kisuaheli an: »Woher hast du das Instrument?«

»Bwana Victa!«

»War Bibi Katharina bei ihm?«

Der Massai nickte.

Franz konnte sein glückliches Strahlen kaum bezähmen.

Die kleine Stadt Moschi war zwar nicht so belebt wie bei Katharinas erstem Besuch, doch auf der Straße war trotzdem einiges los, auch wenn hier im Gegensatz zu Nairobi kein einziges Auto oder Motorrad und kaum ein Pferdewagen fuhr. Wenn es ein Fahrzeug zu sehen gab, dann einen britischen Militärlastwagen.

Über der ehemaligen Polizeistation wehte jetzt der Union Jack im Wind, der stetig die Hänge des Kilimandscharo herabkam. Das Schild mit der Aufschrift »Polizei« war überstrichen.

Katharina saß in der ehemaligen Polizeistation einem britischen Major gegenüber. Er gab sich recht formlos, was ganz klar seinen Anweisungen widersprach, aber Nairobi war weit weg. Die Deutschen hier hatten längst andere Nöte, als den Krieg zu gewinnen. Es waren ohnehin kaum noch welche da, die meisten waren in Internierungslager gebracht worden. Die Ärmel seines Uniformhemdes waren halb aufgekrempelt, hinter ihm an einem Garderobenständer hingen seine Uniformjacke, seine Dienstmütze und halb verdeckt seine Dienstwaffe. »Alle Farmen werden beschlagnahmt und später versteigert. Natürlich nicht an Deutsche. Deutsche werden ausgewiesen.«

»Aber noch sind die Farmen ja nicht beschlagnahmt. Wenn die Farm jetzt einem britischen Staatsbürger überschrieben wird oder wenn er sie jetzt kauft, dann gehört sie doch rechtmäßig ihm.«

»Nicht so eilig! Wir befinden uns im Krieg. Verträge mit deutschen Vertragspartnern werden nicht anerkannt.«

»Nach dem Krieg wird sie beschlagnahmt und jetzt kann sie nicht verkauft werden?«

»Ja. Wir sind dabei, sämtlichen Landbesitz zu erfassen. Um welche Farm handelt es sich denn?«

Er ging zu einem Aktenschrank.

»Nordwestlich von hier, direkt an der alten Grenze. Der Besitzer heißt Hofmann.«

Er suchte die Akte heraus. »Hier. Sebastian Hofmann. Eine der größten. Hervorragendes Land. Wir haben sogar schon ein Gebot.«

Katharina glaubte, nicht richtig zu hören. »Sie haben jetzt schon ein Gebot?«

»Das erleichtert die Sache, wenn es so weit ist.«

»Von wem?«

Der Major lächelte. »Tut mir leid, aber darüber kann ich Ihnen natürlich keine Auskunft geben.«

Katharina schaute ihm zu, wie er die Akte wieder zurücksteckte, hin- und hergerissen zwischen Enttäuschung und fieberhaftem Nachdenken.

»Ihr Mann ist britischer Veteran?«

»Er ist blind.«

»Tut mir leid, aber ich kann ihn nicht bevorzugen. Er muss sich wie alle an der Versteigerung beteiligen.«

Plötzlich wurde die Tür aufgerissen. Ein britischer Soldat stand mit einem Blatt Papier in der Hand in der Tür. Er war heillos aufgeregt und schwenkte das Papier wie eine Fahne. »Der Krieg ist aus! Es ist vorbei! Das Deutsche Reich hat kapituliert!«

Und schon war er wieder draußen und rannte weiter. Der Major sah ihm mit offenem Mund hinterher. »Jenkins! Jenkins, warten Sie!«

Er lief hinterher.

»Bleiben Sie doch stehen, Mann! Was ist passiert?«

Katharina starrte den Aktenschrank an. Sie reagierte sofort: Nach einem kurzen Blick zur Tür zog sie die Schublade wieder auf und fingerte sich durch die Akten, genau an der Stelle, wo der Major sie zurückgesteckt hatte.

»Was passiert ist? Sie haben dem Kaiser einen Tritt in den Hintern verpasst. Sie haben eine Revolution angezettelt!«

Schnell hatte Katharina die richtige Akte gefunden und zog sie heraus. Schlug das Papier auf. Las fieberhaft.

»Sie haben die Republik ausgerufen und Waffenstillstand geschlossen! Es ist vorbei!«

Katharinas Blick raste über ein maschinengeschriebenes englischsprachiges Gebot für die Farm. Und dann erstarrte sie. Da war sie wieder, die schwungvolle Unterschrift: Victor McGulloch.

Katharina konnte ihre Augen nicht abwenden. In ihr arbeitete es fieberhaft.

Schließlich steckte sie die Akte zurück. Dabei fiel ihr Blick auf den Garderobenständer, an dem noch die Dienstpistole des Briten hing. Schnell nahm sie die Pistole aus ihrer Tasche und ließ sie in den Falten ihres Rockes verschwinden.

33

Der junge Krieger – er schien der Einzige zu sein, der noch für Sebastian arbeitete – hackte im Hof Kaminholz.

Victor saß auf der Veranda und wartete auf Katharina. Anton hatte ihm von Sebastians feindseligem Gesichtsausdruck erzählt. Damit hatte der Junge Victors Gefühl, dass hier irgendetwas nicht stimmte, nur bestätigt. Er selbst hatte in Sebastians Stimme einen Ton gehört, der nicht aufrichtig klang. Doch im Moment konnte Victor nichts anderes tun als warten.

Sebastian erschien in der Tür, im Rücken von Victor und Anton, und beobachtete die beiden. Auch er konnte nichts anderes tun als warten.

Sebastian beobachtete den junden Krieger beim Holzhacken. Er sah, wie die Axt wieder und wieder in das trockene Holz fuhr, herausgezerrt wurde und wieder hineinhieb, tiefer und tiefer, bis der Holzklotz zersprang. Der Schwarze merkte, dass Hofmann ihn beobachtete, und hielt inne. Sie wechselten einen langen Blick.

Doch dann zeigte der Schwarze hinter Hofmann in die Ferne:

Zwei Träger näherten sich mit einer Trage, in der ein Weißer saß. Hofmann ging ihnen ein paar Schritte entgegen und kniff die Augen zusammen: Franz Lukas!

Als Franz heran war, konnte er es kaum erwarten, bis sie die Trage abgesetzt hatten. Er eilte auf Sebastian zu und schüttelte ihm herzlich die Hand. »Ist es wahr? Sie sind zurück?«

Sebastian wies nur mit einem Lächeln auf die Veranda, wo Victor aufgestanden war und horchte. »Franz?«

»Victor!« Der Arzt lief zu ihm.

Sebastian schaute hinter ihm her, sein Lächeln erstarb in Franz' Rücken.

Victor und Franz drückten sich zunächst nur die Hand, dann umarmten sie sich doch noch in herzlicher Freundschaft.

»Ich kann es kaum glauben. Wo ist Katharina?«

»In der Stadt. Sie wird sich so freuen, Sie zu sehen.«

»Sie müssen mir alles erzählen. Wie geht es Ihnen? Ich meine ... kommen Sie zurecht?«

»Es geht jeden Tag besser.«

Franz drehte sich zu Sebastian um. »Ist es nicht wundervoll?«

Sebastian setzte ein pflichtschuldiges Lächeln auf.

Katharina ritt voller Angst zur Farm zurück. Immer wieder trieb sie ihr Pferd an. Wie hatte sie nur so dumm sein können, Victor und Anton bei Sebastian alleine zu lassen! Wie hatte sie nur so blind sein können, die Wahrheit nicht zu sehen! Und sie selbst hatte Victor zu Sebastian geführt!

Plötzlich richteten sich zwei Gewehre auf sie: deutsche Soldaten. Katharina brachte ihr Pferd scharf zum Stehen.

»Sie haben ein britisches Pferd.«

In einer Bodensenke lagerte ein ganzer Zug deutscher Soldaten mit Trägern. Die Männer trugen kaum noch etwas auf dem Leib, was man als Uniform bezeichnen konnte. Sie sahen elend und hungrig aus. Die meisten hatten irgendwo eine schmutzige Bandage. Alle schaute sie aus müden Augen an.

»Das Pferd. Das Pferd ist beschlagnahmt.« Einer der Soldaten griff nach den Zügeln.

Katharina sagte nur: »Der Krieg ist zu Ende!«

Stille. Alle starrten sie an. Ungläubig, erschöpft, leer, ausdruckslos. Auch der Mann, der die Zügel festhielt, stand reglos und wie versteinert da.

»Versteht ihr nicht? Der Krieg ist aus! Deutschland hat kapituliert.«

Die Nachricht, auf die sie all die Monate gewartet hatten. Der Moment, auf den sie hingelebt hatten. Der sie hatte durchhalten lassen. Der eine Gedanke, an dem sie sich hatten festhalten können, der sie davor bewahrt hatte, den Verstand zu verlieren. Frieden! Und nun war es also eine Niederlage? Eine Niederlage, ohne vom Feind besiegt worden zu sein? Denn sie waren nicht besiegt. Sie hatten die Kolonie gehalten – vier Jahre lang. Unter undenkbaren Bedingungen. Und nun würden sie freiwillig aufgeben müssen. Alles war umsonst.

Langsam ließ der Soldat die Zügel los. Endlich ließen auch die beiden anderen ihre Gewehre sinken. Nach und nach begriffen die Männer, was das bedeutete. Einige sanken auf den Boden, ließen die Köpfe hängen, einige fingen an zu weinen, einer lachte. Aber allen war gemeinsam, dass sie mit einem Schlag von unsäglicher Erschöpfung übermannt wurden.

Die Farm war schon in Sichtweite. Katharina trieb das Pferd noch einmal hart an und ritt im Galopp auf die Gebäude zu. Als sie den Hof erreichte, zügelte sie das Pferd und zwang sich zur Ruhe. Sie steckte die Hand in die Tasche ihres Rockes, fühlte die Pistole und entsicherte sie.

Auf dem Hof kamen ihr Franz, Anton und Victor mit seinem Stock entgegen. Sie hatten sie schon von weitem gesehen. Sie stieg ab und Anton nahm ihr Pferd.

Franz strahlte sie an. »Katharina!«

Katharina war so angespannt, dass sie ihn nur wortlos umarmte. Dann ging sie zu Victor, nahm seinen Kopf in beide Hände und flüsterte in sein Ohr: »Es ist Sebastian!«

Victor ließ sich keine Reaktion anmerken.

Sebastian kam von der Veranda her zu ihnen.

»Und? Was sagen die Briten?«

»Ich war nicht in der Verwaltung.«

»Warum nicht?«

»Es … es herrscht Riesenaufregung. Der Krieg ist aus!«

Nervös hielt sie ihren Blick auf Sebastian gerichtet. Sie wollte nichts sagen, wollte den Vorteil der Überraschung nicht aus der Hand geben, aber sie konnte die Augen nicht von ihm abwenden: Da war er. Er stand vor ihr. Der Mann, der ihren Sohn erschossen hatte. Auch sie hatte vier Jahre lang nur auf einen Moment hingelebt. Und jetzt fühlte auch sie sich einfach nur müde, erschöpft und leer. Sebastian … Einer ihrer besten Freunde war ein Lügner und Mörder. Sie blickte in sein Gesicht, doch sie sah nichts von alledem, was sie erwartet hatte. Nicht den Hass, nicht die Wut, nicht die heftige Entladung, nach der sie sich so gesehnt hatte. Er war ihr einfach nur ekelhaft und widerwärtig.

Sebastian bemerkte natürlich, dass das Pferd schwitzte und abgehetzt war. »Was ist los, Katharina?«

»Es war ein weiter Weg …«

Er musterte sie prüfend. Er sah ihr an, dass sie alles wusste. Er las es in ihren Augen.

Keiner von ihnen sagte etwas.

»Anton, geh bitte und versorg das Pferd!«, brach Katharina das Schweigen.

Anton wollte gerade gehen, da griff Sebastian nach den Zügeln. »Ich mach das schon.«

»Nein, Anton kann das gut erledigen.« Sie wollte Anton von hier weghaben. Er konnte sich verstecken. Wenn er wollte, würde ihn niemand finden. Er würde leben.

»Ach was!« Sebastian lächelte, doch er zog Anton energisch die Zügel aus der Hand und führte das Pferd ums Haus. Sobald er außer Hörweite war, fragte Franz: »Was ist los? Was haben Sie herausgefunden?«

»Es gibt einen ersten Bieter auf diese Farm. Einen Victor McGulloch. Es ist dieselbe Unterschrift wie im Buch der

Bank. Victor, Sebastian hat das Geld geholt! Jetzt will er seine eigene Farm zurückkaufen. Unter deinem Namen. Es ist dieselbe Unterschrift, ich habe sie wiedererkannt.«

Franz wandte ein: »Warum nicht Heinrich?«

»Warum sollte Heinrich die Farm kaufen? Er wollte doch immer so schnell wie möglich weg hier. Es gibt nur einen, der diese Farm so sehr liebt, dass er alles dafür tun würde: Sebastian!«

Sie holte die Pistole aus ihrer Rocktasche und gab sie Franz. »Sie können besser damit umgehen als ich.«

Plötzlich ein Schuss. Franz wurde am Arm getroffen und herumgerissen, die Pistole flog auf den Boden.

Hofmann kam mit einem Gewehr aus dem Haus, er bewegte sich sehr langsam, erst über die Veranda, dann über den Hof, schließlich kam er zu ihnen.

Gleichzeitig erschien sein schwarzer Krieger, einen Speer in der Hand. Doch er ging in einem weiten Bogen um sie herum.

Sebastian riss Victor seinen Stock aus der Hand und warf ihn weg. Katharina gab Anton einen Stoß, worauf er zum Haus lief, neben der Veranda stehen blieb und ängstlich zu ihnen herüberschaute.

Sebastian und Katharina blickten sich in die Augen. Katharina voller Abscheu und Verachtung, den Blick voller Fragen, Sebastian unsicher, hin- und hergerissen.

»Sie also. Sie haben meinen Sohn erschossen.«

»Es tut mir so leid, Katharina. Das wollte ich nicht. Es war ein Unglück! Er … Ich wollte doch nur Höller! Und plötzlich stand Ihr Junge da. Ich musste …«

Katharina war außerstande zu reagieren.

Franz versuchte, Sebastian ins Gewissen zu reden: »Sebastian! Sie haben Ihr Geld. Lassen Sie uns gehen!«

»Was nützt mir das Geld, wenn ich meine Farm nicht mehr habe? Das hier ist … Es war ein Paradies. Es war mein Paradies! Ihr habt es erlebt! Mein Paradies … Und ich werde es wieder dazu machen.« Er sah Katharina an. »Ihre Idee, die Farm einem Briten zu verkaufen, war gut.«

»Nur hatten Sie die Idee schon vor mir. Und Sie selbst wollen dieser Brite sein.«

»Ja. Ich werde nicht nur Victors Namen benutzen, ich werde Victor McGulloch sein! Für die Briten bin ich schon McGulloch. Und alle Menschen, die Sebastian Hofmann kennen, sind bald von hier verschwunden, jetzt, wo der Krieg verloren ist.«

»Bleiben nur wir drei ...«

Sebastian antwortete nicht. Die Antwort erübrigte sich. Sein schwarzer Krieger hatte sie umrundet und blieb ihm gegenüber im Rücken der anderen stehen.

»Sie wollten, dass ich Victor hierher zurückbringe.«

»Ich wusste, dass Sie es schaffen würden. Nur so kann ich es zu Ende bringen. Es tut mir leid ... Es tut mir wirklich leid. Sie sind doch meine einzigen Freunde!«

Fassungslos schüttelte er den Kopf. Es kam ihm tatsächlich wie ein tragisches Unglück vor, dass es so weit hatte kommen müssen. »Dass Sie sich ausgerechnet in den Mann verlieben müssen, dessen Namen ich brauche!«

Plötzlich versuchte Victor einen Angriff, sprang nach vorn und griff nach dem Gewehr. Doch er hatte sich verschätzt, und stürzte ins Leere.

Katharina wollte ihm helfen, doch Sebastian hielt sie mit dem Gewehr davon ab.

Victor kniete auf dem Boden. »Woher wussten Sie meinen richtigen Namen?«

»Die Suchanzeigen Ihres Vaters! Es stand alles in den Zeitungen, lange bevor Sie hier aufgetaucht sind. Tragödie im Schloss McGulloch – Frau und Kind in den Tod gestürzt. Ehemann verschwindet. Und dann die Anzeigen des alten Lords. Der seinen Sohn Victor sucht. Belohnungen aussetzt. Als Sie dann hier im Nichts aufgetaucht sind, wusste ich gleich, wer Sie sind. So voller Abscheu vor dem Leben ... Es tut mir leid, dass ich Ihr Unglück ausgenutzt habe, Victor. Es tut mir wirklich leid …«

Er gab dem schwarzen Krieger ein Zeichen. Der holte mit seinem Speer aus, um es zu beenden.

»Halt!« Katharina stellte sich dem Krieger in den Weg. Mitten in der Bewegung hielt er inne. Beschwörend sprach sie auf ihn ein: »Du musst diesem Mann nicht mehr dienen. Der Krieg ist aus!« Und dann wiederholte sie ihre Worte noch einmal in Kisuaheli. »Der Krieg ist aus. Die Briten sind die neuen Herren.«

Der Krieger blickte sie undurchdringlich an.

»Es reicht jetzt!«, rief Sebastian.

Doch Katharina ließ ihren Blick nicht einen Moment von dem Krieger. »Die Deutschen haben den Krieg verloren.« Sie zeigte auf Sebastian. »Er kann dir nichts mehr befehlen.«

»Hören Sie auf!«

»Er kann dir nie wieder etwas befehlen!«

Dem Gesicht des Kriegers war nicht die geringste Regung anzusehen, er schaute Katharina nur kalt an. Entschlossen erwiderte sie seinen Blick. »Es ist die Wahrheit!«

Die beiden standen sich Auge in Auge gegenüber.

Sebastian schrie wütend: »Tu es!«, und zeigte dabei auf Victor.

Katharina ließ sich nicht beirren. Sie sprach weiter. In demselben eindringlichen Ton. »Du musst auf niemanden mehr hören, nur weil er weiß ist. Er ist nicht mehr dein Herr.«

Und dann schaute sie ihn vollkommen offen an. »Du weißt, wer ich bin. Ich bin *mama mganga.*«

Der Speer des Kriegers blieb erhoben, seine Spitze zeigte auf Victor. Doch eine Bewegung in der Speerspitze zeigte, dass er unsicher geworden war.

Langsam zog er einen Fuß zurück. Er begann sich zurückzuziehen. Konzentriert und Schritt für Schritt. Immer noch mit erhobenem Speer. Bis er sich schließlich umdrehte und davonrannte.

Hofmann zielte auf ihn, doch Katharina sprang dazwischen und stieß gegen das Gewehr. Der Schuss ging in die Luft. Voller Wut hieb Hofmann sie mit dem Gewehrlauf um.

Victor hatte nur auf diese Gelegenheit gewartet. Er war absichtlich auf dem Boden hocken geblieben. Jetzt, als Hofmann abgelenkt war, tastete er hinter seinem Rücken nach der Pistole.

Während Katharina wieder aufstand, richtete Sebastian sein Gewehr auf sie. Er zitterte vor Wut, war krampfhaft bemüht, sich zu beherrschen.

Franz sah, dass Victor nach der Pistole tastete. Sie lag nicht weit von seiner Hand entfernt, aber Victor fand sie nicht. Trotzdem konnte Franz ihm nicht helfen, Sebastian hätte es sofort gemerkt.

Hofmann versuchte immer noch, sich zu beruhigen. Er wusste, dass er keine Wahl hatte. Er konnte jetzt nicht stehen bleiben. Das Paradies! Er musste es verteidigen! Er durfte nicht zulassen, dass sie es ihm wegnahmen!

Endlich stieß Victors Hand an die Pistole. Langsam hob er sie auf: den Finger am Abzug, die linke Hand am Lauf, um besser zu fühlen, wohin er ihn richtete. Victor versuchte, die Richtung abzuschätzen, in der Hofmann stand. Aber er wusste, dass Katharina direkt hinter Sebastian war. Nur um eine Winzigkeit falsch gezielt und er erschoss Katharina. Er musste schnell handeln, bevor Hofmann sich umdrehte. Er zielte hin und her, konnte Hofmann aber nicht lokalisieren. Wenn er wenigstens sprechen würde! Aber Hofmann schwieg. Und das Schweigen konnte nur eines bedeuten: Er kämpfte mit sich, auf Katharina zu schießen. Jeden Moment konnte es zu spät sein! Victor versuchte, äußerste Ruhe zu bewahren. Er konnte nichts anderes tun als lauschen. Das geringste Geräusch, das leiseste Wort könnte ihm helfen. Aber nichts war zu hören.

Anton schaute entsetzt vom Haus herüber. Er sah, wie Hofmann auf Katharina zielte. Sie hielt unverwandt seinen

Blick. Ihr war klar, dass er jeden Augenblick abdrücken könnte. Nur wenn sie die Verbindung zu ihm nicht abreißen ließ, konnte sie es hinauszögern.

Hofmann spannte das Gewehr.

Sein Daumen legte den Spannhebel um.

Klick.

Victor horchte auf. Er korrigierte entschlossen die Richtung der Pistole.

Hofmanns Finger krümmte sich am Abzug.

Dann der Schuss.

Hofmann wankte, sackte vornüber auf die Knie und ließ zitternd das Gewehr fallen.

Katharina schaute ihm nach wie vor fest in die Augen.

Er starrte zurück, überrascht, verwirrt und voller Schmerzen. Seine Lippen bewegten sich, aus seinem Mund lief Blut. Plötzlich schien er zu lächeln. »Das Paradies ...«

Katharina schaute ihn nur hart an.

Dann kippte er zu Boden. Victor ließ die Pistole sinken und entspannte sich. Katharina lief zu ihm. Sie umarmten sich wortlos.

Nachdem Anton aus dem Haus ein Bettlaken geholt hatte, riss Katharina einen Streifen davon ab und verband Franz' Arm. Franz nahm den Rest des Lakens und bedeckte damit Sebastians Leichnam. Dann saßen sie alle vier erschöpft auf den Stufen der Veranda. Katharina, Victor, Anton und Franz. Sie saßen lange dort und schwiegen.

Das Geld wurde nie gefunden. Immer wieder haben Männer, die von dem Fall gehört hatten, danach gesucht. Sebastians Haus wurde dabei fast komplett abgerissen, man hat hinter jedem Brett nachgesehen und das Fundament umgegraben, jemand hatte sogar Sebastians Hotelzimmer in Nairobi ausfindig gemacht und vollkommen auseinandergenommen. Ohne Erfolg.

Paul von Lettow-Vorbeck und seine Truppen – am Ende

155 Deutsche, 1000 Askaris und 2000 Träger – mussten kapitulieren und ihre Waffen abgeben. Nach kurzer Gefangenschaft hielten sie 1919 triumphalen Einzug in Berlin. Sie galten als die einzigen deutschen Truppen, die unbesiegt aus dem Krieg hervorgegangen waren. Die überlebenden Askaris gingen in ihre Dörfer zurück und versuchten, wieder ein normales Leben aufzunehmen. Nach den Bestimmungen des Versailler Vertrages musste Deutschland auf »alle seine Rechte und Ansprüche in Bezug auf seine überseeischen Besitzungen verzichten«.

Katharina und Victor gründeten eine Krankenstation, die stetig wuchs und die sie später zur Klinik ausbauten. Gemeinsam unternahmen sie in all den Jahren unzählige Reisen, um Spenden zu sammeln und widmete ihr ganzes Leben dem Erhalt und Ausbau der Klinik. Bis an ihr Lebensende kehrten sie regelmäßig zu ihrem Baobab zurück, unter dem Georg begraben liegt, und verbrachten dort einige Tage in einem Zeltlager.

Anton besuchte eine britische Schule in Nairobi, wurde später Pilot und überlebte im Zweiten Weltkrieg als Pilot der Royal Air Force einen Abschuss. Später arbeitete er als Buschpilot und kehrte im August 1965 von einem Versorgungsflug nicht zurück. Er wurde nie gefunden.

Franz Lukas musste wie alle Deutschen die Kolonie verlassen, konnte aber später zurückkehren. Genau wie William McKea arbeitete er bis ins hohe Alter in der Klinik. Seine Forschungen bildeten eine wesentliche Voraussetzung zur Entwicklung eines ersten Medikaments gegen die Schlafkrankheit.

Victors Schwester Lydia spendete der Klinik nahezu ihr gesamtes Erbe und trug maßgeblich dazu bei, dass die Klinik bis heute besteht.

Katharina und Victor starben in hohem Alter kurz hintereinander im Jahr 1951. Sie liegen beieinander unter ihrem Baobab begraben.

»Kristin Hannah berührt die tiefsten, zärtlichsten Seiten unseres Herzens.«
Tami Hoag

Die Shores stehen vor den Trümmern ihrer zwanzigjährigen Ehe: Jack möchte wegen eines Traumjobs nach New York ziehen, aber Elizabeth sieht keinen Grund, deswegen ihr geliebtes Zuhause in Echo Beach an der Westküste aufzugeben. Als Elizabeths Vater stirbt, werden alle ihre Entscheidungen in Frage gestellt. Gibt es nicht doch einen Weg zurück zu Jack?

An fernen Küsten
Roman
ISBN-13: 978-3-548-26236-9
ISBN-10: 3-548-26236-8

»Eine von Deutschlands First Ladies des historischen Romans«
Bild am Sonntag

Württemberg im Jahre 1850: Auf der Suche nach dem Mann, der sie geschwängert hat, kommt die junge Hannah Brettschneider in ein Dorf am Fuß der Schwäbischen Alb: Gönningen ist die Heimat der Samenhändler, die seit fast zwei Jahrhunderten vom Geschäft mit Tulpenzwiebeln, mit Blumen- und Gemüsesamen leben. Doch Hannahs Begeisterung für den ungewöhnlichen Ort währt nicht lange: Helmut, dessen Kind sie erwartet, ist mit Seraphine, dem schönsten Mädchen im Dorf, verlobt …

»Petra Durst-Benning versteht es wunderbar, zu unterhalten und vergessene Orte mit Leben zu füllen.«
SWR

Die Samenhändlerin
Roman
ISBN-13: 978-3-548-26424-0
ISBN-10: 3-548-26424-7